学力格差への
処方箋

[分析] 全国学力・学習状況調査

耳塚寛明
浜野隆
冨士原紀絵 [編著]

勁草書房

はじめに

　文部科学省は，これまで 2 回，全国学力・学習状況調査の一環として，全国から無作為に抽出した保護者を対象とする質問紙調査を実施した。第 1 回が 2013 年度（平成 25 年度），第 2 回が 2017 年度（平成 29 年度）である。質問紙には，保護者の学歴，年収，職業等，家庭の社会経済的背景を明らかにするための質問が設けられている。また家庭の文化的環境や保護者の学歴期待，子どもとの関わり等に関する設問も準備されている。保護者調査を通じて得られるさまざまな家庭的背景についてのデータを，子どもたちの学力調査の結果や児童生徒対象質問紙調査のデータに結合することによって，行政施策の面ではもちろん学術的にも，類を見ない貴重な知見を生産できる可能性がある。とくに，今回の調査は家庭の社会経済的背景や文化的環境と子どもの学力の間の関連を明らかにするだけではなく，不利な環境にもかかわらず成果を上げている学校や児童生徒をも浮かび上がらせるように設計されており，行政的・実践的な意義ははかりしれない。保護者に対する調査の結果を用い，家庭状況と学力の関係をナショナル・サンプルによって分析した研究は，文部科学省として——すなわちわが国では初である。この保護者調査が国により実施されたことによって，日本はようやく，子どもたちの学力を分析可能な，国際水準のデータを手に入れたことになる。

　この本の執筆者である私たち研究グループは，文部科学省から委託を受けて，2013 ~ 14 年度（第 1 回保護者調査について），2017 ~ 18 年度（第 2 回保護者調査について）の 4 ヵ年度にわたって分析する機会を得た。受託者は国立大学法人お茶の水女子大学（以下，お茶の水女子大学）であり，主査は前者が耳塚寛明，後者は浜野隆が務めた。研究グループは，お茶の水女子大学に所属していた耳塚，浜野，冨士原を中心に，教育社会学，教育方法学・課程論を専攻する研究者から組織した。

　4 ヵ年度にわたる委託研究の成果は文科省によって Web 上を中心にすでに

公表されている（お茶の水女子大学 2014, 同 2015, 同 2018, 同 2019）。にもかかわらず，私たちがあらためて本書を出版したいと考えたのは，本研究が次のような，学術研究上および実践上の，3つの特徴的意義を備えているからにほかならない。

　第一に，学力格差の社会学的研究における学術的な意義である。教育の不平等を中心的課題とする教育社会学は，学力の社会階層間格差の測定とその説明を中心的関心事のひとつとしてきた。しかし日本では 2002 年まで，戦後のごく初期を例外として，また同和地区における教育と不平等問題を例外として，「学力」を社会学的研究の直接の対象とすることはほぼなかった。それがなにに由来するのかは別稿にゆずるが，結果として，学力格差の測定と説明は教育社会学の中心的テーマでありながら未知の領域のまま置き去りにされてきた。2002 年頃以降，学力データの社会学的分析が行われるようになったものの，家庭の社会経済的背景に関するデータを欠いており，また保護者調査を実施している場合でも特定の地域を対象にした研究にとどまる等，限界があった。今回私たちが分析する機会を得た文科省調査は，ナショナル・サンプルによって学力格差の状況とその規定要因を観察可能な，はじめての，そして唯一の調査である。分析に従事した研究者として，この時代の学力格差の姿を歴史に刻んでおくことは義務であろう。

　第二に，学力格差に対する処方箋の意義について。学力格差の実態について正確に記述し，それが生み出される社会的機構を明らかにすることの意義はけっして小さくはない。しかしそれにとどまるのであれば，「不平等の教育社会学」として成立してはいても「平等への教育社会学」にはなりえない。むろん平等への教育社会学を実現するためには正確な記述と社会的機構の説明が前提となる。だが学術的に厳密で修正の余地のない説明が一朝一夕に可能なわけではない。私たちは，入手可能なもっとも適切だと考えられる学術的知見に依拠して，その時点での処方箋を提言すべきであろう。本書にもその構えが貫かれている。ただし，私たちが引き出した提言は，控えめにいっても部分的ないし限定的な提言にとどまることを明記しておかねばならない。学力格差への処方箋は，教育行政や学校教育，家庭での取り組みにとどまるわけではない。むしろ，学力格差が教育問題であるというより社会問題である以上，社会政策に属する基盤的施策の重要性が大きい。私たちが示す提言は，教育界に可能な施策

や取り組みが多くを占めるけれども，それだけで問題が解決すると考えている
わけではない。強調しておきたい。

　第三に，本書が依拠している分析の方法的意義について。本書では，統計
的・量的分析と事例的・質的分析を併用する方針を採った。知見の一般化可能
性を重視すれば，できるだけ統計的・量的分析を貫く方向が望ましい。けれど
も，とくに教育施策や学校での取り組みについては，質問紙調査によって観察
することのできる範囲は限定されてしまう。たとえば，少人数学級を「実施し
ている」と回答した学校であっても，どのように実施しているのかは多様で，
結果として少人数学級の学力への影響は統計的研究ではぼやけて出てきてしま
う。それを補うのが事例的・質的分析である。本書の第Ⅰ部と第Ⅱ部は統計
的・量的分析を中心に，第Ⅲ部は事例的・質的分析を中心に採用している。と
くに学力格差を克服している学校の取り組みや成果を上げつつある学校の分析
は，事例的・質的分析によって厚みのある記述が可能となった。学力格差を克
服している学校の分析において事例的・質的分析を併用しているという本書の
方法的特質は，実践的インプリケーションをも有している。学力格差を克服し
ている学校の取り組みとしてなにが有効であるのか，この点に関して統計的・
量的に分析するということは，単純化していえば，ひとつひとつの学校が置か
れているさまざまな文脈の効果を除去する方向で，一般的に効果的な取り組み
（文脈のいかんにかかわらず効果的な取り組み）を法則化して明らかにすることを
意味する。これに対して，学力格差を克服している学校の取り組みを事例的・
質的分析をとおして明らかにする試みは，一つ一つの学校が置かれた文脈の影
響を考慮しながら取り組みの効果を浮かび上がらせることを意味する。本書に
おいて事例的・質的分析がなお有効であったことは，学力格差を克服する上で，
学校が置かれた固有の文脈を考慮した上で取り組む必要があることを示唆する。
すなわち，ある取り組みをどこでも効果を発揮する万能策として実践するので
はなく，学校の置かれた独自の文脈に即して眼の前の子どもたちのようすを見
ながら「現地化」して取り組んでいく必要性である。

　本書が依拠している，Web上で閲覧可能な報告書（既述）の著作権は文部科
学省に属する。本書は，公表済み報告書の分析と知見に依拠しつつ，より読者
の理解を容易とし，活用可能性を広げることを意図して，編者と執筆者の責任

において書き改めたものである。本書の知見自体は報告書の範囲を逸脱するものではないが，本書で新たに付け加えられた解釈やインプリケーション，政策提言などの文責は，執筆者と編者に属することを明記しておく。

2021 年春

編者を代表して　耳塚　寛明

参考文献

お茶の水女子大学，2014，『平成 25 年度全国学力・学習状況調査（きめ細かい調査）の結果を活用した学力に影響を与える要因分析に関する調査研究』.

お茶の水女子大学，2015, 2018, 2019, 『学力調査を活用した専門的な課題分析に関する調査研究』.

学力格差への処方箋

— ［分析］全国学力・学習状況調査 —

目　次

序　章

「学力格差への処方箋」に向けて

浜野　隆

1.　本書の目的

　本書の目的は，3つある。第一は，学力格差（本人が選ぶことができない条件によって学力に差が生じること）の実態を全国規模で把握することである。第二は，学力格差を克服している家庭や児童生徒の特徴を明らかにすることである。そして第三に，学力格差の克服に成果を上げている学校の特徴や取り組みを明らかにすることである。学力格差と一口に言っても，人種，民族，階層，地域，部落など様々な要因があるが，本書では主として，家庭の社会経済的背景による格差をとりあげ，その克服のための課題について検討したい。

　学力とは社会学においては「何がしかの方法で測定された学業達成」（耳塚2018）であり，本書では，学力データとして全国学力・学習状況調査の結果を利用する。そして，どのような要因が児童生徒の学力等（また，一部の章では，児童生徒の意欲や社会性などの「非認知スキル」も含めて分析しているため，ここでは「学力等」という表現を用いている）と関係が強いのか，家庭における諸要因のうちどの項目が学力等と深い関係にあるのか，また，それらの関係は家庭の経済状況等を統制しても有意な関係は残るのか，経済面等で困難を抱えながらもそれを克服している家庭はどのような特徴があるのか，学力格差を克服している（しつつある）学校にはどのような特徴があるのか，を分析している。これらの分析を通して，学力格差の克服に向けてどのように取り組めばいいのか，具体的な処方箋を提供することこそが，本書の課題である。

表序-1　2013年度保護者調査の概要

	保護者			学校		
	対象数	有効回答数	回収率（%）	対象数	有効回答数	回収率（%）
小学校	16,908	14,383	85.1	429	391	91.1
中学校	30,054	25,598	85.2	410	387	94.4

（出典）お茶の水女子大学（2014）

2．保護者調査の概要

(1) 2013年度保護者調査

　全国学力・学習状況調査における保護者に対する調査（以下，保護者調査）の対象は，無作為に抽出された公立学校における本体調査を受けた児童生徒の保護者である。対象数と回収状況は表序-1の通りである。なお，保護者調査における有効回答とは，「児童生徒の結果と結合できる保護者の回答数」であり，学校調査の有効回答とは，「一人以上の保護者が有効回答だった学校数」を示す。調査は，2013年5月〜6月下旬に実施された。調査内容は，保護者の子どもへの接し方，子どもの教育に対する考え方，教育費，家庭環境等である。

(2) 2017年度保護者調査

　2017年度には，2回目の保護者調査が実施された。調査対象は，2013年度と同様に，無作為に抽出された公立学校における本体調査を受けた児童生徒の保護者である。対象数と回収状況は表序-2の通りである。調査は，2017年5月に実施された。調査の内容は2013年度と同じ項目も多いが，保護者の単身赴任の状況や普段の帰宅時間，家庭の蔵書数などが新たに追加されている。

　なお，2013年度，2017年度とも，母集団は，当該年度の全国学力・学習状況調査で調査当日に調査を実施した学校の回答児童・生徒の保護者である。標本は，学校種ごとに地域規模と学校規模を層とした層化集落抽出法（抽出単位は学校）により選ばれている。層によって抽出率が異なり，また，有効回答数が100%ではないため，各回答にウエイト（重みづけ）をつけることによって，母集団の回答を推定できるようにしている（お茶の水女子大学 2014, 2018）。

表序-2　2017年度保護者調査の概要

	保護者			学校		
	対象数	有効回答数	回収率（%）	対象数	有効回答数	回収率（%）
小学校	60,167	55,167	91.7	1,186	1,153	97.2
中学校	77,491	67,309	86.9	799	692	86.6

（出典）お茶の水女子大学（2018）

3. 学力格差の実態

(1) 家庭の社会経済的背景

　本書において「学力格差」とは「本人が選ぶことができない条件によって学力に差が生じること」と定義する。「本人が選ぶことができない条件」は様々であるが，本書では主に「社会経済的環境」を対象とする。そして，その代表的な変数として，家庭の社会経済的背景（SES）を主に取り上げている。本書ではこのSESという言葉が頻出するので，ここで説明を加えておきたい。SESとは，Socio-Economic Statusの略称であり，家庭の社会経済的背景を意味する。本書では，具体的には，三つの変数（家庭の所得，父親学歴，母親学歴）を合成（いずれかの変数が欠損値の場合には，それ以外の変数から算出している）して得点化している。その得点にもとづき，全対象世帯を4等分して，低いほうからLowest SES，Lower middle SES，Upper middle SES，Highest SESと名づけた。なお，SESの具体的な計算方法については，お茶の水女子大学（2014）を参照されたい。

　本書において，以下，単に「SES」と表記されている場合は「家庭の社会経済的背景」を指す。そして，学校に通う児童生徒のSESから算出された「学校レベルの社会経済的背景」を指すときは「学校SES」と表記する。学校SESに関しても，全対象校を4等分し，低いほうからLowest，Lower middle，Upper middle，Highestという表現を用いている。

(2) SESと学力の関係

　さて，SESと学力とはどのような関係があるのだろうか。表序-3，表序-4は，SESと子どもの学力（正答率）の関係を示している。表序-3は2013年度調査，

表序-3　SESと学力（2013年度調査）

	小6				中3			
	国語A	国語B	算数A	算数B	国語A	国語B	数学A	数学B
Lowest	53.9	39.9	68.6	47.7	70.0	58.9	53.0	30.5
Lower middle	60.1	46.1	75.2	55.1	74.5	65.2	60.8	37.7
Upper middle	63.9	51.4	79.2	60.3	77.8	69.4	66.4	43.5
Highest	72.7	60.0	85.4	70.3	83.1	76.2	74.5	54.4

（出典）お茶の水女子大学（2014）

表序-4　SESと学力（2017年度調査）

	小6				中3			
	国語A	国語B	算数A	算数B	国語A	国語B	数学A	数学B
Lowest	68.0	48.4	69.7	36.3	70.4	63.1	52.8	38.8
Lower middle	72.7	54.5	76.2	42.3	75.6	70.0	61.5	44.9
Upper middle	76.6	59.7	81.0	47.7	78.9	74.3	67.4	49.7
Highest	82.0	67.4	87.6	57.7	84.8	81.4	77.1	58.9

（出典）お茶の水女子大学（2018）

表序-4は2017度調査の結果である。いずれの年度もSESが高いほど子ども
の学力が高いという明確な傾向が見て取れる。ただ，2013年度と2017年度で
は問題も異なるので，これらの表だけでは，SESと学力の関係がどのように
変化したのかを読み取ることはできない。

(3) 2013年度と2017年度の学力格差の比較：標準化回帰係数の変化

　そこで，本節では，SESスコアを独立変数，正答率を従属変数として回帰
分析を行い，その標準化回帰係数がどのように変化したのかを見てみよう。標
準化回帰係数は，SESが1単位変化したときにどの程度学力が変化するかを
表しており「SESの学力に対する影響力の強さ」といえる。

　むろん，2013年度調査と2017年度調査では母集団も調査問題も異なるため，
単純に標準化回帰係数の数値を比較してSESの影響力を論じることはできな
い。ただ，母集団・調査問題が異なるとはいえ，同じ国の同じ学年の全国調査
であるということ，また，4年間の間にSESカテゴリー別にみた世帯年収，
保護者の学歴（教育年数）の平均値に大きな変化は見られない（お茶の水女子大

表序-5 SES スコアと正答率の関係（単回帰分析の標準化回帰係数値の変化）

	小6		中3	
	2013 年度	2017 年度	2013 年度	2017 年度
国語 A	0.344	0.291	0.292	0.311
国語 B	0.299	0.300	0.262	0.282
算数・数学 A	0.341	0.338	0.381	0.398
算数・数学 B	0.345	0.350	0.370	0.361

（出典）お茶の水女子大学（2018）

学 2014, 2018）ことから，標準化回帰係数がどのような傾向にあるのかを見ておくことは一定の意味があると思われる。

　表序-5 は，小 6，中 3 それぞれについて，2013 年度と 2017 年度の係数を比較したものである。小 6 については，2013 年度のほうは国語 B の係数が最も小さく，次いで算数 A，国語 A，算数 B の順に大きくなっている。一方，2017 年度のほうは国語 A が最も小さく，次いで国語 B，算数 A，算数 B の順に大きくなっている。中 3 については，2013 年度，2017 年度とも国語 B の係数が最も小さく，次いで国語 A，算数 B，算数 A の順に大きくなっている。学校段階や問題によって一貫した傾向は見出しにくいものの，小・中学校とも，2013 年度，2017 年度とも，係数は 0.2 台の後半から 0.3 台に分布しており，少なくともこの 4 年間において，学力格差に大きな変動は見られなかったと解釈できよう。

　2013 年度，2017 年度，2 回の調査において，SES と学力との間には強い関係があること，また，その関係の強さに大きな変化は見られないことがここでは確認できた。このような SES による学力差は，日本だけでなく多くの国で見られるものであるが，日本の学力格差は国際的にみても決して小さいほうではない。社会経済文化的背景（本書で言う SES とほぼ同義）1 単位が変化したときの学力の変動は，OECD 諸国の平均を上回る（UNICEF Office of Research 2017）という報告もあり，その克服は重要な課題である。

4. 本書の課題と各章の概要

本書は，全国学力・学習状況調査の児童生徒調査と保護者調査を接合し，ナ

ショナルサンプルに基づくデータの分析を行っている。地域を限定したものではなく，全国レベルでの推定・分析を可能にしている点が最大の特色である。また，単に結果を分析するのみならず，学力格差にどのようにアプローチしていけばいいのか，提言を行っていることも特長としてあげられよう。

　本書は大きく分けて3部構成をとっている。第Ⅰ部は，家庭環境に注目して，学力格差の実態と家庭の取り組みによる学力格差の緩和可能性を検討している。第Ⅱ部，第Ⅲ部は，学校の取り組みに焦点を当てている。学校の取り組みを通じた学力格差縮小の可能性について，第Ⅱ部では統計的な分析を，そして第Ⅲ部では，事例分析を試みている。

　各章の概要を見ておこう。まず，第1章「家庭の社会経済的背景と学力」では，SESによる学力格差の状況を取り上げている。SESによる学力格差は，教科，問題，学年によってどのように異なるのかが分析されている。

　第2章「大都市において「経済的不利」を克服している家庭の特徴」では，学力格差が特に顕著に表れる大都市に焦点を当てて，大都市において家庭の経済的不利を克服している家庭の特徴を明らかにしている。

　第3章「ひとり親世帯と二人親世帯で育つ子どもの学力格差」では，ひとり親世帯で育つ子どもの学力の特徴，母子世帯と父子世帯での学力格差に影響する要因の違いが明らかにされている。また，大都市と中小規模地域で，ひとり親世帯の学力やその要因が異なるのかどうかが検討されている。

　第4章「社会経済的背景別に見た学力に対する学習の効果」では，子どもの学習時間や学習方法が学力格差の克服につながるかが分析されている。

　第5章「社会関係資本と学力格差」では，家庭や地域における関わりで共有される規範に注目し，子どもが得る規範を「子どもの社会関係資本」，親が得る規範を「親の社会関係資本」と定義した上で，社会関係資本，SES，子どもの学力の関連が分析されている。

　第6章「不利な環境を克服している児童生徒の特徴」では，不利な環境にありながらも高学力を達成している児童生徒の特徴，および家庭の取り組みに焦点を当てている。また，不利を克服している児童生徒の特徴の一つである「非認知スキル」に影響する要因についても検討されている。

　第Ⅱ部は，学力格差克服に向けて学校でどのような取り組みを行うことが効果的なのか，統計分析をもとに議論している。第7章「「落ち着いた学習環境」

という学校風土は学力を向上させるのか？」では，同一の学校を追跡したパネルデータから，学校風土（児童生徒の熱意や落ち着き，礼儀正しさ，話し合い活動での対話など）と学力格差の関係について分析されている。

　第8章「教師からの承認・分かるまで教える指導が学力に与える影響」では，教師が「児童生徒の良いところを認めること」（教師からの承認）や「理解が不十分な点を分かるまで教えること」（分かるまで教える指導）が学力格差をどの程度緩和するのかについて検討されている。

　第9章「地域の社会経済的背景別に見た学校の取り組みと高い学力との関連」では，学校での様々な取り組みの実施率が学校区の社会経済的背景によってどのように異なるのかを踏まえたうえで，特に学力と関係の強い取り組みは何かについて検討している。

　第10章「統計分析から見る「格差を克服している学校」の特徴」では，「成果が上がっている学校（学校が置かれた社会経済的背景から予測される学力を大きく上回っている学校）」と「校内の学力格差を克服している学校（通塾の有無やSESの高低に関係なく一定の学力を保障している学校）」の特徴を統計的に分析している。

　そして，第Ⅲ部では，事例分析によって，「高い成果を上げている学校」の特徴が明らかにされている。第11章「「高い成果を上げている学校」の特定と調査方法」では，事例分析において訪問調査の対象となる学校をどのようにして選んだのか，訪問調査はどのように実施されたのかについて説明している。そして，続く第12章では小学校，第13章では中学校について「高い成果を上げている学校」の取り組みを検討している。2013年度，2014年度，2017年度，2018年度の4年間にわたって実施されたフィールドワークの成果であり，教育社会学のみならず教育方法学の専門家も分析に加わっている。

　第14章「高い成果をもたらす要因は何か―― J. ハッティの学習への効果研究との照合」では，近年注目されている「学習への効果」に関するメタ分析（研究成果の知見の統合）を参照しつつ，4年間にわたるフィールドワークの結果と照合を行っている。国際的にも評価の高いJ.ハッティの知見との照合を行うことで，本研究の事例研究において導き出された「成果を上げている取り組み」をより一般的な文脈に位置づけることができよう。

　先にも述べたように，本研究は全国データの分析であることが最大の特徴で

あるが，日本全国の学校を見てみると，成果が上がっている学校ばかりではないことに気づく。学校によっては，様々な取り組みを行っても思うように成果が上がらないところも存在する。そのような学校は，どのようにしたらそのような状況から抜け出せるのか必死に模索しているが，解決策を得られていない学校も数多く存在する。そのような学校に対して，かつては学力面で大きな課題を抱えていたにもかかわらず，そこから這い上がることができた学校の事例は大いに参考になろう。そこで，第15章「成果が上がりつつある学校」では，以前は成果が上がっていなかったものの近年になって成果が上がりつつある学校を対象に事例分析を行っている。これまで，このような視点からの学校分析はほとんど行われておらず，研究の価値が高いと考えられる。以上，15の章の内容を踏まえ，終章では，学力格差克服に向けた提言をまとめた。

　なお，本書では，成果を上げている学校について，「成果が上がっている学校・校内格差を克服している学校・格差を克服している学校」（第10章），「高い成果を上げている学校」（第11章～第13章），「成果が上がりつつある学校」（第15章）など，さまざまな表記が用いられている。これらは少しずつ指し示す内容が異なるため，表記を変えている。それぞれの説明については，各章を参照されたい。

参考文献

耳塚寛明，2018，「学力問題」日本教育社会学会編『教育社会学事典』丸善，pp. 556-559.

お茶の水女子大学，2014，『平成25年度全国学力・学習状況調査（きめ細かい調査）の結果を活用した学力に影響を与える要因分析に関する調査研究』.

お茶の水女子大学，2018，『学力調査を活用した専門的な課題分析に関する調査研究』.

UNICEF Office of Research, 2017, *Building the Future: Children and the Sustainable Development Goals in Rich Countries*, Innocenti Report Card 14, UNICEF Office of Research, Innocenti, Florence.

第Ⅰ部

家庭環境と学力格差

第1章

家庭の社会経済的背景と学力

山田　哲也

1. 保護者の社会経済的背景がテストの結果に与える影響

　保護者の社会経済的背景（SES）は，子どもたちの学力にどのような影響を与えているのだろうか。「学力格差への処方箋」を構想するためには，現状ではいかなる構造的要因が学力の形成に影響を与えるのか，その実情を把握する必要がある。

　日本でも 2000 年代以降，学力調査と保護者調査とを紐付け，保護者の SES が学力テスト得点に与える影響に関する知見が蓄積されてきたが（苅谷・志水 2004，耳塚 2007 など），私たちが今回用いるデータの強みは，ナショナルサンプルから得られたデータをもとに，全国的なレベルでの推計・分析が可能な点にある。

　はじめに SES スコアを用いた単回帰分析を，その後に他の変数を逐次追加した重回帰分析を行い係数の変化をみることで，SES が学力に与える影響について検討した。分析で用いる変数の記述統計は表 1-1 に示す通りである[1]。

　SES 以外に学力形成に影響を与える変数として「都市規模ダミー」を選んだのは，都市部に居住するか否かで，学校外の教育サービス利用を経由した SES の影響力が異なることが予想されるためである（耳塚 2007）。また，志水（2014）などの研究によって学力形成との関連性が指摘されている社会関係資本の多寡を示す代理変数として，今回の分析では「子育て・教育の悩みを相談できる友人・知人」（個人レベルの社会関係資本の代理指標），「子どもの教育に

表 1-1　分析に用いる変数（SES スコアが子どもの学力に与える影響の検討）

小学校 6 年生（保護者調査データ［学習時間は児童質問紙］）	平均値	標準偏差	最小値	最大値
SES スコア	0.00	1.00	-3.35	3.34
性別ダミー（男子 = 1）	0.51	0.50	0	1
都市規模ダミー（大都市・中核市 = 1）	0.39	0.49	0	1
学習時間（選択肢の中央値を分に換算し平日と週末を合算）	182.49	119.42	0	480
教育期待ダミー（大卒以上 = 1）	0.60	0.49	0	1
子育て・教育の悩みを相談できる友人・知人（4 段階）	2.99	0.61	1	4
子どもの教育に関わる地域住民が多いと思うか（4 段階）	2.97	0.77	1	4
中学校 3 年生（保護者調査データ［学習時間は児童質問紙］）	平均値	標準偏差	最小値	最大値
SES スコア	0.00	1.00	-3.31	4.01
性別ダミー（男子 = 1）	0.51	0.50	0	1
都市規模ダミー（大都市・中核市 = 1）	0.24	0.43	0	1
学習時間（選択肢の中央値を分に換算し平日と週末を合算）	204.24	120.80	0	480
教育期待ダミー（大卒以上の学歴を期待 = 1）	0.53	0.50	0	1
子育て・教育の悩みを相談できる友人・知人（4 段階）	2.93	0.62	1	4
子どもの教育に関わる地域住民が多いと思うか（4 段階）	2.73	0.77	1	4

関わる地域住民が多いと思うか」（集団レベルの社会関係資本の代理指標）とい
う設問への回答も用いることにした。

　なお，多重共線性の問題を回避するため，SES との関連が強い教育期待に
ついては，大卒以上を 1，それ以外に 0 を割り当てたダミー変数を作成し，分
析を行った[2]。

　テストの正答率を従属変数に，上記の変数を独立変数に用いた回帰分析の結
果は，表 1-2・表 1-3・表 1-4・表 1-5 に示す通りである。結果の解釈にあた
っては，モデル 1 から変数を逐次追加してゆく際の回帰係数と，モデルのあて
はまりを示す調整済み R 二乗値の変化の度合いに留意しつつ，すべての変数
を投入した「モデル 7」の結果を参照した。なお，紙幅の都合で以下の表では
モデル 1 と 7 のみ結果を示し 2 ～ 6 については割愛した（詳細はお茶の水女子
大学 2014 を参照）。独立変数を追加する際に生じる数値の変化を見やすくする
ため，他の変数と比較可能な形式で SES スコアの影響力を表す「ベータ」（標
準化回帰係数）を示したセルに網掛けをした。

　表 1-2 は，小学校・算数の正答率を従属変数にした分析の結果である。学力
に強く影響を与える変数は，SES スコア，保護者の教育期待，学習時間である。

表 1-2　SES スコアとその他の変数による算数学力の規定力（小 6）

算数問題正答率（総計）の規定要因

	モデル1			モデル7		
	B	SE	ベータ	B	SE	ベータ
定数（切片）	69.583	0.270	***	57.665	1.440	***
SES スコア	7.175	0.197	0.369 ***	4.560	0.238	0.235 ***
性別ダミー（男子 = 1）				-3.387	0.425	-0.087 ***
都市規模ダミー（大都市・中核市 = 1）				-0.607	0.679	-0.015
学習時間（平日と週末の値を合算）				0.020	0.002	0.123 ***
教育期待ダミー（大卒以上 = 1）				9.032	0.496	0.228 ***
子育て・教育の悩みを相談できる友人・知人（4 段階）				0.653	0.364	0.020 *
子どもの教育に関わる地域住民が多いと思うか（4 段階）				0.998	0.312	0.039 ***
調整済み R 二乗値	0.136			0.205		

算数問題正答率（A 問題）の規定要因

	モデル1			モデル7		
	B	SE	ベータ	B	SE	ベータ
定数（切片）	77.167	0.315	***	66.725	1.434	***
SES スコア	6.288	0.191	0.341 ***	4.048	0.228	0.220 ***
性別ダミー（男子 = 1）				-1.824	0.383	-0.050 ***
都市規模ダミー（大都市・中核市 = 1）				-0.936	0.696	-0.025
学習時間（平日と週末の値を合算）				0.018	0.002	0.117 ***
教育期待ダミー（大卒以上 = 1）				7.705	0.489	0.205 ***
子育て・教育の悩みを相談できる友人・知人（4 段階）				0.597	0.358	0.020 *
子どもの教育に関わる地域住民が多いと思うか（4 段階）				0.721	0.296	0.030 **
調整済み R 二乗値	0.117			0.171		

算数問題正答率（B 問題）の規定要因

	モデル1			モデル7		
	B	SE	ベータ	B	SE	ベータ
定数（切片）	58.444	0.271	***	44.350	1.682	***
SES スコア	8.493	0.241	0.345 ***	5.339	0.292	0.217 ***
性別ダミー（男子 = 1）				-5.618	0.586	-0.114 ***
都市規模ダミー（大都市・中核市 = 1）				-0.085	0.768	-0.002
学習時間（平日と週末の値を合算）				0.023	0.002	0.112 ***
教育期待ダミー（大卒以上 = 1）				10.933	0.610	0.217 ***
子育て・教育の悩みを相談できる友人・知人（4 段階）				0.740	0.452	0.018
子どもの教育に関わる地域住民が多いと思うか（4 段階）				1.394	0.396	0.043 ***
調整済み R 二乗値	0.119			0.185		

いずれの変数もそれらが高い（多い）ほど正答率が上がる傾向が認められる。

　モデル7のそれぞれの変数のベータの値を比較すると，SESスコアと教育期待は同程度の影響力を有し，学習時間がそれに続く。性別ダミー変数はどのモデルでもベータの値が負で，男子児童ほど正答率が低くなる傾向にある。

　他方で都市規模ダミーは有意な影響が認められない。続いて社会関係資本に関連した変数に着目すると，「教育に関わる地域住民」が多いと答える保護者の子どもほど正答率が高くなる傾向がある。子育てや教育の悩みを相談できる友人・知人についても，算数B問題以外ではその数が多いと回答する者ほど正答率が高くなる傾向が有意であったが，これらの変数はSESスコア・教育期待・学習時間に関する変数と比べるとベータの値が小さく，モデルのあてはまりを示す調整済みR二乗値も変数を追加した際にそれほど増加していない。

　今回のデータからは，社会関係資本が学力形成に与える影響力は限定的と言わざるを得ないだろう。ただし，これらの変数が社会関係資本を表す変数として妥当なのかについては議論の余地があり，また，一定の影響は認められるので「限定的」と早急に結論づけるのではなく，さらなる検討が必要だと理解したほうがよいだろう。

　国語でもSESスコア・保護者の教育期待・学習時間の3つの変数が学力をおもに規定していた（表1-3）。SESと教育期待は同程度の影響力を有するが，B問題では学習時間の影響力が弱まる。なお，国語では3つの変数に加え性別による差が顕著で，男子は女子と比べて正答率が低い（算数も同様だが，国語の影響力がより強い）。この傾向は国語のB問題で顕著である。社会関係資本の影響力は算数と同じく限定的で，教育に関わる地域住民が多いほど各テストの正答率が高い傾向が見られるものの，影響の度合いを表す標準化回帰係数（ベータ）の絶対値は保護者のSESや教育期待と比べると小さい。

　続いて，中学校の結果を検討してみよう。表1-4は，中学校・数学の正答率を従属変数にした分析結果である。学力を規定する力の強い変数は，保護者の教育期待，SESスコア，学習時間で，この結果は小学校とほぼ同様である。ただし中学校では教育期待の影響力がSESスコアよりも学力に与える影響が強い点が特徴的である。学校段階があがり，ほとんどの生徒が高校受験という選抜を経験する中学校段階においては，保護者の教育期待を経由して学力が形成される傾向が強まるのかもしれない。

表 1-3　SES スコアとその他の変数による国語学力の規定力（小 6）

国語問題正答率（総計）の規定要因

	モデル 1 B	SE	ベータ		モデル 7 B	SE	ベータ	
定数（切片）	57.991	0.258		***	49.932	1.627		***
SES スコア	7.285	0.223	0.357	***	4.553	0.245	0.223	***
性別ダミー（男子 = 1）					-7.756	0.408	-0.190	***
都市規模ダミー（大都市・中核市 = 1）					-0.953	0.800	-0.023	
学習時間（平日と週末の値を合算）					0.025	0.002	0.148	***
教育期待ダミー（大卒以上 = 1）					8.842	0.480	0.213	***
子育て・教育の悩みを相談できる友人・知人（4 段階）					-0.534	0.355	-0.016	
子どもの教育に関わる地域住民が多いと思うか（4 段階）					1.415	0.333	0.053	***
調整済み R 二乗値	0.127				0.223			

国語問題正答率（A 問題）の規定要因

	モデル 1 B	SE	ベータ		モデル 7 B	SE	ベータ	
定数（切片）	62.733	0.293		***	53.823	1.671		***
SES スコア	7.070	0.230	0.344	***	4.376	0.239	0.213	***
性別ダミー（男子 = 1）					-5.024	0.456	-0.122	***
都市規模ダミー（大都市・中核市 = 1）					-1.171	0.884	-0.028	
学習時間（平日と週末の値を合算）					0.027	0.002	0.160	***
教育期待ダミー（大卒以上 = 1）					8.469	0.529	0.202	***
子育て・教育の悩みを相談できる友人・知人（4 段階）					-0.600	0.364	-0.018	*
子どもの教育に関わる地域住民が多いと思うか（4 段階）					1.276	0.347	0.048	***
調整済み R 二乗値	0.118				0.196			

国語問題正答率（B 問題）の規定要因

	モデル 1 B	SE	ベータ		モデル 7 B	SE	ベータ	
定数（切片）	49.402	0.232		***	42.541	1.880		***
SES スコア	7.628	0.283	0.299	***	4.844	0.330	0.190	***
性別ダミー（男子 = 1）					-12.777	0.465	-0.250	***
都市規模ダミー（大都市・中核市 = 1）					-0.449	0.817	-0.009	
学習時間（平日と週末の値を合算）					0.021	0.002	0.099	***
教育期待ダミー（大卒以上 = 1）					9.540	0.607	0.183	***
子育て・教育の悩みを相談できる友人・知人（4 段階）					-0.227	0.468	-0.005	
子どもの教育に関わる地域住民が多いと思うか（4 段階）					1.616	0.401	0.049	***
調整済み R 二乗値	0.089				0.185			

表 1-4　SES スコアとその他の変数による数学学力の規定力（中 3）

数学問題正答率（総計）の規定要因

	モデル 1				モデル 7			
	B	SE	ベータ		B	SE	ベータ	
定数（切片）	56.792	0.259		***	42.843	1.048		***
SES スコア	8.606	0.211	0.394	***	4.935	0.202	0.226	***
性別ダミー（男子 = 1）					-2.981	0.408	-0.068	***
都市規模ダミー（大都市・中核市 = 1）					-0.500	0.666	-0.011	
学習時間（平日と週末の値を合算）					0.026	0.002	0.143	***
教育期待ダミー（大卒以上 = 1）					14.737	0.443	0.337	***
子育て・教育の悩みを相談できる友人・知人（4 段階）					-0.107	0.277	-0.003	
子どもの教育に関わる地域住民が多いと思うか（4 段階）					1.140	0.234	0.040	***
調整済み R 二乗値	0.155				0.285			

数学問題正答率（A 問題）の規定要因

	モデル 1				モデル 7			
	B	SE	ベータ		B	SE	ベータ	
定数（切片）	63.599	0.250		***	49.289	1.001		***
SES スコア	8.303	0.211	0.381	***	4.656	0.205	0.214	***
性別ダミー（男子 = 1）					-3.123	0.392	-0.072	***
都市規模ダミー（大都市・中核市 = 1）					-0.508	0.641	-0.011	
学習時間（平日と週末の値を合算）					0.026	0.002	0.145	***
教育期待ダミー（大卒以上 = 1）					14.453	0.451	0.331	***
子育て・教育の悩みを相談できる友人・知人（4 段階）					0.126	0.273	0.004	
子どもの教育に関わる地域住民が多いと思うか（4 段階）					1.084	0.233	0.038	***
調整済み R 二乗値	0.146				0.273			

数学問題正答率（B 問題）の規定要因

	モデル 1				モデル 7			
	B	SE	ベータ		B	SE	ベータ	
定数（切片）	41.447	0.278		***	28.342	1.290		***
SES スコア	9.287	0.234	0.370	***	5.563	0.237	0.222	***
性別ダミー（男子 = 1）					-2.664	0.504	-0.053	***
都市規模ダミー（大都市・中核市 = 1）					-0.489	0.792	-0.009	
学習時間（平日と週末の値を合算）					0.025	0.002	0.122	***
教育期待ダミー（大卒以上 = 1）					15.380	0.503	0.306	***
子育て・教育の悩みを相談できる友人・知人（4 段階）					-0.638	0.346	-0.016	*
子どもの教育に関わる地域住民が多いと思うか（4 段階）					1.267	0.315	0.039	***
調整済み R 二乗値	0.137				0.241			

社会関係資本とみなすことができる変数の影響力が限定的なのは小学校と同様であったが，相談する友人数の影響については有意な差が認められた場合でも問題の種別やモデルによって標準化回帰係数の正負の値が異なり，安定的な結果が見いだせなかった。

　最後に，中学校の国語の正答率を用いた分析結果をみてみよう（表1-5）。

　性別の影響力が強まるほかは，中学校数学と同様の結果が認められる。数学と同様に国語でもSESスコアよりも保護者の教育期待の影響力が強く，こちらは教科を問わず中学校に共通する特徴のようである。

　社会関係資本に関連する変数について見ると，友人関係の数は有意な影響が認められない。子どもの教育に関わる地域住民の数も，多いと答える保護者の子どもほど正答率が高い傾向が有意だがベータの値が小さく，生徒の性別や学習時間，保護者の社会経済的背景と比べるとその影響力は限定的である。

　これまで示した分析結果をもとに，他の変数を統制する前（モデル1）と統制した後（モデル7）のベータ（標準化回帰係数）を図1-1・図1-2に整理した。

　図1-1は小学校，図1-2は中学校で教科別・問題別に標準化回帰係数の値を示したものである。左側の図で算数・数学，右の図で国語の結果を図示している。

　結果をみてみると，SESスコアのみを用いて単回帰分析を行った結果と比べて，学習時間や教育期待など学力に影響を与える諸変数を統制するといずれの学校種別・教科においてもベータの値が減少する。

　教科・問題によって多少の違いはあるが，統制後のベータの値は小学校で統制前の6割強（64.4%～61.9%），中学校では5割強～約6割（59.9%～53.9%）まで減少する。とはいえ，変数を統制した後も，SESスコアが直接学力を規定する影響力が一定程度認められる。

　これまでの分析で確認してきたように，小学校ではSESスコアがほとんどの教科で最も影響力の強い変数である。中学校では教育期待が学力に与える影響が最も強くなるが，それでもSESは標準化回帰係数の絶対値が2番目（国語では性差が強まるため3番目になる）に大きい変数である。

　一般的に，家庭的な背景が学力に与える影響には，SESが直接的に正答率を規定する経路と，SESが教育期待や学習時間など他の変数を媒介として正答率に影響を与える間接的な経路の両方を想定できる。今回の分析では，回帰

表 1-5 SES スコアとその他の変数による国語正答率の規定力（中 3）

国語問題正答率（総計）の規定要因

	モデル 1			モデル 7		
	B	SE	ベータ	B	SE	ベータ
定数（切片）	74.360	0.166	***	68.757	0.906	***
SES スコア	5.384	0.173	0.302 ***	2.910	0.151	0.163 ***
性別ダミー（男子 = 1）				-7.836	0.340	-0.220 ***
都市規模ダミー（大都市・中核市 = 1）				-0.743	0.498	-0.020
学習時間（平日と週末の値を合算）				0.014	0.001	0.096 ***
教育期待ダミー（大卒以上 = 1）				10.469	0.357	0.293 ***
子育て・教育の悩みを相談できる友人・知人（4 段階）				-0.356	0.220	-0.012
子どもの教育に関わる地域住民が多いと思うか（4 段階）				0.960	0.215	0.042 ***
調整済み R 二乗値	0.091			0.216		

国語問題正答率（A 問題）の規定要因

	モデル 1			モデル 7		
	B	SE	ベータ	B	SE	ベータ
定数（切片）	76.316	0.156	***	70.723	0.870	***
SES スコア	5.055	0.165	0.292 ***	2.722	0.147	0.157 ***
性別ダミー（男子 = 1）				-6.802	0.343	-0.196 ***
都市規模ダミー（大都市・中核市 = 1）				-0.657	0.479	-0.018
学習時間（平日と週末の値を合算）				0.014	0.001	0.098 ***
教育期待ダミー（大卒以上 = 1）				9.782	0.358	0.282 ***
子育て・教育の悩みを相談できる友人・知人（4 段階）				-0.344	0.215	-0.012
子どもの教育に関わる地域住民が多いと思うか（4 段階）				0.882	0.207	0.039 ***
調整済み R 二乗値	0.086			0.197		

国語問題正答率（B 問題）の規定要因

	モデル 1			モデル 7		
	B	SE	ベータ	B	SE	ベータ
定数（切片）	67.362	0.202	***	61.731	1.268	***
SES スコア	6.565	0.229	0.262 ***	3.588	0.211	0.143 ***
性別ダミー（男子 = 1）				-11.523	0.434	-0.230 ***
都市規模ダミー（大都市・中核市 = 1）				-1.075	0.696	-0.021
学習時間（平日と週末の値を合算）				0.015	0.002	0.072 ***
教育期待ダミー（大卒以上 = 1）				12.908	0.474	0.257 ***
子育て・教育の悩みを相談できる友人・知人（4 段階）				-0.390	0.327	-0.010
子どもの教育に関わる地域住民が多いと思うか（4 段階）				1.252	0.314	0.039 ***
調整済み R 二乗値	0.069			0.175		

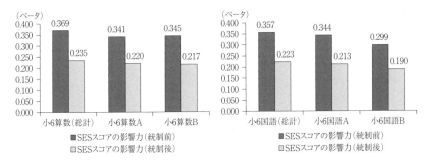

図 1-1　SES スコアの影響力（変数統制前・統制後の変化：小 6）

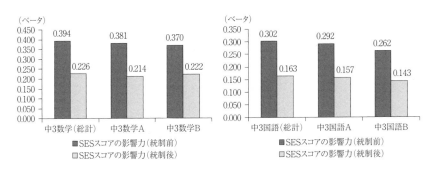

図 1-2　SES スコアの影響力（変数統制前・統制後の変化：中 3）

分析のモデルを構築する際に教育期待や学習時間を独立変数として追加すると
SES の回帰係数の値が減少し，投入した変数（教育期待・学習時間）が有意に
正答率を高める効果が認められた。これらの変数を追加すると R 二乗値も増
加し，モデルのあてはまりも改善されている。

　他の章においても明らかにされているように，今回のデータからは SES が
高いほど教育期待が高く・学習時間も長くなる傾向がある。学習時間・教育期
待に関する変数を追加する前後のモデルの分析結果を比較する限りでは，保護
者の SES は，直接的・間接的な経路の両方から学力（正答率）を規定している
と解釈できるのである。

　ただし，回帰分析の予測値と実測値のあてはまりを示す調整済 R 二乗値は，
もっとも高いものでも 0.3 程度（多くは 0.2 前後）という結果に留意する必要が
ある。この値は，今回の分析に用いたモデルのうち，最も当てはまりが良いも
のでも全体の分散の 3 割のみを説明しているに過ぎないことを意味する。

別な言い方をすれば，分析に用いたモデルでは想定していない要因が子ども
の学力に影響を与えており，正答率にみられる違いのおよそ7割以上がモデル
外の要因によって生じている可能性がある。そこには子ども自身が有する特性
やかれらによる行動様式も含まれているだろう。後者については，学習時間に
学力を高める単独の効果があることが今回のデータでも明らかになっており，
保護者の背景のみが学力を規定するわけではないことを，ここで改めて確認し
ておきたい。

2. 問題形式の違いは何をもたらすのか

　これまでの結果を踏まえつつ，以下では子どもたちの学力に与える影響につ
いて，学力テスト問題の形式による違いを検討し，そのうえで記述式問題に対
する解答傾向に注目して分析を進める。具体的には，学力テストを構成する設
問を別様に区分し，それぞれの問題について SES が与える影響力を検討したい。
もし，テスト問題の形式によって SES の影響力が異なるのであれば，教育に
おける選抜をより公平にするためには，保護者の与える影響力が小さい形式の
ほうが望ましいことになる。
　近年は大学入試改革をめぐる議論で記述式問題導入の是非が大きな論点とな
っている。学校段階は違うものの，テストの形式と SES による学力形成の規
定力との関連を明らかにする作業は，データに基づく冷静な議論を進めるうえ
でも重要と考え，分析を進めてゆくことにしたい。
　第一に，問題形式の違いが SES の規定力にもたらす影響について検討する。
全国学力・学習状況調査における学力テストの問題は，「選択式」「短答式」
「記述式」の3つの形式で出題されている。こうした問題の形式の違いは，
SES が生み出す学力格差とどのように関連するのだろうか。
　「選択式」の問題は，出題者の側であらかじめ定められた選択肢のなかから
解答を選ぶ形式であるため，解答者は一定の思考の枠組みのなかで正答を導き
出すことを求められる。マークシート式試験の課題として指摘されているよう
に，選択式の問題は採点にかかるコストが低く，テストを受ける者が多数であ
っても迅速に結果を集計できるメリットがある反面，表層的な反応から解答者
の能力をどの程度正確に測定することができるのか，その妥当性に疑義が提示

されている。当てずっぽうでも回答できてしまうことも，選択式の問題が抱える難点である。

「短答式」の問題は，基礎的な知識が定着しているかどうかを確認する際に用いられることが多いように思われる。選択式とは異なり，解答者が自ら答えを記述しなければならないため，適当に選択肢を選ぶという難点は回避できるが，答えから得られる情報量はそれほど多くない。いわゆる「一問一答」型の問題にみられるように，定型化された知識の記憶の度合いを確認することはできるものの，解答者の理解の度合いや知識を活用するプロセスをみるには，かなりの工夫が必要になる。

これらに対して「記述式」の問題は解答者が反応する際の裁量の余地の度合いが大きく，問いと答えを結びつける思考のプロセスや，自分の考えを他者に伝えるコミュニケーション能力を把握することが可能な形式である。「主として『活用』に関する問題」（B問題）に「記述式」の問題が多いのは，この解答形式が持つ特徴を踏まえてのことであろう。

もし仮に，問題の形式によってSESが学力テストの正答率を規定する度合いがあまりにも異なるならば，学力テストにどのような形式の設問を盛り込むかによってテストの公平さの度合いが左右されてしまうことになる。また，学力テストの問題形式は，解答者のどのような能力を測定し，評価するのかという基準とも密接に関連する。SES間の得点差に着目して問題形式を比較する作業は，保護者の社会経済的な背景が子どもたちの身につけるどのような能力の差と関連するのかを知る上で重要な手がかりを与えてくれる。

第二の検討課題は，記述式問題にたいする解答者の反応にみられる違いである。具体的には正答率だけでなく誤答や無解答を含め，記述式問題に対する反応の違いをSESグループ別に比較する。先に述べたように，記述式の問題への解答は他の形式よりも情報量が多く，そこから様々なことを読み取ることができる。本章の最後では，SESに起因する学力の差をより詳細に検討するために個別の問題をいくつかとりあげ，それに対する反応を検討する。

(1) SESグループ別にみた問題形式別平均正答率

保護者の社会経済的な背景の違いは，異なる形式の問題の正答率にどのような影響を与えるのだろうか。図1-3，図1-4はSESスコアをもとに保護者を4

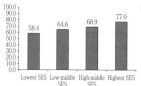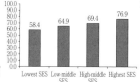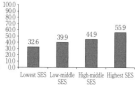

図1-3　SES×問題形式別正答率（小学校）

　左が選択式，中央が短答式，右が記述式問題の正答率。国語A・B問題，算数A・B問題すべてをあわせて正答率を算出している［ただし算数の記述式問題はB問題のみでA問題には記述式の設問がない］
　一元配置の分散分析と多重比較（Bonferroniの検定）の結果，すべてのグループ間で統計的に有意な差が認められた（p.<0.01）

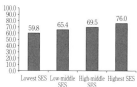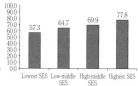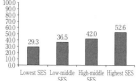

図1-4　SES×問題形式別正答率（中学校）

　左が選択式，中央が短答式，右が記述式問題の正答率。国語A・B問題，数学A・B問題すべてをあわせて正答率を算出している［ただし国語・数学の記述式問題はB問題のみでA問題には記述式の設問がない］
　一元配置の分散分析と多重比較（Bonferroniの検定）の結果，すべてのグループ間で統計的に有意な差が認められた（p.<0.01）

つのグループに分けて，問題形式別にそれぞれの正答率を比較したものである。教科別・問題別・形式別に算出した正答率には一定の相関関係があるので，ここでは情報を縮約するために国語・算数／数学のA問題とB問題をすべてあわせて問題形式別の正答率を算出した。

　図に示すように，小・中学校の両方とも，すべての問題形式において SES スコアが高い保護者ほど正答率も高くなる傾向が認められる。

　正答率が最も高い Highest SES と最も低い Lowest SES に区分される保護者たちの間の正答率の差は，小学校の選択式問題で18.6％ポイント，短答式で18.5％ポイント，記述式問題では23.3％ポイントと，記述式の問題は他の形式よりも SES 間の差が大きい。

　中学校でも同様に，選択式問題では16.2％ポイント，短答式問題20.5％ポイント，記述式問題は23.4％ポイントの差が認められた。問題の数が異なるため

単純な比較はできず，正答率の差が大きいのは難易度の高さに起因する可能性
も高いが，記述式問題のほうが選択式・短答式と比べて SES グループ間の正
答率の差が大きいという結果は興味深い。

(2) 問題形式別正答率の規定要因（重回帰分析）

　SES が問題形式別正答率に与える影響は，他の変数を統制した場合でも認
められるのだろうか。先ほどと同じ変数を用いて，問題形式別正答率を従属変
数とする重回帰分析を行ってみた。表 1-6，1-7 がその結果である。ただし，
前回の分析で用いた変数のうち，社会関係資本の代替指標とみなすことができ
る「子育て・家族の悩みを相談できる友人・知人」「子どもの教育に関わる地
域住民が多いと思うか」という質問への回答については，前節までの分析で学
力に与える影響が限定的だと明らかになっているため，ここでは除外した。

　問題の形式にかかわらず，学力を規定する力の強い変数は，小・中学校とも
SES スコア，性別（女子のほうが正答率が高い傾向がある），学習時間，教育期
待である。都市規模には有意な影響は認められない。

　教科別・問題別に分析を行った際と同様に，中学校では教育期待が学力に与
える影響力が強く，SES スコアよりもベータの値が大きい（小学校でも，SES
スコアと教育期待はほぼ同程度の影響力がある）。

　表 1-6 と 1-7 に示すように，どの問題形式においても教育期待は学力に強い
影響を与えており，社会経済的な背景を統制した場合でも，大卒以上の学歴を
獲得することを期待する保護者の子どもの学力が高い傾向が認められる。保護
者の SES の違いだけでなく，大卒以上の学歴を期待するかどうかという教育
に対する姿勢の違いが子どもたちの学力差を生み出しているのである。

　他の形式よりも問題数が少ないためか，記述式問題の正答率を従属変数にし
た重回帰分析の結果はモデルのあてはまりがやや悪く，SES スコアのベータ
値もわずかではあるが小さい。単純に比較することはできないが，平均値の差
を検討した時と異なり，重回帰分析の結果を見る限りでは，問題形式による
SES の規定力にはそれほど大きな違いはないとみてよいだろう。

(3) 記述式問題に対する解答傾向の分析

　平成 25 年度の学力調査では，小学校で 8 問（国語 3 問・算数で 5 問），中学

表 1-6　SES スコアとその他の変数による学力の規定力（小学校）

選択式問題の規定要因

	B	SE	ベータ	
定数（切片）	61.660	0.671		***
SES スコア	4.599	0.223	0.229	***
性別ダミー（男子 = 1）	-4.909	0.404	-0.122	***
都市規模ダミー（大都市・中核市 = 1）	-0.286	0.704	-0.007	
学習時間（平日と週末の値を合算）	0.017	0.002	0.099	***
教育期待ダミー（大卒以上 = 1）	8.868	0.462	0.217	***
調整済み R 二乗値	0.182			

短答式問題の規定要因

	B	SE	ベータ	
定数（切片）	61.066	0.734		***
SES スコア	4.408	0.233	0.238	***
性別ダミー（男子 = 1）	-5.257	0.391	-0.142	***
都市規模ダミー（大都市・中核市 = 1）	-1.047	0.708	-0.028	
学習時間（平日と週末の値を合算）	0.025	0.002	0.159	***
教育期待ダミー（大卒以上 = 1）	8.459	0.459	0.223	***
調整済み R 二乗値	0.226			

記述式問題の規定要因

	B	SE	ベータ	
定数（切片）	36.175	0.854		***
SES スコア	5.572	0.296	0.205	***
性別ダミー（男子 = 1）	-7.559	0.634	-0.139	***
都市規模ダミー（大都市・中核市 = 1）	-1.138	0.954	-0.020	
学習時間（平日と週末の値を合算）	0.029	0.003	0.130	***
教育期待ダミー（大卒以上 = 1）	10.556	0.669	0.190	***
調整済み R 二乗値	0.167			

校で 10 問（国語 3 問・数学 7 問）の記述式問題が設けられていた。表 1-8 と表 1-9 では，それぞれの問題の正答率・誤答率・無解答率を SES グループごとに比較した結果を整理している。

　グループ間の違いを把握しやすくするために，表では最も割合が高いグループに網掛けをしている。小・中学校ともに，いずれの記述式問題でも Highest SES に区分される保護者たちの正答率が最も高い一方で，無解答率は

表 1-7　SES スコアとその他の変数による学力の規定力（中学校）

選択式問題の規定要因

	B	SE	ベータ	
定数（切片）	61.473	0.422		***
SES スコア	3.585	0.157	0.205	***
性別ダミー（男子 = 1）	-5.238	0.342	-0.149	***
都市規模ダミー（大都市・中核市 = 1）	-0.387	0.507	-0.011	
学習時間（平日と週末の値を合算）	0.015	0.001	0.104	***
教育期待ダミー（大卒以上 = 1）	11.347	0.389	0.323	***
調整済み R 二乗値	0.243			

短答式問題の規定要因

	B	SE	ベータ	
定数（切片）	57.270	0.536		***
SES スコア	4.463	0.192	0.210	***
性別ダミー（男子 = 1）	-4.395	0.409	-0.103	***
都市規模ダミー（大都市・中核市 = 1）	-0.625	0.616	-0.014	
学習時間（平日と週末の値を合算）	0.026	0.002	0.147	***
教育期待ダミー（大卒以上 = 1）	14.081	0.425	0.330	***
調整済み R 二乗値	0.266			

記述式問題の規定要因

	B	SE	ベータ	
定数（切片）	30.055	0.793		***
SES スコア	5.303	0.252	0.202	***
性別ダミー（男子 = 1）	-7.404	0.443	-0.140	***
都市規模ダミー（大都市・中核市 = 1）	-0.621	0.809	-0.011	
学習時間（平日と週末の値を合算）	0.029	0.002	0.134	***
教育期待ダミー（大卒以上 = 1）	15.480	0.558	0.293	***
調整済み R 二乗値	0.230			

Lowest SES で最も高い。表からは社会経済的な地位が相対的に高い保護者ほど正答率が高く，無解答率が低い傾向が読みとれる。

　誤答率については，問題によって若干異なる傾向がみられるものもあるが，多くの設問で，Lowest SES に区分される保護者の誤答率が他のカテゴリに区分される保護者より高い。

　記述式問題は解答者に与えられる裁量の余地が大きく，正しい答えが導き出

表 1-8　SES グループ×正答率・誤答率・無解答率（小学校・記述式）

		正答率	誤答率	無解答率
国語 A 「言葉の使い方」に関する資料を読み取り、全体から分かることを書く（問 4 ウ）	Lowest SES	35.7%	38.5%	25.8%
	Low-middle SES	40.5%	38.3%	21.2%
	High-middle SES	45.9%	34.9%	19.2%
	Highest SES	56.1%	31.8%	12.2%
国語 B （レクリエーションについての下級生に対する）川本さんの助言についての説明を書く（問 1-三）	Lowest SES	56.9%	29.6%	13.5%
	Low-middle SES	65.5%	24.7%	9.8%
	High-middle SES	69.1%	21.8%	9.1%
	Highest SES	75.9%	18.4%	5.7%
国語 B （打ち上げ花火の歴史をまとめたリーフレットの下書きを読み）複数の内容を関連づけた上で、自分の考えを具体的に書く（問 2-三）	Lowest SES	14.3%	60.0%	25.8%
	Low-middle SES	16.1%	63.8%	20.1%
	High-middle SES	17.9%	62.5%	19.6%
	Highest SES	22.7%	63.7%	13.6%
算数 B 　三つの乗り物券の買い方を比較して、どの買い方が一番安いかを選択し、そのわけを書く（問 1-(2)）	Lowest SES	39.6%	59.1%	1.3%
	Low-middle SES	48.3%	50.9%	0.8%
	High-middle SES	53.1%	46.2%	0.7%
	Highest SES	63.5%	35.9%	0.6%
算数 B 　示された実験の結果から、ふりこの長さと 10 往復する時間が比例の関係になっていないことを表の数値を基に書く（問 2-(3)）	Lowest SES	23.2%	50.3%	26.5%
	Low-middle SES	30.6%	48.5%	20.9%
	High-middle SES	37.1%	45.0%	17.9%
	Highest SES	50.6%	38.2%	11.2%
算数 B 　示された分け方が元の長方形を 4 等分していることの説明として、二つの三角形の面積が等しいことを書く（問 3-(2)）	Lowest SES	30.8%	45.5%	23.7%
	Low-middle SES	39.5%	44.2%	16.3%
	High-middle SES	44.8%	41.6%	13.6%
	Highest SES	56.7%	35.5%	7.8%
算数 B 　ワールドカップ後の 1 試合当たりの観客数がワールドカップ前の 1 試合当たりの観客数の約何倍になるのかを求める方法と答えを書く（問 4-(1)）	Lowest SES	28.3%	52.8%	18.8%
	Low-middle SES	39.1%	49.3%	11.7%
	High-middle SES	46.3%	43.7%	10.0%
	Highest SES	62.5%	31.9%	5.6%
算数 B 　帯グラフに示された割合と基準量の変化を読み取り、インターネットの貸し出し冊数の増減を判断し、そのわけを書く（問 5-(2)）	Lowest SES	31.7%	57.4%	10.8%
	Low-middle SES	39.8%	52.1%	8.1%
	High-middle SES	45.0%	47.6%	7.4%
	Highest SES	59.2%	36.0%	4.7%

（注）問題の概要に関する説明は、国立教育政策研究所『平成 25 年度全国学力・学習状況調査　解説資料』を参考にした

表 1-9　SES グループ×正答率・誤答率・無解答率（中学校・記述式）

		正答率	誤答率	無解答率
国語 B 「かるた」について分かったことを基に，さらに調べたいことと調べる方法を具体的に書く（問1-三）	Lowest SES	49.2%	46.4%	4.4%
	Low-middle SES	56.0%	41.6%	2.4%
	High-middle SES	60.2%	37.6%	2.2%
	Highest SES	66.0%	32.7%	1.4%
国語 B （星新一「装置の時代」を読み）文章を読んで感じたことや考えたことを具体的に書く（問2-三）	Lowest SES	57.3%	26.3%	16.4%
	Low-middle SES	65.1%	23.7%	11.3%
	High-middle SES	67.3%	23.6%	9.1%
	Highest SES	75.8%	18.5%	5.7%
国語 B （漢字に関する新聞記事や資料を読んだ小川さんの立場になりかわり）間違えやすい漢字を学習する際の注意点やコツを，漢字の特徴を取り上げて説明する（問3-三）	Lowest SES	59.3%	33.6%	7.1%
	Low-middle SES	65.8%	29.4%	4.8%
	High-middle SES	67.5%	27.7%	4.9%
	Highest SES	72.3%	24.5%	3.2%
数学 B 安静時心拍数が年齢によらず一定であるとする時の目標心拍数の変わり方を選び，その理由を説明する（問1-(3)）	Lowest SES	13.1%	81.7%	5.3%
	Low-middle SES	20.0%	75.5%	4.5%
	High-middle SES	25.5%	70.1%	4.5%
	Highest SES	37.1%	60.0%	2.9%
数学 B 2けたの自然数と，その数の十の位の数と一の位の数を入れ替えた数が9の倍数になる説明を完成させる（問2-(1)）	Lowest SES	22.1%	43.3%	34.6%
	Low-middle SES	31.2%	41.7%	27.1%
	High-middle SES	39.8%	40.3%	19.9%
	Highest SES	55.0%	32.8%	12.2%
数学 B 2けたの自然数と，その数の十の位の数と一の位の数を入れ替えた数との和について予想した事柄を表現する（問2-(2)）	Lowest SES	22.5%	30.7%	46.8%
	Low-middle SES	31.6%	29.9%	38.6%
	High-middle SES	40.5%	28.7%	30.9%
	Highest SES	56.3%	22.7%	21.0%
数学 B 与えられた表やグラフを用いて，水温が80℃になるまでにかかる時間を求める方法を説明する（問3-(2)）	Lowest SES	22.2%	33.1%	44.7%
	Low-middle SES	27.6%	36.3%	36.1%
	High-middle SES	32.7%	35.7%	31.5%
	Highest SES	43.9%	34.5%	21.6%
数学 B 2つの辺の長さが等しいことを，三角形の合同を利用して証明する（問4-(1)）	Lowest SES	18.1%	46.1%	35.9%
	Low-middle SES	26.7%	47.6%	25.7%
	High-middle SES	34.4%	45.5%	20.1%
	Highest SES	46.3%	42.0%	11.7%
数学 B （どのような長方形を美しいと思うかを調べたアンケートの結果を，長辺の長さが短辺の長さの何倍かを求めて）まとめ直したヒストグラムの特徴を基に，学級の生徒が美しいと思う長方形について新たに分かることを説明する（問5-(2)）	Lowest SES	16.0%	28.1%	55.9%
	Low-middle SES	21.8%	31.7%	46.6%
	High-middle SES	26.4%	34.1%	39.5%
	Highest SES	34.8%	36.7%	28.5%
数学 B （1辺にn個ずつ碁石を並べて正三角形をつくった時に，問1・問2とは違う囲み方をすると）碁石全部の個数を，3(n-2)+3 という式で求めることができる理由を説明する（問6-(3)）	Lowest SES	12.9%	32.0%	55.2%
	Low-middle SES	18.6%	34.4%	47.0%
	High-middle SES	26.2%	33.8%	40.0%
	Highest SES	38.8%	32.3%	28.9%

（注）　問題の概要に関する説明は，国立教育政策研究所『平成25年度全国学力・学習状況調査　解説資料』を参考にした

せない場合でも試行錯誤しながら課題に取り組むなかで気づいたことや考えたことを記入することが可能である。通塾などの経験がありペーパーテストに慣れた子どもであれば，いわゆる部分点を取るために分かるところだけを書き込む戦略を採用する者がいるかもしれない。

　逆に，こうした特徴を持つ記述式問題に対して全く反応しない無解答者には，課題に取り組むことを早々に諦めてしまった者が一定数含まれている。解けそうな問題から取り組んでいるうちに時間切れになるケースも想定できるので，無解答＝諦めないし意欲の欠如と単純に想定できないが，SES が相対的に低い保護者の子どもたちの無解答率の高さは，社会経済的な背景に起因する教育上の格差が学力の格差だけでなく学習に向かう姿勢や意欲をめぐる格差として具現化している可能性を示唆し，教育格差の是正について論じる際に検討すべき重要な課題を提示しているように思われる。

(4) 誤答のタイプについての分析

　そこで，無解答率や誤答のタイプについてもう少し詳しく検討してみたい。その際に着目したいのはイギリスの教育社会学者，バーンスティン（Bernstein, B.）が提唱する「認知ルール」と「実現ルール」という概念セットである。

　Bernstein（1996）によれば，実際に教授・学習活動を行う場面で，教え手の問いかけに応じて学習者が適切な「答え」を提示するためには，そこで何を学ぶべきとされているのかを適切に把握するために必要な「認知ルール」（recognition rule）と，その場に相応しいやり方で正統なテクスト（学習成果とされることがら）を組み立てる際に必要な「実現ルール」（realization rule）の両方を獲得していなければならない。そして多くの場合，社会経済的に不利な位置にいる子どもたちは，ふたつのルールを充分に身につけていないために（あるいは認知ルールは身につけているが実現ルールを習得していないために），教え手が期待する「正解」を示すことが困難だとバーンスティンは主張する。

　彼の理論的な枠組みを援用すると，認知ルールと実現ルールの双方をうまく獲得できていない場合（何を問われているのか把握できず，どう反応してよいかも分からない場合）は「無解答」，認知ルールは獲得しているものの実現ルールが充分に身についていない場合（問われていることは理解できるが，適切に応答できない場合）は「誤答」に区分される反応が生じると解釈できる（表1-10）。す

表1-10　SESグループ×正答率・誤答率・無解答率
（中学校・記述式）

	認知ルール	実現ルール
正答	○	○
誤答	○	×
無解答	×	×

なわち，先に述べた記述式問題における無解答率と誤答率にみられる違いは，これら2つのルールの習得の度合いの違いを表すものとみることができるのである。

　ここでは記述式の問題のなかから，誤答タイプの分類がバーンスティンの議論に適合するものを選び出し，解答者の反応をSESグループ別に比較した。

　図1-5は，小学校・国語のB問題に設定された記述式問題のうち，レクリエーション活動について五年生へ助言する様子を示した文章を読んで登場人物のひとりである「川本さん」の助言の内容について説明を求める課題に対する反応をSES別に比較したものである。

　この問題には正答が2種類存在する。表中の「正答◎」は，①「川本さん」の助言の内容を説明する際に「a 五年生の考えを受け止める」「b 新たな考えを示す」「c 活動の目的を確かめる」という3点すべてを取り上げていること，②書き出しの言葉を含めて所定の文字数に収まるように解答が示されていること，これらの2つの条件を満たしている場合に区分されるものである。これに対して，条件①のうちa～cから2つあるいは1つの内容を取り上げており，条件②を満たしている場合は「正答○」に区分される。

　表中の「文字数過不足」は，条件①についてはa～cから1つ以上を取り上げている点では「正答」と同じだが，条件②を満たしておらず，文字数に過不足があることを意味している。表ではそれ以外の解答が「その他の誤答」に区分されている。

　SESスコアが高い保護者ほど正答率が高く，誤答率と無解答率が低くなる結果は先にみた通りである。「正答◎」の割合についてはこれに区分される者が非常に少ないこともあり，SESによる系統的な差は顕著ではないが「正答◎」の出現率はHighest SESに区分される保護者の子どもたちが最も高く，

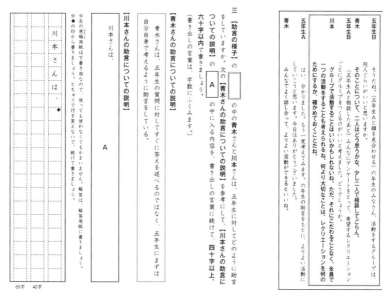

（川本さんの助言について説明する問題：小学校国語B問題：問1-三）

	無解答	正答◎	正答〇	文字数過不足	その他の誤答	合計
Lowest SES	13.5%	1.0%	55.9%	5.0%	24.6%	100.0%
Low-middle SES	9.8%	1.9%	63.6%	4.7%	20.0%	100.0%
High-middle SES	9.1%	1.7%	67.4%	3.6%	18.1%	100.0%
Highest SES	5.7%	2.0%	73.9%	3.4%	15.0%	100.0%
合計	9.0%	1.7%	66.3%	4.2%	18.7%	100.0%

図1-5 「川本さんの助言」について説明する問題への反応（SES別）

Lowest SES では最も低い結果になっている。

　解答の類型を詳細に検討すると，「正答〇」に区分される者の割合の差が SES 間の正答率に違いをもたらしているようである。問題に取り組んだ子どもたちにとって，限られた字数で3つの情報をすべて盛り込む課題は難しいようで，記述式の問題（特に活用型のB問題）は，出題者の意図を正確に読み取り，適切に応答することが難しい特徴があることを窺わせる結果である。

　ここでは，誤答のうち「文字数過不足」に区分される解答を示した者に着目したい。この類型に区分される解答者の割合はごく僅かだが，SES が高いグループほど「文字数過不足」の割合が少なくなる系統的な変化が認められる。

「文字数過不足」の誤答は，課題にはひとまず応答している（したがって，何を答えればよいかは理解している）が，出題者の指示通りには回答できていないことを意味する。バーンスティンの概念を援用して再記述すると，認知ルールは獲得しているが実現ルールに難があることになる。なお，解答を記入する際に文字数を指定する形式は，受験に代表されるペーパーテストに頻出する形式である。バーンスティン自身はそのような議論はしていないが，Highest SESに区分される保護者の子どもは，他のカテゴリと比べ「受験的な実現ルール」をしっかりと身につけていると解釈できる。

　「その他の誤答」は様々なタイプの誤答を網羅する残余カテゴリなので，そこに区分される者は認知・実現ルールの両方に課題がある者と，出題者があらかじめ想定していない反応で解答を試みた者（実現ルールのみに課題がある者）の双方が含まれていると想定できる。SESが高いほど「その他の誤答」の割合が系統的に低くなる。

　これらの結果をまとめると，表1-10に示すように，SESスコアが高い保護者の子どもは認知ルールと実現ルールの両方を獲得しているのに対し，SESが低くなるにつれて，認知ルールは習得しているが実現ルールの習得に課題がある者，両方ともうまく習得できていない者の割合が増えてゆく傾向をみることができる。

　図1-6は，中学校の国語Bで小学校と比較可能な問題について同様な比較を行った結果をまとめたものである。この問題では，生活の利便性を高める装置が普及した未来社会の逆説を題材にした星新一のショートショート「装置の時代」（『盗賊会社』新潮文庫，1985年）を読み，解答者が「感じたことや考えたことを具体的に書く」課題が提示されている。その際には，引用のルールに従って本文に言及すること，所定の文字数に収まる分量で書くという条件が付せられており，これらをすべて満たすと「正答」と判定される。

　小学校と比較すると「字数過不足」による誤答率がさらに小さくなり，SESカテゴリ間の系統的な差がみられなくなる。試験を受ける経験を重ねるうちに，指示された字数通りに解答する「受験的な実現ルール」を身につけていったことを窺わせる変化である。

　他方で，引用符をつけて本文に言及しながら自分の考えを述べることができずに「誤答」と判定された事例（図表中では「引用ルール×」に区分された者）

三　この文章を読んで、あなたが感じたことや考えたことを、次の**条件1**から**条件3**にしたがって書きなさい。

なお、読み返して文章を直したいときは、二本線で消したり行間に書き加えたりしてもかまいません。

条件1　本文を引用して書くこと。引用する部分は、かぎかっこ（「　」）でくくること。

条件2　この文章について、あなたが感じたことや考えたことを具体的に書くこと。

条件3　八十字以上、百字以内で書くこと。

※　左の枠は、下書きに使ってもかまいません。解答は必ず解答用紙に書きなさい。

（「装置の時代」を読んで感じたこと・考えたことを書く問題：中学校国語B問題：問2-三）

	無解答	正答	字数過不足	課題非応答	引用ルール×	その他の誤答	合計
Lowest SES	16.4%	57.3%	0.8%	2.4%	18.1%	5.0%	100.0%
Low-middle SES	11.3%	65.1%	0.4%	1.5%	17.8%	3.9%	100.0%
High-middle SES	9.1%	67.3%	0.5%	1.3%	18.6%	3.2%	100.0%
Highest SES	5.7%	75.8%	0.9%	1.1%	14.4%	2.1%	100.0%
合計	10.3%	66.7%	0.6%	1.6%	17.2%	3.5%	100.0%

図 1-6　星新一「装置の時代」記述式問題への反応（SES別）

は Highest SES の保護者の子どもたちは他のカテゴリよりも出現率が低く，「その他の誤答」に区分される解答者の割合は SES スコアが小さいほど高くなる。正答率や無解答についても小学校と同様に SES グループの間で系統的な違いが認められるので，中学校においても SES スコアと認知ルールと実現ルールの獲得の度合いに関連があるとみてよいだろう。

3. SES の違いが子どもとの接し方に与える影響

　SES スコアが学力に対して直接に影響力を与える経路には，どのような内実が伴っているのだろうか。そのメカニズムを探るために，本章の最後では，SES カテゴリ別に子どもとの接し方を比較してみたい。

　表 1-11（小学校）と表 1-12（中学校）は，SES スコアをもとに保護者の社会経済的な背景を 4 つのカテゴリに区分し，それぞれのカテゴリごとに，子どもに対する接し方・将来に対する期待に関する質問への回答結果の平均値を示したものである[3]。

　これらの図表では，社会経済的な背景が最も厳しい Lowest SES に区分される保護者と，最もゆとりのある Highest SES に区分される保護者の平均値の差を取り，その絶対値が大きな項目ほど上に来るように項目を並べなおしている。結果の解釈を容易にするために，Highest-Lowest の絶対値が 0.3 ポイント以上の項目，すなわち SES による差が大きい項目に薄い網掛けを，0.1 ポイント未満の項目（差が小さい項目）に濃い網掛けをしている。

　細かく見るといくつか違いがあるが，小学校・中学校ともおおむね同様の結果が認められた。ふたつの表からは，次のような特徴が読み取れる。

・SES による違いが顕著な質問項目は，学歴に対する期待の高さや英語や外
　国の文化に親しませようとする姿勢，良い成績を取ることへのこだわり，活
　字文化に親しませるような働きかけの度合いに関するものであった。

・「子どもに『勉強しなさい』とよく言っている」かどうかを問うた質問には
　SES カテゴリ別の差はそれほど大きくない一方で，「計画的に勉強するよう
　にうながしている」傾向は SES が高い保護者に顕著であった。

・子どもとの日常会話についても，普段の出来事に関する会話についてはそれ
　ほど大きな差が見られないが，「読んだ本の感想を話し合ったりしている」
　傾向は SES が高くなるにつれて強まり，平均の差も相対的に大きい（「社会
　の出来事やニュースについて話をする」も中程度ではあるが，SES カテゴリによ

表1-11　SESカテゴリ別・子どもとの接し方／子どもへの期待（小学校）

設問	Lowest SES	(SE)	Lower middle SES	(SE)	Upper middle SES	(SE)	Highest SES	(SE)	Highest-Lowest
問9の3　子どもにはできるだけ高い学歴を身につけさせたい	2.34	(0.022)	2.50	(0.020)	2.68	(0.020)	2.99	(0.018)	0.66
問3の18　子どもが英語や外国の文化に触れるよう意識している	2.07	(0.022)	2.25	(0.024)	2.48	(0.021)	2.69	(0.024)	0.62
問3の12　子どもに本や新聞を読むようにすすめている	2.69	(0.021)	2.85	(0.020)	2.96	(0.020)	3.22	(0.022)	0.53
問3の14　子どもが小さいころ、絵本の読み聞かせをした	2.84	(0.024)	2.99	(0.017)	3.15	(0.021)	3.34	(0.019)	0.50
問9の1　学校生活が楽しければ、良い成績をとることにはこだわらない	2.82	(0.020)	2.70	(0.020)	2.56	(0.021)	2.37	(0.018)	-0.45
問3の17　計画的に勉強するようにうながしている	2.65	(0.020)	2.79	(0.019)	2.92	(0.018)	3.09	(0.019)	0.44
問3の13　子どもと読んだ本の感想を話し合ったりしている	2.14	(0.021)	2.26	(0.018)	2.33	(0.020)	2.58	(0.023)	0.44
問3の15　普段、子どもの勉強をみている	2.52	(0.022)	2.64	(0.018)	2.72	(0.019)	2.88	(0.018)	0.36
問5の3　子どもと将来や進路についての話をする	2.91	(0.022)	2.97	(0.021)	3.06	(0.018)	3.20	(0.022)	0.29
問5の5　子どもと社会の出来事やニュースについて話をする	2.84	(0.020)	2.94	(0.018)	2.96	(0.020)	3.13	(0.019)	0.28
問5の2　子どもと勉強や成績のことについて話をする	3.12	(0.017)	3.19	(0.019)	3.27	(0.014)	3.39	(0.016)	0.27
問9の2　子どもの将来を考えると、学習塾や習い事に通わせないと心配である	2.55	(0.024)	2.67	(0.025)	2.73	(0.022)	2.81	(0.024)	0.26
問3の2　子どもを決まった時刻に寝かせるようにしている	3.06	(0.022)	3.17	(0.019)	3.23	(0.018)	3.30	(0.015)	0.24
問10の1　子どもの教育で重視すること：子どもが自立できるようにすること	3.51	(0.014)	3.55	(0.010)	3.59	(0.012)	3.70	(0.012)	0.19
問3の16　子どもに「勉強しなさい」とよく言っている	2.63	(0.026)	2.68	(0.021)	2.72	(0.023)	2.82	(0.020)	0.19
問3の3　毎日子どもに朝食を食べさせている	3.77	(0.014)	3.87	(0.010)	3.90	(0.008)	3.94	(0.007)	0.17
問10の4　子どもの教育で重視すること：将来の夢や目標に向かって努力すること	3.50	(0.015)	3.55	(0.012)	3.58	(0.011)	3.68	(0.014)	0.18
問3の1　子どもが決まった時刻に起きる（起こすよう）にしている	3.61	(0.015)	3.69	(0.011)	3.73	(0.012)	3.76	(0.009)	0.14
問3の10　子どものよいところをほめるなどして自信を持たせるようにしている	3.22	(0.015)	3.24	(0.017)	3.25	(0.016)	3.31	(0.015)	0.10
問3の4　平日、夕食を一緒に食べている	3.64	(0.017)	3.69	(0.013)	3.67	(0.014)	3.56	(0.020)	-0.09
問5の1　子どもから学校での出来事について話を聞いている	3.51	(0.014)	3.54	(0.014)	3.55	(0.015)	3.58	(0.013)	0.07
問3の20　子どもに生き物や植物の世話をさせている	2.54	(0.030)	2.59	(0.028)	2.59	(0.031)	2.61	(0.031)	0.07
問5の4　子どもの心配事や悩み事の相談によく乗っている	3.11	(0.017)	3.15	(0.017)	3.14	(0.015)	3.18	(0.017)	0.07
問5の6　子どもと友達のことについて話をする	3.49	(0.013)	3.50	(0.013)	3.51	(0.015)	3.56	(0.012)	0.06
問3の11　子どもが悪いことをしたらきちんと叱っている	3.75	(0.011)	3.77	(0.009)	3.78	(0.010)	3.79	(0.010)	0.04
問3の5　家事を手伝わせるなど家族の一員としての役割を与えている	3.11	(0.024)	3.16	(0.021)	3.16	(0.022)	3.15	(0.021)	0.04
問10の2　子どもの教育で重視すること：人の気持ちが分かる人間になること	3.79	(0.010)	3.80	(0.009)	3.81	(0.009)	3.83	(0.010)	0.03
問3の19　子どもが自然に触れる機会をつくっている	3.63	(0.014)	3.59	(0.013)	3.61	(0.011)	3.65	(0.010)	0.02
問3の7　子どものプライバシーを尊重している	3.15	(0.018)	3.16	(0.014)	3.13	(0.016)	3.13	(0.013)	-0.02
問3の6　自分でできることは自分でさせている	3.53	(0.016)	3.56	(0.015)	3.52	(0.015)	3.52	(0.012)	-0.01

表1-12 SESカテゴリ別・子どもとの接し方／子どもへの期待（中学校）

	Lowest SES	(SE)	Lower middle SES	(SE)	Upper middle SES	(SE)	Highest SES	(SE)	Highest-Lowest
問9の3 子どもにはできるだけ高い学歴を身につけさせたい	2.33	(0.018)	2.48	(0.016)	2.64	(0.016)	2.94	(0.014)	0.61
問3の18 子どもが英語や外国の文化に触れるよう意識している	1.94	(0.017)	2.08	(0.015)	2.21	(0.020)	2.47	(0.015)	0.54
問3の12 子どもに本や新聞を読むようにすすめている	2.56	(0.018)	2.71	(0.017)	2.80	(0.016)	3.03	(0.016)	0.47
問3の14 子どもが小さいころ、絵本の読み聞かせをした	2.86	(0.017)	3.01	(0.014)	3.14	(0.015)	3.32	(0.014)	0.46
問9の1 学校生活が楽しければ、良い成績をとることにはこだわらない	2.63	(0.018)	2.51	(0.015)	2.43	(0.017)	2.24	(0.014)	-0.39
問3の17 計画的に勉強するようにうながしている	2.69	(0.018)	2.80	(0.014)	2.88	(0.017)	3.02	(0.015)	0.33
問3の13 子どもと読んだ本の感想を話し合ったりしている	2.01	(0.018)	2.09	(0.015)	2.16	(0.014)	2.34	(0.014)	0.33
問3の15 普段、子どもの勉強をみている	1.95	(0.015)	2.02	(0.014)	2.11	(0.015)	2.28	(0.014)	0.33
問9の2 子どもの将来を考えると、学習塾や習い事に通わせないと心配である	2.64	(0.021)	2.77	(0.020)	2.80	(0.023)	2.87	(0.021)	0.23
問5の5 子どもと社会の出来事やニュースについて話をする	2.83	(0.016)	2.91	(0.015)	2.97	(0.014)	3.04	(0.014)	0.21
問3の2 子どもを決まった時刻に寝かせるようにしている	2.55	(0.015)	2.60	(0.016)	2.65	(0.017)	2.73	(0.014)	0.18
問5の2 子どもと勉強や成績のことについて話をする	3.29	(0.012)	3.35	(0.012)	3.40	(0.013)	3.46	(0.010)	0.17
問3の3 毎日子どもに朝食を食べさせている	3.68	(0.014)	3.77	(0.011)	3.81	(0.010)	3.86	(0.008)	0.18
問10の1 子どもの教育で重視すること：子どもが自立できるようにすること	3.50	(0.010)	3.55	(0.011)	3.61	(0.009)	3.67	(0.010)	0.17
問10の4 子どもの教育で重視すること：将来の夢や目標に向かって努力すること	3.54	(0.009)	3.58	(0.008)	3.62	(0.009)	3.67	(0.009)	0.14
問3の16 子どもに「勉強しなさい」とよく言っている	2.65	(0.021)	2.71	(0.017)	2.72	(0.021)	2.76	(0.016)	0.11
問5の3 子どもと将来や進路について話をする	3.30	(0.013)	3.34	(0.012)	3.38	(0.013)	3.40	(0.012)	0.10
問3の4 平日、夕食を一緒に食べている	3.48	(0.018)	3.52	(0.016)	3.47	(0.016)	3.38	(0.019)	-0.10
問3の5 家事を手伝わせるなど家族の一員としての役割を与えている	2.91	(0.019)	2.86	(0.018)	2.83	(0.017)	2.83	(0.019)	-0.09
問3の1 子どもが決まった時刻に起きるよう（起こすよう）にしている	3.56	(0.014)	3.63	(0.012)	3.65	(0.012)	3.63	(0.012)	0.07
問10の2 子どもの教育で重視すること：人の気持ちが分かる人間になること	3.72	(0.008)	3.75	(0.008)	3.78	(0.009)	3.79	(0.010)	0.06
問3の10 子どものまいところをほめるなどして自信を持てるようにしている	3.12	(0.011)	3.13	(0.012)	3.15	(0.011)	3.18	(0.013)	0.06
問3の20 子どもに生き物や植物の世話をさせている	2.25	(0.026)	2.24	(0.024)	2.26	(0.027)	2.19	(0.023)	-0.05
問5の1 子どもから学校での出来事について話を聞いている	3.32	(0.012)	3.35	(0.012)	3.36	(0.014)	3.36	(0.019)	0.05
問3の6 自分でできることは自分でさせている	3.43	(0.013)	3.41	(0.013)	3.40	(0.013)	3.39	(0.013)	-0.04
問5の4 子どもが悪いことをしたらきちんと叱っている	3.32	(0.012)	3.34	(0.011)	3.34	(0.013)	3.35	(0.012)	0.03
問3の11 子どものプライバシーを尊重している	3.68	(0.010)	3.70	(0.009)	3.70	(0.009)	3.70	(0.007)	0.03
問3の7 子どもが自然に触れる機会をつくっている	3.25	(0.010)	3.22	(0.012)	3.23	(0.013)	3.22	(0.013)	-0.03
問3の19 子どもの心配事や悩み事の相談によく乗っている	2.64	(0.025)	2.64	(0.020)	2.68	(0.022)	2.66	(0.021)	0.02
問5の6 子どもが自分の意見をはっきり言えるようになること	2.93	(0.015)	2.96	(0.013)	2.97	(0.017)	2.93	(0.015)	-0.01
問10の3 子どもの教育で重視すること：自分の意見をはっきり言えるようになること	3.56	(0.010)	3.53	(0.009)	3.55	(0.010)	3.55	(0.011)	-0.00

る違いが認められる項目である）。

　これらの結果を踏まえつつ，最後にSESが直接的に学力を規定する背景にはどのようなメカニズムがあるのか，いくつかの仮説を提示してみたい。

　第一に，学歴期待と教育戦略の違いが学力に影響を与える可能性を指摘できる。先にみたように，SESが相対的に高い保護者は，子どもが良い成績を取り，より高い学歴を取得することを願う傾向が顕著であった。子どもへの期待を実際の成果につなげるための具体的な関与がある点も，SESの高い保護者に見られる特徴である。「勉強しなさい」と言うだけではなく，計画的に勉強するよう促す，あるいは学校文化と親和性の高い活字文化に親しませるように働きかけるなどの関わりが，SESの高い保護者の子どもたちの学業成績を押し上げる効果を発揮しているように思われる。

　なお，回答形式が異なるため図表には示していないが[4]，小学校・中学校ともにSESの高い保護者ほどテレビゲーム（コンピュータゲーム，携帯式のゲームを含む）で遊ぶ時間を限定する，携帯電話やスマートフォンの使い方についてルールや約束をつくる傾向がみられた。SESが相対的に高い保護者は，そもそもゲームや携帯を持たせない者も多い。これらの結果は，教育的な配慮のもとで戦略的に子どもの生活時間を構造化してゆく保護者の姿勢を示すものである。

　第二に，個別の質問項目で把握できる具体的な関わり方だけでなく，その背後にある保護者と子どもとのコミュニケーション様式に違いがあり，そのことが学力の差につながっているように思われる。

　先に述べたように，子どもとの会話の内容について，SESカテゴリによる違いが大きい項目とそうでない項目を見てみると，学校の出来事や子どもの友達について話をするかどうか，心配や悩み事の相談によく乗るかどうかについてはカテゴリによる差は小さいが，日常の文脈を越えた内容について子どもと会話する傾向は，SESの高い保護者の特徴であった。

　学校における教育活動は「いま・ここ」の文脈に依存しなくとも伝達可能な形式と内容をもつコミュニケーションを基盤に展開する（バーンスティン2000）。SESが相対的に高い保護者の子どもたちの好成績は，家庭におけるコミュニケーション様式が，学校教育のそれと親和的であることに起因しているのでは

ないだろうか。質問紙で家庭内のコミュニケーション様式を詳細に把握することは困難なので，これはあくまでも一つの仮説に過ぎないが，SES カテゴリ別に子どもとの接し方を比較する際に認められる違いは，保護者と子どもとのコミュニケーション様式の違いを一定程度反映しているように思われる。

註

1) 重み付けの方法に関する詳細はお茶の水女子大学（2014，第 8 章）に記載されている。

2) 分析結果の標準誤差（SE）はジャックナイフ法を用いて推計した。なお，重回帰分析で用いる変数のなかに一定の相関関係が認められるものがあるが，VIF（1.5 以下）と条件指数の値（一部のモデルでは 17 ～ 18，その他は 15 以下）を参照し，多重共線性によって推計結果が不安定になる問題を回避できることを確認したうえで分析結果を示している。

3) 分析に用いた 32 項目の質問では「あてはまる」～「あてはまらない」（問 10 は「重視している」～「重視していない」）の 4 段階の選択肢の 1 つに○をつける形式で回答を求めている。表 1-11 と表 1-12 では「あてはまる」（重視している）と回答した者に 4 点，「どちらかといえば，あてはまる」（どちらかといえば，重視している）に 3 点，「どちらかといえば，あてはまらない」（どちらかといえば，重視していない）に 2 点，「あてはまらない」（重視していない）に 1 点を割り当てて平均値を算出した。平均値の数値が大きいほど質問内容を肯定する傾向が強いことを表している。

4) ゲームと携帯の使い方を尋ねた質問（2 項目）は，「あてはまる」～「あてはまらない」の 4 件法に加え「持たせていない」という第 5 の選択肢が設けられていたために，他の項目と平均値を単純に比較することができない。

参考文献

Bernstein. B., 1996, Pedagogy, Symbolic Control and Identity, Taylor & Francis（＝2000，久冨善之ほか訳『〈教育〉の社会学理論』法政大学出版局.

苅谷剛彦・志水宏吉編，2004，『学力の社会学』岩波書店.

耳塚寛明，2007，「小学校学力格差に挑む」『教育社会学研究』第 80 集，東洋館出版社，pp. 23-39.

志水宏吉，2014，『「つながり格差」が学力格差を生む』亜紀書房.

お茶の水女子大学，2014，『平成 25 年度全国学力・学習状況調査（きめ細かい調査）の結果を活用した学力に影響を与える要因分析に関する調査研究』.

第2章

大都市において「経済的不利」を克服している
家庭の特徴

浜野　隆

1. 大都市における SES と学力の関係

　これまでの章で明らかにされているように，SES と子どもの学力との間には極めて強い相関がある。本章では，2017 年度調査をもとに，経済的に厳しい家庭における学力の問題について検討していきたい。図 2-1 は，世帯年収と子どもの学力（算数 B）の関係を示したものである。特に，世帯年収 200 万円未満や 200 万から 300 万円といった家庭の子どもの学力は，相対的に見て厳しい状況にある（図 2-1）。

　しかしながら，家庭の経済的不利がありながらも高い学力を達成している子どもは一定数存在する。OECD の PISA においては，社会経済文化的背景が各国基準で下位 25％であっても，学力水準で上位 25％に位置する子どもを「レジリエント生徒（格差を克服している生徒）」と定義として，レジリエント生徒が多いほど学力格差の小さい国であると捉えている。2015 年の PISA（科学的リテラシー）では日本のレジリエント生徒の割合は 11.6％であり，これは，ほぼ OECD 諸国の平均的な水準である（OECD 2018）。日本は国際的に見てレジリエント生徒が多いとはいえないが，少ないわけでもない。

　このような「社会経済的不利を抱えながらも高学力の子ども」について，その家庭がどのような特徴を持っているのかを明らかにすることは，学力格差の緩和策を考える上で参考になると思われる。同様の問題意識からの分析は第 6 章においても，全国的な傾向が示されているが，本章では特に，大都市に地域

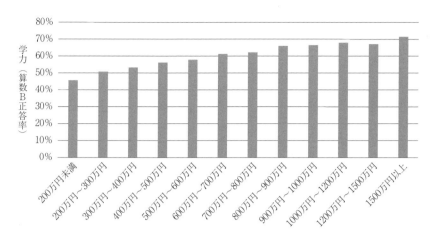

図2-1　家庭の年収と学力（小6，算数B正答率）の関係

（出典）お茶の水女子大学（2018）より作成

を絞って，経済的に困難をかかえつつも高学力を達成している家庭の特徴を明らかにしたい。

　家庭の経済状況と子どもの学力の関係が特に強いのは，都市部においてである。世帯年収と算数B正答率との相関係数を見ると，大都市では0.283，中核市では0.241，その他の市では0.218，町村部では0.172となっており，大都市になればなるほど世帯年収と学力の関係は強い。他の教育段階，教科，問題で見ても，大都市において世帯年収と学力の関係が強くなる傾向は変わらない。この傾向に関する一つの解釈としては，大都市では塾などの学校外教育機関が多く，家庭の経済面での豊かさが学力の獲得において有利に働きやすい，ということが考えられる。

　では，このような大都市にあって，経済的不利にあっても，子どもが高い学力を達成している家庭は，どのような特徴を持っているのだろうか。ここでは，家庭の所得との相関が最も高い「算数B」の学力について見ていくことにする。年収300万円までの世帯（大都市全体の約11％）で，高学力を達成している児童の家庭がどのような特徴があるのか，親はどのような働きかけを子どもにしているのか，保護者調査をもとに見ていくことにする。大都市の特徴を明確にするため，大都市の傾向と全体の傾向とを比較して見ていくことにしたい。

表 2-1　SES と「学力のばらつき」（中 3）

		国語A	国語B	数学A	数学B
Lowest	平均値	70.43	63.14	52.84	38.78
	標準偏差	19.37	26.86	23.81	19.56
	変動係数	0.28	0.43	0.45	0.5
Lower middle	平均値	75.56	69.96	61.45	44.9
	標準偏差	17.54	24.77	22.68	20.32
	変動係数	0.23	0.35	0.37	0.45
Upper middle	平均値	78.94	74.26	67.4	49.66
	標準偏差	16.24	23.39	21.23	20.58
	変動係数	0.21	0.31	0.31	0.41
Highest	平均値	84.76	81.39	77.08	58.9
	標準偏差	13.76	20.57	18.41	20.64
	変動係数	0.16	0.25	0.24	0.35
合計	平均値	77.29	72.02	64.47	47.88
	標準偏差	17.7	24.97	23.42	21.57
	変動係数	0.23	0.35	0.36	0.45

2. SES と「学力のばらつき」

　大都市の分析に移る前に，SES と「学力のばらつき」の関係についてみて
おきたい。表 2-1 は，SES と学力（中 3 全国）との関係を示したものである。
すでにこれまでも本書で指摘されているように，SES が高いほど子どもの学力
は高い傾向が見て取れる。
　ここでもう一つ注目しておきたいのが，SES 別に見た「学力のばらつき」で
ある。SES 別に，標準偏差と変動係数を示した。SES によって平均値が異なる
ので，変動係数で比較すると，Highest SES が最も変動係数が小さく（ばらつ
きが小さく），Lowest SES が最も変動係数が大きい（ばらつきが大きい）ことが
わかる。SES が高いほど正答率のばらつきが小さい。ここでは中学校の数値を
示したが，この傾向は，小 6，中 3 とも，いずれの教科においても同じである。
Lowest SES において学力のばらつきが大きいということは，低い SES という
「環境」に学力が決定されるのではなく，不利な環境を克服し，高い学力を達
成している児童生徒も一定数存在することを示唆している。

3. 大都市で経済的不利を克服している家庭の特徴

(1) 親の働きかけ

　表2-2は，年収300万円未満世帯について，学力A層（学力上位25%）とD層（学力下位25%）について，保護者がどのような（子どもへの）働きかけをしているかを見たものである。これを見ると，学力A層全体では次のような家庭が相対的に多いことがわかる：「子どもが決まった時刻に起きるよう（起こすよう）にしている」「毎日子どもに朝食を食べさせている」「テレビ・ビデオ・DVDを見たり，聞いたりする時間等のルールを決めている」「テレビゲーム（コンピュータゲーム，携帯式のゲーム，携帯電話やスマートフォンを使ったゲームも含む）をする時間を限定している」「携帯電話やスマートフォンの使い方についてルールや約束をつくっている」「子どもに本や新聞を読むようにすすめている」「子どもと読んだ本の感想を話し合ったりしている」「子どもが小さいころ，絵本の読み聞かせをした」「子どもと何のために勉強するかについて話している」「計画的に勉強するよう子どもに促している」「子どもが外国語や外国の文化に触れるよう意識している」。

　学力A層と学力D層の差を大都市と全体で比較してみると，大都市の学力A層のほうがより次のような傾向が顕著である：「毎日子どもに朝食を食べさせている」「携帯電話やスマートフォンの使い方についてルールや約束をつくっている」「子どもに本や新聞を読むようにすすめている」「子どもと読んだ本の感想を話し合ったりしている」「子どもと何のために勉強するかについて話している」。また，「子どものよいところをほめる等して自信を持たせるようにしている」については，全体では学力A層から学力D層でほとんど差は見られないが，大都市に限ってみると，学力A層とD層の差が大きい。

(2) 子どもと一緒の外出

　表2-3は，年収300万円未満世帯について，学力層別に保護者が子どもと一緒に美術館や博物館，図書館等にどれくらいの頻度で外出するかを見たものである。これを見ると，大都市の学力A層は，全体の学力A層に比べ，美術館や劇場，博物館や科学館，図書館に行く傾向が顕著であることが見て取れる。

表 2-2　親の働きかけと学力層（算数 B）の関係（「あてはまる」の割合 [%]）

	年収 300 万円未満 （大都市）			年収 300 万円未満 （全体）		
	A 層	D 層	差	A 層	D 層	差
子どもが決まった時刻に起きるよう（起こすよう）にしている	64.5	61.8	2.7	67.1	62.2	4.9
子どもを決まった時刻に寝かせるようにしている	36.6	36.6	0.0	35.4	37.1	-1.7
毎日子どもに朝食を食べさせている	82.7	65.4	17.3	84.1	71.6	12.5
テレビ・ビデオ・DVD を見たり，聞いたりする時間等のルールを決めている	23.2	16.8	6.4	21.4	18.5	2.9
テレビゲームをする時間を限定している	28.2	21.0	7.2	25.1	21.4	3.7
携帯電話やスマートフォンの使い方についてルールや約束をつくっている	29.4	25.1	4.3	25.0	26.2	-1.2
子どものよいところをほめる等して自信を持たせるようにしている	38.0	27.8	10.2	32.3	32.1	0.2
子どもが悪いことをしたらきちんと叱っている	74.8	75.9	-1.1	76.2	74.5	1.7
子どもに本や新聞を読むようにすすめている	33.1	17.0	16.1	28.5	17.2	11.3
子どもと読んだ本の感想を話し合ったりしている	16.1	6.6	9.5	11.6	7.8	3.8
子どもが小さいころ，絵本の読み聞かせをした	48.2	32.4	15.8	43.4	31.6	11.8
子どもと何のために勉強するかについて話している	36.3	27.2	9.1	31.8	28.0	3.8
計画的に勉強するよう子どもに促している	33.1	20.1	13.0	29.6	20.3	9.3
子どもが外国語や外国の文化に触れるよう意識している	21.3	13.9	7.4	16.7	12.9	3.8
子どもに努力することの大切さを伝えている	43.2	43.5	-0.3	44.4	42.0	2.4
子どもに最後までやり抜くことの大切さを伝えている	47.6	49.7	-2.1	48.1	48.2	-0.1
いじめは，どんな理由があってもいけないことだと家庭で話し合っている	61.2	67.7	-6.5	63.6	69.2	-5.6
地域社会等でのボランティア活動等に参加するよう子どもに促している	14.1	11.8	2.3	12.3	12.8	-0.5

表 2-3　子どもとの外出と学力（算数 B）の関係（「年に 1 回程度」以上の割合 [%]）

	年収 300 万円未満 （大都市）			年収 300 万円未満 （全体）		
	A 層	D 層	差	A 層	D 層	差
子どもと一緒に美術館や劇場に行く	37.5	24.0	13.5	29.5	22.0	7.5
子どもと一緒に博物館や科学館に行く	46.3	26.8	19.5	32.9	22.4	10.5
子どもと一緒に図書館に行く	61.6	29.9	31.7	60.2	39.4	20.8

学力 A 層と学力 D 層の差を大都市と全体で比較してみると，大都市の学力 A 層のほうがより美術館や劇場，博物館や科学館，図書館等を積極的に利用していることがわかる。

(3) 保護者の意識や行動

表 2-4 は，年収 300 万円未満世帯の児童について，学力層別に保護者の意識や行動を見たものである。これを見ると，全体でも大都市でも，学力 A 層では次のような保護者の行動が相対的に多いことがわかる：「授業参観や運動会等の学校行事への参加」「PTA 活動や保護者会等への参加」「学校支援，放課後学習支援，土曜学習支援等，地域と学校の連携・協働に関わる活動へのボランティアとしての参加」「自治会・子ども会・子どもと一緒に行う体験活動（生活・文化体験，自然体験，社会体験）等の地域活動への参加」「地域の行事に子どもと一緒に参加する」「本を読む（本は，電子書籍は含むが，漫画や雑誌は除く）」「テレビやインターネットで政治経済や社会問題に関するニュースを見る」「新聞の政治経済や社会問題に関する記事を読む（新聞は，電子新聞を含む）」「地域には，ボランティアで学校を支援する等，地域の子どもたちの教育に関わってくれる人が多いと思う」「地域や社会で起こっている問題や課題，出来事に関心がある」。

学力 A 層と学力 D 層の差を大都市と全体で比較してみると，大都市の学力 A 層のほうがより次のような傾向が顕著である：「テレビやインターネットで政治経済や社会問題に関するニュースを見る」「新聞の政治経済や社会問題に関する記事を読む（新聞は，電子新聞を含む）」「地域には，ボランティアで学校を支援する等，地域の子どもたちの教育に関わってくれる人が多いと思う」「地域や社会で起こっている問題や課題，出来事に関心がある」。

(4) 家庭の蔵書数・子ども向けの本の数

表 2-5 は，年収 300 万円未満世帯について，学力層別に家庭の蔵書数を見たものである。これを見ると，全体でも大都市でも学力 A 層では，家庭の蔵書数が多いことが見て取れる。

学力 A 層と学力 D 層の差を大都市と全体で比較してみると，家庭の蔵書数に関しては大都市の学力 A 層のほうが「0 〜 10 冊」の割合が少なく，「101 冊〜

表 2-4　保護者の意識・行動と学力（算数 B）の関係（「よくする」の割合［%］）

	年収 300 万円未満（大都市）			年収 300 万円未満（全体）		
	A 層	D 層	差	A 層	D 層	差
授業参観や運動会等の学校行事への参加	73.5	63.9	9.6	76.1	68.1	8.0
PTA 活動や保護者会等への参加	28.9	25.6	3.3	34.5	29.0	5.5
学校支援，放課後学習支援，土曜学習支援等，地域と学校の連携・協働に関わる活動へのボランティアとしての参加	8.1	3.3	4.8	5.8	4.5	1.3
自治会・子ども会・子どもと一緒に行う体験活動（生活・文化体験，自然体験，社会体験）等の地域活動への参加	17.1	11.1	6.0	20.1	14.5	5.6
地域の行事に子どもと一緒に参加する	16.7	10.2	6.5	18.5	14.8	3.7
本を読む（本は，電子書籍は含むが，漫画や雑誌は除く）	23.5	17.2	6.3	16.1	12.1	4.0
テレビやインターネットで政治経済や社会問題に関するニュースを見る	63.6	54.9	8.7	53.5	50.2	3.3
新聞の政治経済や社会問題に関する記事を読む（新聞は，電子新聞を含む）	25.7	16.7	9.0	22.3	18.8	3.5
地域には，ボランティアで学校を支援する等，地域の子どもたちの教育に関わってくれる人が多い（＊）	32.9	19.7	13.2	22.9	20.5	2.4
地域や社会で起こっている問題や課題，出来事に関心がある（＊＊）	38.6	28.7	9.9	34.5	28.5	6.0

（＊）「そう思う」の割合　　（＊＊）「関心がある」の割合

表 2-5　家庭の蔵書数と学力層（算数 B）の関係

	年収 300 万円未満（大都市）				年収 300 万円未満（全体）			
	A 層	B 層	C 層	D 層	A 層	B 層	C 層	D 層
0 〜 10 冊	20.8	30.9	41.9	42.4	32.3	37.6	43.9	48.9
11 〜 25 冊	23.3	29.5	22.7	26.8	22.6	24.4	23.6	25.0
26 〜 100 冊	34.6	28.2	25.3	24.9	31.7	27	24.7	20.0
101 冊〜 200 冊	14.8	6.1	6.0	4.5	7.9	5.9	4.7	3.9
201 冊〜 500 冊	3.4	2.2	2.9	1.0	4.2	3.7	2.1	1.7
501 冊以上	3.1	3.1	1.1	0.4	1.4	1.4	1.1	0.5
全体	100.0	100.0	100.0	100.0	100.0	100.0	100.0	100.0

200 冊」の割合が多い。また，子ども向けの本の数については，大都市の学力
A 層のほうが「101 冊以上」が多くなっている。なお，表は省略するが，家庭
にある「子ども向けの本の数」についても，同様の傾向がみられる。

4. 知見の要約

本章では，SES という合成指標ではなく，「経済的な不利」のみに注目して，
不利な環境を克服している子どもの家庭について見てきた。日本でも，「子ど
もの貧困」への社会的注目が高まった 2000 年代初めごろから，相対的貧困下
で生活する児童生徒の教育問題もクローズアップされてきた。本章で見てきた，
世帯年収 300 万未満の世帯のなかには，相対的貧困線を下回る家庭も少なくな
い。本章では，厳密な可処分所得や世帯人数などは考慮してはいないが，住居
費や物価水準を考慮すると，大都市においては世帯年収 300 万未満の家庭が生
活や子どもの教育費に困難を抱えていることは容易に想像できよう。本章の分
析は，そのように特に経済面で困難を抱えた家庭の中でも，子どもが高学力を
達成している家庭に注目して分析を行った。その結果，次の点が明らかになっ
た。特に大都市に顕著に見られた項目をまとめておこう。

第一に，親の働きかけについては，「毎日子どもに朝食を食べさせている」
「携帯電話やスマートフォンの使い方についてルールや約束をつくっている」
など，子どもの基本的な生活習慣の形成を促している。また，「子どもに本や
新聞を読むようにすすめている」「子どもと読んだ本の感想を話し合ったりし
ている」「子どもと何のために勉強するかについて話している」など，子ども
に文字文化に触れさせ，知的好奇心を喚起する取り組みが行われていることが
わかる。さらに，「子どものよいところをほめる等して自信を持たせるように
している」にみられるように，子どもの自己肯定感を高めるよう，親が関与し
ていることがわかった。

第二に，親たちは，美術館や劇場，博物館や科学館，図書館等を積極的に利
用していることが明らかになった。全国的な傾向に比べ，特に大都市における
学力格差を克服している家庭にこのような特徴がみられたことは興味深い。大
都市のレジリエント児童の親は，大都市における文化的環境をリソースとして
積極的に活かしていることがわかる。

第三に，親の行動や意識である。親自身が「テレビやインターネットで政治経済や社会問題に関するニュースを見る」「新聞の政治経済や社会問題に関する記事を読む（新聞は，電子新聞を含む）」「地域や社会で起こっている問題や課題，出来事に関心がある」など，地域や社会への関心を有していること，また，「地域には，ボランティアで学校を支援する等，地域の子どもたちの教育に関わってくれる人が多い」と親が感じており，地域の人々からの一定の支援が得られていることが示唆される。

　第四に，家庭の蔵書についてである。大都市のレジリエントな家庭においては，経済的な厳しさの中でも，本への投資を惜しまない。学力 A 層と学力 D 層の差を大都市と全体で比較してみると，家庭の蔵書数に関しては大都市の学力 A 層のほうが「0 〜 10 冊」の割合が少なく，「101 冊〜 200 冊」の割合が多い。また，子ども向けの本の数についても，大都市の学力 A 層のほうが「101冊以上」が多くなっているなど，子どもに本を与えることに価値を置いている。

　これらの親の取り組みが，子どもの学力を下支えし，大都市における経済的不利を克服する基盤を形成していると考えられる。子どもの学力は，家庭の経済力という「環境」だけで決定づけられるものではない。様々な工夫や取り組みが，経済的不利の克服に寄与することを本章のデータは示唆していると思われる。

　本章の結論はごく平凡な内容かもしれない。「ごく当たり前のこと」と言えないこともなかろう。確かに，基本的生活習慣，蔵書や読書など，これまでも学力形成に重要とされてきたことがあらためて確認されたに過ぎないかもしれない。しかしながら，これらの「ごく当たり前のこと」ができている家庭は意外に少ない。たとえば，大都市の学力 D 層では「テレビ・ビデオ・DVD を見たり，聞いたりする時間等のルールを決めている」家庭は 16.8％にすぎない（表 2-2）。本章でとりあげた「ごく当たり前のこと」が「できる」「できている」ということが，大都市において家庭の経済力による学力格差を克服するうえで鍵となることを示唆しているといえよう。

参考文献

OECD, 2018, *Equity in Education: Breaking Down Barriers to Social Mobility*, PISA, OECD Publishing.

お茶の水女子大学，2018,『学力調査を活用した専門的な課題分析に関する調査研究』.

第3章

ひとり親世帯と二人親世帯で育つ子どもの学力格差
——ジェンダーと地域規模に着目して

垂見　裕子

1. ひとり親世帯で育つ子どもの状況

　日本の子どもの貧困率は15.7％で，OECD加盟国（34か国）の中10番目に高いが，ひとり親世帯に限ると50.8％で，加盟国中2番目に高い（加盟国の平均は32.5％）（OECD 2016）。つまり，日本においては，子どもの貧困とひとり親世帯が密接に関連していることが，データから示唆される。こうした数値から，近年日本ではひとり親世帯の子どもの貧困に対する関心は高まっているものの，彼ら・彼女らの教育状況については，十分なデータが示されてこなかった[1]。一方欧米では，1980年代半ばごろから家族構成による子どもの教育格差について多くの研究がされてきた。ひとり親世帯で育つ子どもは二人親世帯で育つ子どもに比べて，学力（Finn & Owings 1994），高校卒業率（McLanahan 1985），成績（Astone & McLanahan 1991）等が低いことが実証されている。また家族構成による教育格差が生成されるメカニズムには，大きく二つの説が用いられてきた。一つは，ひとり親世帯は二人親世帯に比べて経済的資源が乏しいため，学校外教育や家庭内の教育資源への投資が低く，子どもの教育達成が低くなると説明する経済的資源剥奪説である。もう一つは，ひとり親世帯は，就労，家事，育児など複数の役割を一人の親が担うために時間が不足したり，ストレスをかかえたりするため，二人親世帯に比べて子どもや周囲との関係性が築きにくくなり，故に子どもの教育達成が低くなると説明する関係的資源剥奪説である。Downey（1994）は，父子世帯と母子世帯では学力格差生成のメ

カニズムが異なり，母子世帯は主に経済的資源の剝奪，父子世帯は主に関係的資源の剝奪により説明されると論じた。

　ジェンダーによる役割分業が根強く残る日本社会では，Downey（1994）が明らかにしたように，同じひとり親世帯でも父子世帯と母子世帯で異なるメカニズムが存在することが考えられる。また特に学校外教育の機会が多く家庭の教育費負担が高い都市部とそれ以外の地域では異なるメカニズムがあることも考えられる。そこで本章では，2013年度の全国学力・学習状況調査および保護者調査の小6データを用いて，家族構成による学力格差のメカニズムを，以下の3つの課題に焦点をあてて明らかにする。(1) ひとり親世帯と二人親世帯で育つ子どもの学力に格差はあるか。(2) その学力格差は，ひとり親世帯の経済的資源あるいは関係的資源の剝奪により説明されるか。そのメカニズムは父子世帯と母子世帯で異なるか。(3) ひとり親世帯と二人親世帯で育つ子どもの学力格差の程度，学力格差が生成されるメカニズムは，地域規模で異なるか。

2. ひとり親世帯で育つ子どもの学力

　まず，子どもが育つ家族構成と子どもの学力がどの程度関連があるのか見てみよう。本調査における家族構成の分布は，母子世帯が12.8%，父子世帯が2.5%，二人親世帯が84.7%である[2]。表3-1は，母子世帯，父子世帯，二人親世帯で育つ小6の子どもの学力を比較したものである[3]。

　表3-1から，どの教科・問題においても，平均値を比較する限り，二人親世帯に比べて，ひとり親世帯の子どもの学力テストの正答率が低いことが確認できる。父子世帯と母子世帯で育つ子どもの学力には，大きな違いは見られない。

3. ひとり親世帯の家庭の社会経済的背景

　次に，ひとり親世帯と二人親世帯で，家庭の社会経済的背景（親の学歴・親の職業・家庭の所得）がどのように異なるか確認してみよう。親の学歴は，二人親世帯の場合は高い方の学歴，母子世帯の場合は母親の学歴，父子世帯の場合は父親の学歴を用いている。職業は，二人親世帯の場合は父親の職業，母子世帯の場合は母親の職業，父子世帯の場合は父親の職業を用いている。所得は

表3-1　家族構成別の学力（小6）

	母子世帯		父子世帯		二人親世帯	
	平均値	標準誤差	平均値	標準誤差	平均値	標準誤差
国語A	57.3	(0.67)	55.9	(1.39)	63.8	(0.23)
国語B	43.7	(0.86)	42.1	(1.60)	50.6	(0.15)
算数A	71.7	(0.69)	70.8	(1.26)	78.3	(0.27)
算数B	51.3	(0.71)	50.3	(1.78)	59.8	(0.14)

表3-2　家族構成別の家庭の社会経済的背景

	母子世帯		父子世帯		二人親世帯	
	平均値	標準誤差	平均値	標準誤差	平均値	標準誤差
世帯の所得（百万円）	3.4	(0.1)	5.3	(0.3)	6.4	(0.1)
親の学歴	%	標準誤差	%	標準誤差	%	標準誤差
高校まで	54.9	(0.02)	58.7	(0.04)	28.5	(0.01)
短大・専門	35.6	(0.01)	18.8	(0.03)	32.4	(0.01)
大学・大学院	9.5	(0.01)	22.5	(0.04)	39.1	(0.01)
親の職業	%	標準誤差	%	標準誤差	%	標準誤差
常勤	36.6	(0.02)	63.8	(0.03)	81.2	(0.01)
非常勤	5.9	(0.01)	6.4	(0.02)	1.0	(0.00)
自営業	3.8	(0.01)	21.9	(0.03)	16.2	(0.01)
パート・アルバイト	42.8	(0.02)	5.5	(0.01)	0.8	(0.00)
無職	11.0	(0.01)	2.3	(0.01)	0.8	(0.00)

家族全体の世帯収入（税込み年収）である。

　表3-2から，母子世帯の所得の平均が二人親世帯の所得の平均の半分程度と大幅に低いのみならず，父子世帯の平均に比べてもかなり低いことが確認できる[4]。また，家族構成により最終学歴も大きく異なるのが分かる。例えば，二人親世帯では両親の内どちらかが大学を卒業している割合は39.1％であるのに対して，父子世帯でその割合は22.5％，母子世帯にいたっては9.5％である。親の職業に注目すると，二人親世帯の父親が非常勤・パート・アルバイトなどの不安定な職に就いている割合は1.8％に留まるが，父子世帯では11.9％，母子世帯では48.7％と高い。表3-2から，家族構成により家庭の社会経済的背景

が大きく異なることが分かる。

4. ひとり親世帯の関係的資源

　ひとり親世帯では，就労，家事，育児を一人の親がすべて担わなければいけないため，時間および心理的余裕がなくなることが想定される。複数の役割を一人でこなす必要性から，学校や地域の行事に参加する時間を確保できずに，社会とのつながりが薄くなったり，子どもとの関わりを持つ時間が限られたりすることが考えられる。本調査では親が持つ関係的資源に関する質問項目は11項目と多いため，表3-3では，家族構成により親が学校・地域・子どもと持つ関係的資源がどの程度異なるのかを，それぞれ一つの質問項目の例を用いて示す。

　表3-3から，学校行事に参加する割合は，二人親世帯に比べて，ひとり親世帯は低く，特に父子世帯で低いことが分かる。一方，地域の行事に参加する質問項目に注目すると，母子世帯，父子世帯，二人親世帯の順序で参加頻度は低い。子どもとの関係性に注目すると，二人親世帯に比べて父子世帯では，親子間の会話が少ない一方，母子世帯は二人親世帯と変わらないことが確認できる。

5. 家族構成による学力格差を説明する要因──経済的資源と関係的資源

(1) 分析手法

　ここまで，家族構成とこどもの学力，家庭の社会経済的背景，家庭の関係的資源の個々の関連を確認してきた。ここからは，重回帰分析を用いて，これらの要因が相互にどのような関連性を持つのか見てみよう。2節で確認されたひとり親世帯と二人親世帯で育つ子どもの学力の差異が，どの程度ひとり親世帯の経済的資源の剥奪により説明されるのか，またどの程度ひとり親世帯の関係性資源の剥奪により説明されるのかを確認する。重回帰分析とは，生徒の学力テストの得点を結果（従属変数），生徒の家族構成を原因（独立変数）とした時，二つの間に，「生徒の得点＝係数×家族構成」と現わせる直線的な関係があると考える統計的手法である。この係数を求めることにより，他の要因を統制（他の要因の差異を考慮）したとしても，二人親世帯と母子世帯の間で，あるい

表 3-3 関係的資源の質問項目の例と家族構成との関連

	母子世帯		父子世帯		二人親世帯	
	%	標準誤差	%	標準誤差	%	標準誤差
学校との関係性						
PTA活動などの学校に関わる活動に参加						
参加しない	50.1	(0.02)	60.5	(0.04)	44.4	(0.01)
参加する	49.9	(0.02)	39.5	(0.04)	55.6	(0.01)
地域との関係性						
地域の行事に子どもと参加する						
全く参加していない	16.3	(0.01)	12.6	(0.03)	7.3	(0.00)
あまり参加していない	30	(0.01)	26.3	(0.03)	24.5	(0.01)
時々参加している	38.1	(0.02)	36.3	(0.03)	44.3	(0.01)
よく参加している	15.6	(0.02)	24.9	(0.03)	23.9	(0.01)
子どもとの関係性						
学校での出来事について話を聞いている						
あてはまらない	0.4	(0.00)	1.4	(0.01)	0.5	(0.00)
どちらかといえば，あてはまらない	6.2	(0.01)	8.3	(0.02)	4.4	(0.00)
どちらかといえば，あてはまる	35.1	(0.01)	44.2	(0.04)	34.6	(0.01)
あてはまる	58.3	(0.02)	46.1	(0.03)	60.5	(0.01)

は二人親世帯と父子世帯の間で，子どもの学力の得点がどの程度異なるのかを求めることができる。係数の値が小さければ家族構成と学力の関連は低く（家族構成による学力格差は小さく），係数の値が大きければ家族構成と学力の関連は高い（家族構成による学力格差は大きい）ということになる。学力は，算数B問題の正答率を用いる[5]。家族構成は，母子世帯のダミー変数，父子世帯のダミー変数を用い，基準値（比較するグループ）は二人親世帯とする。

　本分析では，更に媒介変数として家庭の経済的資源（所得）および家庭の関係的資源を用いる。媒介変数とは，独立変数（原因）と従属変数（結果）の関連を説明するメカニズムのことである。本章では，媒介変数をモデルに加えることにより，独立変数の係数がどの程度縮小するかに注目する。例えば，所得をモデルに加えることにより，家族構成が学力に与える影響力（係数）が縮小すれば，家族構成により子どもの学力が異なるのは，家族構成により家庭の所

表 3-4 家族構成別の関係的資源

	母子世帯		父子世帯		二人親世帯	
	平均値	標準誤差	平均値	標準誤差	平均値	標準誤差
学校との関係性指標 　授業参観や運動会などの学校行事へ 　の参加 　ボランティアでの学校の支援 　PTA 活動などの学校に関わる活動 　に参加	-0.32	(0.03)	-0.45	(0.08)	0.07	(0.02)
地域との関係性指標 　地域の行事に子どもと参加する 　地域には，ボランティアで学校を支 　援する等，子どもたちの教育に関わ 　ってくれる人が多い	-0.32	(0.05)	-0.22	(0.08)	0.06	(0.03)
子どもとの関係性指標 　学校での出来事について話を聞いて 　いる 　勉強や成績のことについて話をする 　将来や進路についての話をする 　友達のことについて話をする 　社会の出来事やニュースについて話 　をする 　心配事や悩みの相談によくのってい 　る	-0.03	(0.03)	-0.36	(0.08)	0.02	(0.02)
親戚との関係性	%	標準誤差	%	標準誤差	%	標準誤差
祖父母と同居している	29.7	(0.01)	46.7	(0.04)	21.0	(0.01)

得が異なること，更に家庭の所得の高低により子どもの学力が異なることにより説明されると解釈できる。所得は，家族全体の世帯収入（税込み年収）で，単位を百万円とした変数を用いる[6]。

　関係的資源に関する変数は，表3-4に示すように，「学校との関係性」「地域との関係性」「子どもとの関係性」の3つに分類している。3つの指標いずれも，その下にある複数の質問項目（例えば「学校との関係性指標」は3つの質問項目）を合成して新しい変数を作成している[7]。表3-4の家族構成別の記述統

計を比較すると,「学校との関係性指標」は父子世帯,母子世帯,二人親世帯の順で低く,「地域との関係性指標」は母子世帯,父子世帯,二人親世帯の順で低く,「子どもとの関係性指標」は父子世帯のみ低いことが確認できる。関係的資源には,もう一つ「祖父母との関係性」を含めている。父子世帯は,二人親世帯や母子世帯と比べて,圧倒的に親と同居している割合が高いことが確認できる。

統制変数としては,子どもの性別,兄弟数,親の学歴を用いる。子どもの性別は女子を1,男子を0としたダミー変数である。兄弟数は,兄,弟,姉,妹の人数を合算して算出し,単位は一人である。親の学歴は,教育年数を用いる[8]。

(2) 分析結果:二人親世帯・母子世帯・父子世帯の比較

学力を従属変数,家族構成を独立変数とし,親の経済的資源と関係的資源をそれぞれ媒介変数として順次足していく重回帰分析の結果を表3-5に示す。

表3-5のモデル1の母子世帯の係数(-9.32)は,子どもの性別や兄弟数を統制した時,母子世帯の子どもの学力は,二人親世帯の子どもの学力より平均9.32ポイント低く,その差異は統計的に有意であることを示している。モデル2は,父子世帯や母子世帯の親は二人親世帯の親に比べて学歴が低いことが表3-2から分かっているので,親の学歴が子どもの学力に与える影響を取り除いたものである。母子世帯の係数 -3.99 は,ひとり親世帯の親の学歴が相対的に低いことを考慮したとしても(学歴が二人親と同じと仮定しても),母子世帯で育つ子どもの学力は二人親世帯で育つ子どもの学力より3.99ポイント低く,その差は統計的に有意であることを示している。また,父子世帯で育つ子どもの学力は,親の学歴の違いを考慮しても,二人親世帯で育つ子どもの学力より4.75ポイント低い。

これらの違いはどのようなメカニズムにより説明されるかを検証するために,モデル3では所得を,モデル4では(所得を抜いて)関係的資源を加えている。それぞれのモデルの母子世帯の係数(母子世帯の子どもと二人親世帯の子どもの学力差)と父子世帯の係数(父子世帯の子どもと二人親世帯の子どもの学力差)がどの程度縮小するのかを可視化したのが図3-1である。

図3-1から,母子世帯の場合はモデル3の係数が大幅に縮小すること,父子

表 3-5　学力（算数・小6）の重回帰分析

	モデル1		モデル2		モデル3		モデル4		モデル5	
	係数	標準誤差	係数	標準誤差	係数	標準誤差	係数	標準誤差	係数	標準誤差
切片	61.88	(0.54) ***	6.31	(2.13) **	9.60	(2.13) ***	7.88	(2.03) ***	10.95	(2.02) ***
性別	4.29	(0.57) ***	4.45	(0.55) ***	4.45	(0.55) ***	4.15	(0.55) ***	4.14	(0.55) ***
兄弟数	-3.06	(0.34) ***	-2.29	(0.35) ***	-2.31	(0.35) ***	-2.30	(0.34) ***	-2.30	(0.35) ***
母子世帯	-9.32	(0.78) ***	-3.99	(0.77) ***	-1.96	(0.83) *	-3.47	(0.77) ***	-1.49	(0.81)
父子世帯	-10.06	(1.83) ***	-4.75	(1.74) **	-4.25	(1.74) *	-3.90	(1.77) *	-3.42	(1.77)
親の学歴			3.83	(0.14) ***	3.13	(0.16) ***	3.70	(0.14) ***	3.05	(0.15) ***
経済的資源										
世帯の所得					1.04	(0.11) ***			1.00	(0.11) ***
関係的資源										
学校との関係性							1.22	(0.29) ***	1.10	(0.30) ***
地域との関係性							0.80	(0.31) *	0.90	(0.31) **
子どもとの関係性							1.29	(0.28) ***	1.14	(0.29) ***
祖父母との関係性							0.94	(0.59)	0.81	(0.63)
調整済 R 二乗値	.03		.11		.13		.12		.13	

*p<.05, **p<.01, ***p<.001

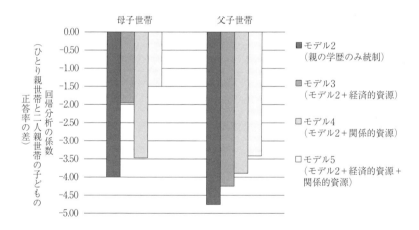

図 3-1　ひとり親世帯と二人親世帯の子どもの学力格差を説明する要因（小6）

世帯の場合は相対的にモデル4の方が係数が縮小することから、母子世帯で育つ子どもの学力の不利は経済的資源の剝奪により、父子世帯で育つ子どもの学力の不利は関係的資源の剝奪により説明される割合が高いと言える。例えば、経済的資源の剝奪は、母子世帯で育つ子どもの低学力の51％を説明しているのに対して、父子世帯で育つ子どもの低学力の11％を説明しているにとどまる。

つまり，ひとり親世帯の子どもの学力の向上には，父子世帯と母子世帯で異なる施策が必要となることを示唆している。

(3) 分析結果：大都市・小中規模地域に住む二人親世帯・ひとり親世帯の比較

　これまで見てきたひとり親世帯で育つ子どもと二人親世帯で育つ子どもの学力格差，またそれを説明する要因は，大都市と小中規模の地域では異なるであろうか。表3-6はこれまでの分析を，大都市と小中規模の地域で分けた場合の結果である。地域規模は，政令指定都市と東京23区を「大都市」，中核市（人口20万以上）・市町村（人口5万以上）・その他の町村を「小中規模」と分類している。大都市に分類されたのは25.5%，小中規模に分類されたのは74.5%である。なおケース数の制約から，これ以降の分析は，母子世帯と父子世帯を一つのグループ（ひとり親）に統合して行った。

　表3-6のモデル2から，ひとり親世帯と二人親世帯の子どもの学力の正答率の差異は，親の学歴の違いを考慮しても，大都市の方が大きいこと（大都市ではその差異は5.10ポイントであるのに対して，小中規模の地域では3.80ポイント）が分かる。モデル3から世帯の所得をモデルに加えると，その差異はほぼ同程度になること（大都市ではひとり親世帯の係数は54%縮小するのに対して，小中規模の地域では37%）から，大都市においては殊更に経済的資源の剥奪がひとり親世帯の子どもの低学力を説明していると言える。一方，モデル4から関係的資源の変数をモデルに加えると，ひとり親世帯の係数の縮小率は小中規模の地域の方がやや大きい（小中規模の地域では16%，大都市では11%）ことから，小中規模の地域においては大都市よりは関係的資源の剥奪がひとり親世帯の子どもの低学力を説明していると言える。しかし留意すべき点は，ここでは結果を割愛するがデータを詳細に確認すると，小中規模の地域でも大都市と同程度に，ひとり親世帯とふたり親世帯では経済的資源の差異があり，大都市でもひとり親世帯と二人親世帯では関係的資源の差異が存在することである。つまり，大都市でも小中規模の地域でもひとり親は二人親に比べて，経済的資源も関係的資源も乏しいが，どのような資源の欠如が子どもの学力にとって不利になるかは地域規模により異なるのである。モデル3で所得の係数を比べると明らかなように，大都市の方が家庭の所得が子どもの学力に及ぼす影響が高い。またモ

表3-6　学力（算数・小6）の重回帰分析：地域規模別

	モデル1		モデル2		モデル3		モデル4		モデル5	
	係数	標準誤差	係数	標準誤差	係数	標準誤差	係数	標準誤差	係数	標準誤差
【小中規模の地域】										
切片	60.65	(0.72) ***	6.92	(2.31) **	9.65	(2.48) ***	8.12	(2.19) ***	10.72	(2.33) ***
性別	4.60	(0.66) ***	4.72	(0.64) ***	4.80	(0.65) ***	4.29	(0.65) ***	4.37	(0.66) ***
兄弟数	-2.76	(0.39) ***	-2.15	(0.42) ***	-2.17	(0.43) ***	-2.18	(0.42) ***	-2.20	(0.43) ***
ひとり親世帯	-8.75	(0.91) ***	-3.80	(0.89) ***	-2.38	(0.93) *	-3.19	(0.87) ***	-1.85	(0.90) *
親の学歴			3.74	(0.15) ***	3.14	(0.19) ***	3.63	(0.15) ***	3.08	(0.18) ***
経済的資源										
世帯の所得					0.95	(0.14) ***			0.88	(0.14) ***
関係的資源										
学校との関係性							1.19	(0.34) **	1.15	(0.36) **
地域との関係性							0.97	(0.38) *	1.04	(0.39) **
子どもとの関係性							1.45	(0.34) ***	1.33	(0.35) ***
祖父母との関係性							1.79	(0.64) **	1.51	(0.71) *
調整済R二乗値	.03		.11		.11		.12		.12	
【大都市の地域】										
切片	65.18	(1.42) ***	5.64	(4.55)	10.03	(4.03) *	8.09	(4.45)	11.93	(3.99) **
性別	3.49	(1.14) **	3.71	(1.05) ***	3.42	(1.08) **	3.70	(1.04) ***	3.39	(1.08) **
兄弟数	-3.80	(0.61) ***	-2.65	(0.53) ***	-2.71	(0.55) ***	-2.60	(0.50) ***	-2.60	(0.52) ***
ひとり親世帯	-11.40	(1.47) ***	-5.10	(1.34) ***	-2.37	(1.41)	-4.53	(1.40) ***	-1.80	(1.46)
親の学歴			3.98	(0.29) ***	3.09	(0.26) ***	3.82	(0.28) ***	2.98	(0.26) ***
経済的資源										
世帯の所得					1.23	(0.15) ***			1.20	(0.15) ***
関係的資源										
学校との関係性							1.24	(0.51) *	0.96	(0.52)
地域との関係性							0.32	(0.49)	0.46	(0.47)
子どもとの関係性							0.78	(0.45)	0.64	(0.44)
祖父母との関係性							-2.44	(1.47)	-2.06	(1.42)
調整済R二乗値	.04		.13		.15		.14		.15	

*p<.05, **p<.01, ***p<.001

デル4で関係的資源の係数に着目すると，総じて地域とのつながりや，子どもとの関わりや，祖父母との同居が，家庭の所得などを統制した上で学力に統計的に有意な影響を及ぼしているのは，小中規模の地域のみである。地域に内在する資源や，つながりがもたらす恩恵が，地域の環境により異なることが示唆される。

6. ひとり親世帯で育つ子どもの学力保障に向けて

本章の主な知見をまとめておこう。まず，ひとり親世帯で育つ子どもの学力

は中でばらつきはあるものの，平均を比べる限り，二人親世帯の子どもの学力よりも低いことが確認された。第二に，このような学力の低さの背景には，母子世帯と父子世帯で異なる要因があることが明らかになった。母子世帯では経済的資源の不足が最も大きな要因である一方，父子世帯では関係性（保護者が持つ学校・地域とのつながりや，子どもとのつながり）の剝奪がより大きな要因であった。つまり，ひとり親世帯で育つ子どもの学力向上には，父子世帯と母子世帯で異なったアプローチが必要となろう。例えば，母子世帯ではより安定した雇用や養育費の徴収，父子世帯では学校や子どもへの教育的関与の向上が重要であると言えよう。また，20年前にOppenheimer（1997）が指摘したように，主に夫が収入を得て家計の支え手となり，主に妻が家事・育児をするという性別役割分業に基づく家族の形態は，核家族化が進み離婚率が上昇している社会ではリスクを伴う戦略であることを，本分析結果は示唆する。

　第三に，地域の環境により，ひとり親世帯で育つ子どもと二人親世帯の子どもの学力の差異の程度が異なること，また学力の差異をもたらす要因が異なることが明らかになった。大都市の方が，家族構成による子どもの学力格差は大きい傾向が見られる。そのメカニズムに注目すると，小中規模の地域に比べて，大都市では所得が学力に及ぼす影響力が大きい一方，保護者が持つ学校や地域や子どもとの関係が子どもの学力に及ぼす影響は小中規模の地域の方が大きい。大都市の小6では通塾率が高い現状を考えると，学校外教育にお金をかける余裕のないひとり親世帯の子どもには，現在NPOや地方自治体などが実施している無償の学習支援や学習塾などを拡充し，低所得家庭の子どもへの放課後の学習機会の提供が必要となろう。小中規模の地域では，ひとり親の経済的資源の不足を補う方策も重要であるが，時間の制約があるひとり親でも学校や地域とのつながりが構築できるような工夫や，親子の安定した関係性を築くことも，家族構成による子どもの学力格差の縮小に必要であることが示唆される。ひとり親世帯で育つ子どもの貧困が注目されるようになった今こそ，ひとり親世帯で育つ子どもの学力を保障する制度や施策を社会で考え，構築していくことが必須であると筆者は考える。

註

1）　例外は，ひとり親世帯で育つ子どもの高1時の学力の状況を示した白川

（2000）と，ひとり親世帯で育つ子どもの教育達成（高校進学率・高校卒業率・高等教育進学率等）の状況を示した稲葉（2011）と余田（2012）がある。

2) 2013 年度の全国学力・学習状況調査保護者調査では，家族構成を厳密に聞いた質問項目がないため，母親と同居しているが父親と同居していない場合は「母子世帯」，父親と同居しているが母親と同居していない場合は「父子世帯」とコーディングしている。つまり単身赴任などの理由で別居している場合も，ひとり親世帯として分類されている。なお，父母ともに同居していない（養育者世帯の）子どもは全サンプルの 0.5％と小さく，分析不可能なため，欠損値扱いとしている。

3) 本章の標準誤差はすべてレプリケイション・ウエイト（ジャックナイフ法）を用いて推計している。詳細は，『2013 年度全国学力・学習状況調査（きめ細かい調査）の結果を活用した学力に影響を与える要因分析に関する調査研究』「ウェイトづけ」pp. 146-155 を参照。

4) 前述のデータの限界（単身赴任などのように両親が一時別居している世帯もひとり親世帯に含まれていること）から，母子世帯の平均所得は実態よりも高く推計されている。『平成 23 年度全国母子世帯等調査結果報告』（厚生労働省）では，母子世帯の平均世帯収入は 291 万円と推定されている。つまり，本分析では，ひとり親世帯と二人親世帯の差異は過少評価されている。

5) 算数 B が最も分散が大きいため本分析の従属変数としたが，国語 B を用いても結果に大きな違いは見られない。

6) 所得は，「200 万円以上 ~300 万円未満」「1000 万円以上～ 1500 万円未満」など 12 段階の選択肢の質問項目となっているが，それぞれ中央値を代入し，連続変数として処理している。

7) 合成する上では，それぞれの項目を，「全くしない」=1，「あまりしない」=2，「時々する」=3，「よくする」=4 とリコードし，連続変数とみなし平均値を算出し，更に平均が 0，標準偏差が 1 になるように標準化している。

8) 教育年数は，高校を 12 年，専門学校・高専・短大を 14 年，大学を 16 年，大学院を 18 年とリコードし，単位は一年である。

参考文献

Astone, N., & McLanahan, S., 1991, "Family Structure, Parental Practices and High School Completion," *American Sociological Review* 56(3), pp. 309-320.

Downey, D., 1994, "The School Performance of Children from Single-Mother and Single-Father Families: Economic or Interpersonal Deprivation?" *Journal of Family Issues* 15(1), pp. 129-147.

Finn, J. & Owings, M., 1994, "Family Structure and School Performance in Eighth Grade," *Journal of Research & Development in Education* 27(3), pp. 176-187.

稲葉昭英, 2011, 「ひとり親家庭における子どもの教育達成」佐藤嘉倫・尾島史章編『現代の階層社会1─格差と多様性』東京大学出版会, pp. 239-252.

McLanahan, S., 1985, "Family Structure and the Reproduction of Poverty," *American Journal of Sociology* 90(4), pp. 873-901.

OECD, 2016, "Child Poverty," OECD Family Database. (2020年1月28日取得, http://www.oecd.org/els/soc/CO_2_2_Child_Poverty.pdf).

Oppenheimer, V., 1997, "Women's Employment and the Gain to Marriage: The Specialization and Trading Model," *Annual Review of Sociology* 23, pp. 431-453.

白川俊之, 2000, 「家族構成と子どもの読解力形成──ひとり親家族の影響に関する日米比較」『理論と方法』25巻2号, pp. 249-265.

余田翔平, 2012, 「子ども期の家族構造と教育達成格差──二人親世帯／母子世帯／父子世帯の比較」『家族社会学研究』24(1), pp. 60-71.

第4章

社会経済的背景別に見た学力に対する学習の効果

耳塚　寛明・中西　啓喜

1.　はじめに

　本章では，不利な家庭環境であるにもかかわらず，高い学力を獲得している
児童生徒の特徴を明らかにすることを目的としている。具体的には，①学力が
社会経済的背景によって規定されていることを把握した上で，②児童生徒の学
習時間や学習方法が，家庭環境の不利を克服することが可能かどうかについて
分析していく。

　近年，不利な家庭環境にあるにもかかわらず，それを克服して高い学力を獲
得している児童生徒が「レジリエンス（resilience）」という概念で説明され始
めている（OECD 2011, *Against the Odds: Disadvantaged Students Who Succeed in
School*, OECD Publishing）。当該文献によれば，彼ら・彼女らは，授業への準備
を高い水準でこなすなど勤勉であり，自尊感情や自己有用性が高いという。本
章では，児童生徒の学習時間と学習方法に着目しつつ，不利な家庭環境にもか
かわらず，高い学力の児童生徒（resilient student）の特徴を明らかにするため，
以下の4つの分析を行う。

　第一に，児童生徒の社会経済的背景と学力の関連を分析する。これについて
は，第1章で詳細に分析しているが，ここでも確認し，後の分析の準備をする。

　第二に，児童生徒の学習時間と学力の関連を分析する。学習時間が多いほど
学力が高いことは経験的に知られているが，本データにおいてその関連性が裏
付けられるかをここでは示しつつ，以下の分析に備える。

第三に，児童生徒の社会経済的背景別に，学習時間と学力の関連を示す。とりわけ，家庭環境の不利を克服するには，どのくらい勉強する必要があるのかを明らかにする。先に述べた通り，社会経済的背景および学習時間が学力に影響することはよく知られている。しかし，日本ではしばしば個人の「頑張り／努力」が強調され，子どもの家庭背景による学力格差を問題視することが避けられてきた（苅谷剛彦 1995『大衆教育社会のゆくえ：学歴主義と平等神話の戦後史』中央公論社）。それゆえ本章では，家庭背景が不利な児童生徒が，どのくらいの時間勉強すれば（頑張れば），恵まれた家庭背景の子どもと同等の学力を獲得することができるのかを分析しつつ，個人の努力の効果とその限界を検討する。

　以上に加えて，第四に，学習時間とは独立して，学力に対してポジティブな効果を与える学習方法を探索的に分析する。この分析によって効果的な学習方法が明らかになれば，他の章における知見と合わせつつ，不利な家庭背景の児童生徒にどのような支援が有効かを提言できるかもしれない。

2. 本章で用いる変数

　本章で用いる変数は，次の通りである。まず，学力スコアは国語と算数／数学の A 問題および B 問題の正答率である。この変数を従属変数として，以下の分析を展開していく。

　学力の分散を説明するための変数は，①社会経済的背景（SES）の 4 カテゴリー（「Lowest SES」，「Lower middle SES」，「Upper middle SES」，「Highest SES」）と②児童生徒の普段（月〜金曜日）の学習時間（学習塾や家庭教師含む）を用いる。③学習方法については，「自分で計画を立てて勉強をしている」，「学校の宿題をしている」，「学校の授業の予習をしている」，「学校の授業の復習をしている」，「苦手な教科の勉強をしている」，「テストで間違えた問題について勉強している」の 6 つの変数のうち，最も学力に対して効果的な変数を探索的に分析する。

3. 分析 1：社会経済的背景と学力（各正答率）の関連

　図 4-1（小 6）には，社会経済的背景別の国語 A・B，算数／数学 A・B の正

答率の平均値を示した。これらの結果を見ると、学年段階や教科などにかかわらず、社会経済的背景が高い児童生徒ほど各正答率が高いことがわかる。例えば、図 4-1 の国語 A では、Lowest SES=53.9, Lower middle SES=60.1, Upper middle SES=63.9, Highest SES=72.7 となっている。これらの結果より、社会経済的背景が恵まれた児童生徒のほうが、高い学力を獲得していることがわかる。

4. 分析 2：学習時間と学力（各正答率）の関連

　次に、学習時間と国語 A・B、算数／数学 A・B の正答率の関連を見ると、学習時間が長い児童生徒ほど高い学力を獲得していることがわかる。

　詳細に結果を見てみよう。まず小 6 では、学習時間について「3 時間以上」と「全くしない」と回答した児童の間には、各正答率において約 20 ポイント正答率に差がある。次に中 3 の結果を見ると、学習時間について「3 時間以上」と「全くしない」と回答した生徒の間の正答率の差は、「A 問題」では約 12 ポイント、「B 問題」では約 15 ポイントから 20 ポイントの差が見られる。

　それでは次に、家庭環境の不利は学習時間によって克服することが可能であるかを分析する。具体的には、各社会経済的背景グループの児童生徒はどのくらい勉強すれば、最も高い社会経済的背景グループの児童生徒が全く勉強していない場合の正答率を上回ることができるのかを分析する。このような極端なケースにおける分析により、学力の獲得に対する、家庭背景や学習時間（努力）の重要性とそれらの限界を明らかにすることができる。

5. 分析 3：社会経済的背景別に見た学習時間と学力（各正答率）の関連

(1) 正答率の平均値から見る学習時間の効果

　ここでは、社会経済的背景別に学習時間と学力（各正答率）の平均値を分析する。小 6・国語 A の分析結果を図 4-2 に示した。

　まず、学習時間が学力に与える影響としてはポジティブな効果が確認される。どの社会経済的背景のカテゴリーに属した児童生徒であっても、学習時間が多いほど高い正答率となっている。

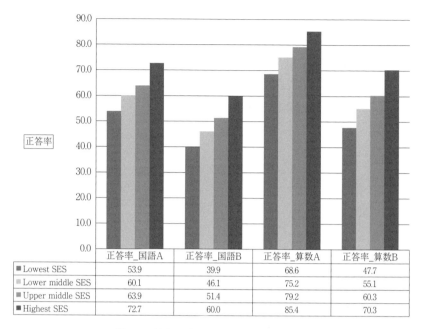

	正答率_国語A	正答率_国語B	正答率_算数A	正答率_算数B
■ Lowest SES	53.9	39.9	68.6	47.7
▨ Lower middle SES	60.1	46.1	75.2	55.1
■ Upper middle SES	63.9	51.4	79.2	60.3
■ Highest SES	72.7	60.0	85.4	70.3

図 4-1　社会経済的背景と各正答率（小 6）

　次に，「家庭環境の不利の克服には，どのくらい勉強する必要があるのか」
について平均値の比較から確認しよう。極端な例として，最も高い社会経済的
背景グループ（Highest SES）の児童生徒が全く勉強していない場合，他のグル
ープがどのくらい勉強すれば同程度の正答率を獲得できるのかを示す。図中の
○は，Highest SES の児童生徒が全く勉強していない場合の正答率を，他のグ
ループが同等以上の正答率を獲得する学習時間にマークしている。

　この点について，小学 6 年生の結果を見ると，最も高い社会経済的背景グル
ープの児童が全く勉強していない場合，他のグループが約「1 時間～2 時間」
程度勉強すると正答率を追い越すことができる。ただし，最も低い社会経済的
背景グループでは，「3 時間以上」勉強しても追い越せない場合がほとんどで
ある（図は省略するが国語 B だけ追い越せる可能性がある）。

　さらに，中学 3 年生の結果を見ると，最も高い社会経済的背景グループで全
く勉強していない生徒に追いつくためには，Lower middle SES グループの生
徒は，およそ「2 時間以上」勉強する必要がある。その点において，学力の社

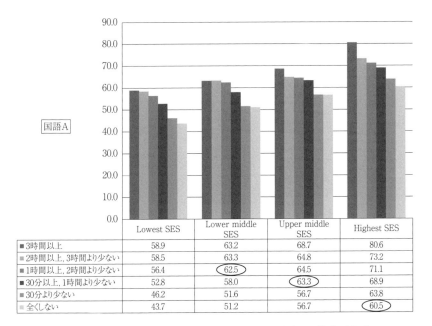

	Lowest SES	Lower middle SES	Upper middle SES	Highest SES
■3時間以上	58.9	63.2	68.7	80.6
■2時間以上, 3時間より少ない	58.5	63.3	64.8	73.2
■1時間以上, 2時間より少ない	56.4	62.5	64.5	71.1
■30分以上, 1時間より少ない	52.8	58.0	63.3	68.9
■30分より少ない	46.2	51.6	56.7	63.8
■全くしない	43.7	51.2	56.7	60.5

図 4-2　社会経済的背景別，学習時間と国語 A 正答率の平均値（小 6）

会経済的背景による格差は学年が向上するほど広がっているといえるかもしれない。

　加えて，小6時点と同様に，最も低い社会経済的背景の生徒は，「3時間以上」勉強しても，最も高い社会経済的背景グループの生徒が全く勉強していない場合の正答率を平均値で追い抜くことができない。これらの結果から，家庭背景の不利を児童生徒個人の学習時間でのみ克服することはきわめて難しいことが示唆される[1]。

(2) 正答率の分布から見る学習時間の効果

　以上の分析結果は，あくまで学習時間の効果を平均値から見ているに留まる。そこで次に，箱ひげ図を用いて，学習時間の効果を確認していく。箱ひげ図は，最小値，最大値，中央値，四分位を用いてデータの散らばりを視覚的にとらえることを容易にするものである。四分位とは，データを昇順に並べて4等分したものであり，小さい値から数えて，総数の1/4番目の値が第1四分位，真ん中の値が第2四分位（＝中央値），3/4番目の値が第3四分位となる。以下の図

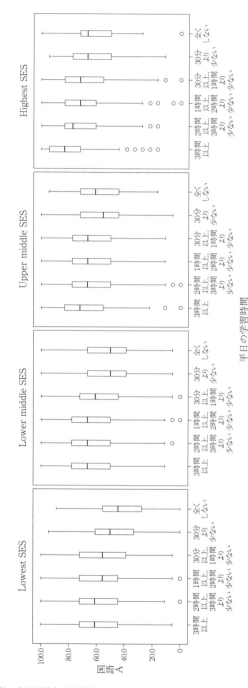

図 4-3　社会経済的背景別，学習時間と国語 A 正答率の箱ひげ図（小 6）

4-3については，箱部分（四分位と中央値）の位置と大きさから，児童生徒の社会経済的背景別に学習時間が学力に与える効果について探っていこう。

小6の「A問題」について国語を見てみよう。この結果を見ると，どのSESグループでも学習時間が多いほど高い学力を獲得していることがわかる。ただし，中央値や箱の位置を見ると，Lowest SES の児童はそれほど高い位置ではないため，相対的上位の SES グループほど学習時間が学力に対して効果を発揮しやすいことが示唆される。

小6の「B問題」について国語と算数の結果を確認すると，Highest SES と Lowest SES を比較するとわかりやすいが，「B問題」については，Lowest SES の児童は学習時間が学力向上につながりにくい。

中3になると，特に数学Bにおいて社会経済的背景別の学習時間の効果の格差が大きくなる。分布上では，どの社会経済的背景の生徒も勉強するほど学力は高くなる傾向は見られる。しかし，相対的に恵まれた家庭背景の生徒ほど学習時間の効果が表れやすく，その傾向は数学Bでより顕著なのである。

以上より，確かに学力に対して，学習時間の多さはポジティブな影響がある。しかし，学習時間の効果には，社会経済的背景ごとに差異があり，また学年が上がるほど，その差異は顕著になるといえよう。

(3) 社会経済的背景を統制した学習時間の効果

それでは，社会経済的背景を統制した学習時間の効果を重回帰分析によって確認していこう。この手法を用いることで，社会経済的背景を考慮した上での学習時間の独立した効果が把握できる。つまり，家庭背景とは別に，子どもがどれだけ勉強すれば，どれくらい学力（得点）が向上するのかを推測することができるのである。

まずは小6の結果を，国語Aについて見ていこう（表4-1）。第一に，「男子ダミー」が負で有意である。係数が -3.512 ということは，女子に比べて男子の方が約3.5ポイント低い（＝女子の方が約3.5ポイント高い）ことを意味している。第二に，社会経済的背景の3カテゴリーが全て有意である。これらが意味するのは，社会経済的背景が Lowest SES の児童と比べると，Lower middle SES の児童は約5.6ポイント，Upper middle SES の児童は約8.8ポイント，Highest SES の児童は約16.6ポイント高い学力を獲得しているということであ

表 4-1 社会経済的背景を統制した学習時間の効果（重回帰分析）（小6）

	国語 A		国語 B		算数 A		算数 B	
	係数	標準誤差	係数	標準誤差	係数	標準誤差	係数	標準誤差
性別（基準：女子）								
男子	-3.512	0.437 ***	-11.173	0.453 ***	-0.237	0.369	-3.800	0.543 ***
社会経済的背景（基準：Lowest SES）								
Lower Middle SES	5.632	0.612 ***	5.725	0.777 ***	6.014	0.703 ***	6.806	0.778 ***
Upper Middle SES	8.841	0.604 ***	10.375	0.826 ***	9.672	0.630 ***	11.504	0.749 ***
Highest SES	16.646	0.668 ***	18.434	0.823 ***	15.135	0.604 ***	20.686	0.733 ***
平日の学習時間（基準：全くしない）								
30分より少ない	1.573	1.491	0.841	2.101	2.407	1.549	3.661	1.659 *
30分以上、1時間より少ない	7.747	1.523 ***	8.222	2.043 ***	8.843	1.381 ***	10.192	1.661 ***
1時間以上、2時間より少ない	10.468	1.419 ***	10.375	2.048 ***	11.240	1.440 ***	12.593	1.543 ***
2時間以上、3時間より少ない	11.261	1.542 ***	10.076	2.146 ***	11.612	1.428 ***	12.278	1.721 ***
3時間以上	15.987	1.571 ***	13.920	1.938 ***	13.458	1.438 ***	17.114	1.526 ***
定数	47.184	1.439 ***	37.349	1.935 ***	59.626	1.419 ***	39.227	1.530 ***
R-squared	0.152		0.153		0.138		0.140	

p. *<.05 **<.01 ***<.001

表 4-2 社会経済的背景を統制した学習時間の効果（重回帰分析）（中 3）

	国語 A		国語 B		数学 A		数学 B	
	係数	標準誤差	係数	標準誤差	係数	標準誤差	係数	標準誤差
性別（基準：女子）								
男子	-5.387	0.370 ***	-9.585	0.475 ***	-1.099	0.440 *	-0.572	0.564
社会経済的背景（基準：Lowest SES）								
Lower Middle SES	3.854	0.480 ***	5.667	0.638 ***	6.809	0.548 ***	6.434	0.535 ***
Upper Middle SES	7.207	0.389 ***	9.931	0.599 ***	11.932	0.472 ***	11.997	0.501 ***
Highest SES	11.821	0.500 ***	15.850	0.608 ***	19.188	0.589 ***	21.877	0.688 ***
平日の学習時間（基準：全くしない）								
30分より少ない	2.953	0.940 **	2.792	1.262 *	4.230	0.896 ***	2.968	0.947 **
30分以上、1時間より少ない	6.625	0.957 ***	7.761	1.278 ***	9.310	1.024 ***	7.512	1.034 ***
1時間以上、2時間より少ない	7.304	0.823 ***	8.600	1.243 ***	11.850	0.897 ***	9.285	0.898 ***
2時間以上、3時間より少ない	8.843	0.916 ***	10.261	1.174 ***	14.790	0.939 ***	12.606	0.936 ***
3時間以上	8.225	0.857 ***	9.152	1.381 ***	14.494	1.011 ***	12.393	1.086 ***
定数	66.623	0.885 ***	56.641	1.196 ***	43.768	0.972 ***	22.822	0.932 ***
R-squared	0.120		0.113		0.164		0.140	

p. *<05 **<01 ***<001

第 4 章 社会経済的背景別に見た学力に対する学習の効果 *69*

る。第三に，平日の学習時間であるが，係数が意味するのは，平日学習を「全くしない」児童との対比において，「30分以上，1時間より少ない」児童は約7.7ポイント，「1時間以上，2時間より少ない」児童は約10.4ポイント，「2時間以上，3時間より少ない」児童は約11.2ポイント，「3時間以上」の児童は約15.9ポイント高い学力を獲得していることを指し示す。児童の性別や社会経済的地位といった要因を考慮しても，学習時間が多い児童ほど，高い学力を得るという学習時間の独立した効果を確認することができるのである。

　次に中3の結果も国語Aから確認しよう（表4-2）。第一に，「男子ダミー」が負で有意である。係数を見ると，女子に比べて男子の方が約5.3ポイント低い（＝女子の方が約5.3ポイント高い）ことを意味している。第二に，社会経済的背景の3カテゴリーが全て有意である。係数が意味するのは，社会経済的背景がLowest SESの生徒との対比において，Lower middle SESの生徒は約3.8ポイント，Upper middle SESの生徒は約7.2ポイント，Highest SESの生徒は約11.8ポイント高い学力を獲得しているということである。第三に，平日の学習時間は，平日学習を「全くしない」生徒との対比において，「30分より少ない」生徒は約2.9ポイント，「30分以上，1時間より少ない」生徒は約6.6ポイント，「1時間以上，2時間より少ない」生徒は約7.3ポイント，「2時間以上，3時間より少ない」生徒は約8.8ポイント，「3時間以上」の生徒は約8.2ポイント高い学力を獲得していることを意味している。

　小6と中3の結果を比較してみると，最も大きな違いは，平日の学習時間が「30分より少ない」と回答した児童生徒である（算数Bを除く）。小6では，少なくとも「30分以上」は勉強していないと学習時間が学力につながらない。一方で，中3では平日の学習時間が「30分より少ない」と回答していても学力に対してポジティブな効果がある。つまり，学力につながる学習時間のポイントは，小6時点では「30分以上」であり，中3では「全くしていないかどうか」だということがわかる。

6. 分析4：学習方法が学力に与える効果

　最後に，社会経済的背景と学習時間を統制した上で，児童生徒がどのような学習方法をとれば，それが独立して学力にポジティブな影響を与えているかに

ついて分析を行う。分析には、「自分で計画を立てて勉強をしている」、「学校の宿題をしている」、「学校の授業の予習をしている」、「学校の授業の復習をしている」、「苦手な教科の勉強をしている」、「テストで間違えた問題について勉強している」の6つの変数のうち、全ての学年段階、教科に対してまんべんなく学力に対して効果的な変数を探索する。その結果、最も普遍的に学力に対してポジティブな効果のある学習方法は、「学校の宿題」であった。結果は、表4-3（小6）および表4-4（中3）に示した。

　まずは小6の結果を、国語Aから見ていこう（表4-3）。第一に、「男子ダミー」が負で有意である。係数が-2.599ということは、女子に比べて男子のほうが約2.5ポイント低い（＝女子の方が約2.6ポイント高い）ことを意味している。第二に、社会経済的背景の3カテゴリーが全て有意である。これらが意味するのは、社会経済的背景がLowest SESの児童との対比において、Lower middle SESの児童は約5.2ポイント、Upper middle SESの児童は約8.3ポイント、Highest SESの児童は約15.9ポイント高い学力を獲得しているということである。第三に、平日の学習時間であるが、係数が意味するのは、平日学習を「全くしない」児童との対比において、「30分以上、1時間より少ない」児童は約6.0ポイント、「1時間以上、2時間より少ない」児童は約8.4ポイント、「2時間以上、3時間より少ない」児童は約9.2ポイント、「3時間以上」の児童は約14.1ポイント高い学力を獲得していることを指し示す。児童の性別や社会経済的地位といった要因を考慮しても、学習時間が多い児童ほど、高い学力を得るという学習時間の独立した効果を確認することができるのである。そして第四に、学校の宿題についての係数を見ると、学校の宿題を「していない」と答えた児童との対比において、「している」と答えた児童は約13.8ポイント高い学力をマークしている。この宿題の効果は、性別、社会経済的背景、学習時間といった要因を統制した、学習方法の独立した効果なのである。

　続いて、中3の結果も国語Aから確認しよう（表4-4）。変数の効果に関する結果はほとんど小6と同じであるが、第一に、「男子ダミー」が負で有意である。係数を見ると、女子に比べて男子の方が約4.8ポイント低い（＝女子の方が約4.8ポイント高い）ことを意味している。第二に、社会経済的背景の3カテゴリーが全て有意である。係数が意味するのは、社会経済的背景がLowest SESの生徒との対比において、Lower middle SESの生徒は約3.6ポイント、

表 4-3　社会経済的背景を統制した学習時間と宿題の効果（重回帰分析）（小 6）

	国語 A		国語 B		算数 A		算数 B	
	係数	標準誤差	係数	標準誤差	係数	標準誤差	係数	標準誤差
性別（基準：女子）								
男子	-2.599	0.427 ***	-9.975	0.443 ***	0.701	0.364	-2.596	0.541 ***
社会経済的背景（基準：Lowest SES）								
Lower Middle SES	5.282	0.589 ***	5.275	0.744 ***	5.654	0.671 ***	6.400	0.749 ***
Upper Middle SES	8.301	0.593 ***	9.661	0.806 ***	9.118	0.601 ***	10.836	0.732 ***
Highest SES	15.977	0.645 ***	17.565	0.805 ***	14.457	0.568 ***	19.833	0.695 ***
平日の学習時間（基準：全くしない）								
30 分より少ない	0.751	1.547	-0.294	2.153	1.549	1.577	3.023	1.735
30 分以上、1 時間より少ない	6.093	1.510 ***	5.988	2.055 **	7.084	1.342 ***	8.436	1.647 ***
1 時間以上、2 時間より少ない	8.478	1.385 ***	7.690	2.048 ***	9.138	1.407 ***	10.371	1.542 ***
2 時間以上、3 時間より少ない	9.244	1.522 ***	7.337	2.157 **	9.482	1.382 ***	10.016	1.712 ***
3 時間以上	14.118	1.561 ***	11.379	1.962 ***	11.476	1.387 ***	15.044	1.536 ***
宿題（基準：していない）								
あまりしていない	4.944	3.748	6.822	3.488	5.371	4.011	2.692	4.595
どちらかといえば、している	5.572	3.188	8.596	2.991 **	6.823	3.861	4.057	4.499
している	13.802	3.165 ***	19.111	2.938 ***	14.922	3.687 ***	15.010	4.307 **
定数	36.204	3.010 ***	22.002	2.858 ***	47.633	3.952 ***	27.509	4.322 ***
R-squared	0.171	***	0.174	***	0.163	***	0.164	***

p. *<.05　**<.01　***<.001

表 4-4 社会経済的背景を統制した学習時間と宿題の効果（重回帰分析）（中 3）

	国語 A		国語 B		数学 A		数学 B	
	係数	標準誤差	係数	標準誤差	係数	標準誤差	係数	標準誤差
性別（基準：女子）								
男子	-4.865	0.358 ***	-8.842	0.479 ***	-0.316	0.441	0.231	0.569
社会経済的背景（基準：Lowest SES）								
Lower Middle SES	3.628	0.458 ***	5.361	0.623 ***	6.512	0.546 ***	6.159	0.522 ***
Upper Middle SES	6.947	0.373 ***	9.555	0.583 ***	11.575	0.473 ***	11.649	0.483 ***
Highest SES	11.567	0.483 ***	15.494	0.578 ***	18.824	0.597 ***	21.519	0.678 ***
平日の学習時間（基準：全くしない）								
30 分より少ない	0.791	0.946	-0.103	1.326	1.508	0.899	0.235	1.008
30 分以上、1 時間より少ない	3.326	0.934 ***	3.200	1.360 *	4.904	1.039 ***	3.094	1.075 **
1 時間以上、2 時間より少ない	3.692	0.826 ***	3.536	1.321 **	6.893	0.908 ***	4.272	0.910 ***
2 時間以上、3 時間より少ない	5.118	0.917 ***	5.053	1.215 ***	9.674	0.957 ***	7.442	0.958 ***
3 時間以上	4.470	0.869 ***	3.874	1.435 **	9.309	1.087 ***	7.150	1.147 ***
宿題（基準：していない）								
あまりしていない	4.149	1.105 ***	3.803	1.516 *	3.621	1.193 **	3.516	1.322 **
どちらかといえば、している	6.171	1.057 ***	7.777	1.449 ***	6.636	1.352 ***	6.142	1.185 ***
している	9.790	1.095 ***	12.917	1.515 ***	12.514	1.388 ***	12.534	1.216 ***
定数	61.897	1.264 ***	50.894	1.530 ***	38.439	1.342 ***	17.633	1.190 ***
R-squared	0.139		0.133		0.190		0.161	

p. *<.05 **<.01 ***<.001

Upper middle SES の生徒は約 6.9 ポイント，Highest SES の生徒は約 11.5 ポイント高い学力を獲得しているということである。第三に，平日の学習時間は，平日学習を「全くしない」生徒との対比において，「30 分以上，1 時間より少ない」生徒は約 3.3 ポイント，「1 時間以上，2 時間より少ない」生徒は約 3.6 ポイント，「2 時間以上，3 時間より少ない」生徒は約 5.1 ポイント，「3 時間以上」の生徒は約 4.4 ポイント高い学力を獲得していることを意味している。第四に，学校の宿題は，学校の宿題を「していない」と答えた生徒との対比において，「あまりしていない」生徒は約 4.1 ポイント，「どちらかといえばしている」生徒は約 6.1 ポイント，「している」と答えた生徒は約 9.7 ポイント正答率が高い。宿題をすることが独立して学力にポジティブな効果を与えているのである。

7. まとめ

以上の分析より，本章の知見は以下の 4 点にまとめられる。

第一に，学力は児童生徒の社会経済的背景および学習時間の量によって規定される。すなわち，社会経済的背景が有利なほど，また学習時間が多いほど学力が高いのである。

第二に，その一方で，社会経済的背景が Lowest SES グループの児童生徒が「3 時間以上」勉強して獲得する正答率の平均値は，Highest SES グループで「全く勉強しない」児童生徒が獲得する正答率の平均値よりも低い。また，箱ひげ図で社会経済的背景ごとに学習時間が学力に与える効果の分布を確認した結果，相対的に恵まれた家庭背景の児童生徒ほど学習時間が学力の獲得につながりやすいことがわかった。とりわけ，知識の活用力を測る「B 問題」ではその傾向が顕著であった。

第三に，とはいえ，社会経済的背景に規定されつつも，学習時間は高い学力の獲得に対して独立した効果を持っている。確かに学習時間のみで，家庭背景の不利を克服（逆転）することは難しいかもしれないが，学習（＝努力）することが高い学力の獲得につながるのである。

第四に，宿題をする児童生徒ほど高い学力を得ることができることが把握できた。これは，社会経済的背景や学習時間とは別に，学習方法が独立して学力

に与えるポジティブな効果である。この第四の知見は重要である。それというのも，本章では児童生徒がとっている学習方法に焦点を合わせたが，第10章ではどのような学校の取り組みが学力格差を縮小するかを分析している。その結果が示すのは，教員間で「家庭学習の共通理解」をしている学校ほど児童生徒の学力格差が小さいということである。また，事例研究のインタビュー調査においても，家庭学習や宿題を教員がきちんと確認し，児童生徒にフィードバックすることの重要性が指摘されている。これらの結果と本章の分析を合わせれば，学力格差縮小には，宿題ないし家庭学習の取り組みの重要性が示唆されるということである。むろん，単に宿題を多く出したりすれば良いということではない。宿題や家庭学習の重要性を教員団が共通に理解し，また適切なフィードバックを児童生徒に返すという一連の実践により，効果を発揮する学習方法なのであろう。

本章では，「レジリエンス」という概念を手がかりとして，不利な家庭環境にあるにもかかわらず，努力（＝学習時間）によってそれを克服して高い学力を獲得することが可能かどうかを分析してきた。その意味において，強調しておくべき知見は次の2点である。

①努力の成果は，限界があるものの，努力が社会経済的背景から受ける制約を一定程度補償することができる。

②一方で，学力の社会経済的格差は，児童生徒個人の学習時間だけで縮小させることには限界がある。

不利な家庭環境に置かれた児童生徒のレジリエンスが発揮されるためには，彼ら・彼女ら自身の努力（学習）に加え，本章や他の章でも指摘しているように，家庭学習指導など学校教育によるサポートが必要となるのかもしれない。

註
1) 児童生徒の社会経済的背景と学習時間の関連については表4-5および表4-6に示した。必要に応じて参照されたい。

表 4-5　社会経済的背景と学習時間の関連（小 6）

	SES				
	Lowest	Lower middle	Upper middle	Highest	Total
3 時間以上	5.8%	7.0%	11.5%	23.2%	11.9%
2 時間以上，3 時間より少ない	10.6%	14.8%	17.0%	18.9%	15.3%
1 時間以上，2 時間より少ない	39.1%	39.7%	39.4%	32.3%	37.6%
30 分以上，1 時間より少ない	27.3%	26.4%	22.2%	18.6%	23.6%
30 分より少ない	12.1%	8.8%	7.9%	5.2%	8.5%
全くしない	5.2%	3.3%	2.1%	1.8%	3.1%
合計	100.0%	100.0%	100.0%	100.0%	100.0%

表 4-6　社会経済的背景と学習時間の関連（中 3）

	SES				
	Lowest	Lower middle	Upper middle	Highest	Total
3 時間以上	6.5%	8.3%	10.7%	15.6%	10.2%
2 時間以上，3 時間より少ない	20.3%	25.7%	28.0%	33.2%	26.8%
1 時間以上，2 時間より少ない	30.7%	34.1%	33.8%	31.5%	32.5%
30 分以上，1 時間より少ない	20.0%	16.7%	15.4%	13.2%	16.3%
30 分より少ない	12.7%	9.1%	8.4%	4.2%	8.6%
全くしない	9.8%	6.1%	3.7%	2.4%	5.5%
合計	100.0%	100.0%	100.0%	100.0%	100.0%

第5章

社会関係資本と学力格差
――社会関係資本の関係性（つながり）と規範に着目して

垂見　裕子

1. 教育における社会関係資本とは何か

　近年，人との繋がりや集団に帰属することによって得られる資源（社会関係資本）が，子どもの学力や進学にとって重要な要因であることが明らかにされている（志水 2014; 垂見 2015; 芝野 2016）。学校において「家庭教育」や「家庭・学校・地域の連携」などの施策が重視されているように，教育現場でも子どもが学校以外の場で築く人間関係から獲得する習慣や規範が，子どもの学習・学力の重要な要素であると捉えられている。社会関係資本は，広義には「社会的ネットワークに内在する情報，義務と期待を伴う信頼，サンクションを伴う規範」と定義される（Coleman 1988）。つまり，他者と繋がっていたり，組織に属したりすることによって得られる情報や，「困った時はお互い様」といった信頼関係や，期待される行動や判断の基準を指す。

　社会関係資本と教育の関連に焦点を当てた研究は，1980年代後半以降，欧米を中心に活発に行われてきた。親が地域や学校との関係性が密で，そこから学力に有効な情報や規範を得られれば，あるいは子どもが親や先生・友人や地域との関係性が密でそこから教育に親和的な規範や情報を得られれば，子どもの学力が向上し，中退率が減ることが実証されている（Dika & Singh 2002）。本章では，社会関係資本と子どもの学力の関係を見る上で，社会関係資本を用いたこれまでの研究に対する二つの批判点・論点に注目する。第一に，社会関係資本はコールマンが強調したように，本来構造と資源両方を指すものである

（Coleman 1988）にもかかわらず，「構造（ネットワーク）」のみに着目して変数を作成している研究が多いことが指摘されている（McNeal 1999）。つまりそのつながりにどのような規範が内在しているかではなく，そのつながりがどの程度強固あるいは広範なものかのみを捉えて，社会関係資本の変数としている。例えば，祖母と孫の関係性が親密で頻繁に会っていても，その祖母が「女の子は高い学歴は必要でない」という価値観を持っていれば，その関係性は子どもの学力にとっては有効な資源とならない。よって，社会関係資本の効果を検証する際には，関係性に内在する資源（情報・規範・価値観）に着目する必要がある。本章では，親と子の関係性を見る上で，どのような規範が内在している時に子どもの学力との関連が高いのかに注目する。

　第二に，社会関係資本に関する研究では，社会関係資本を「個人財」としてとらえ，社会関係が「個人」にもたらす利益に焦点をあてたミクロな研究と（Coleman 1988），社会関係資本を「集合財」として捉え，社会関係が「集団・社会全体」にもたらす利益に焦点をあてたマクロな研究がある（Putnam 2000）。例えば，親が学校行事に積極的に参加することにより，自分の子どもの学習や学力に有益な情報を得て，それにより子どもの学力が向上するのは，「個人」としての利益に注目している。一方，学校の大半の保護者が積極的に学校行事に参加することにより，学校は保護者に支援されているという規範や，この学校の保護者は学業を重視しているという学校文化が生まれ，学校全体の学力が向上するのは，「集団」としての利益に着目している。本稿では，個人財としての社会関係資本のみならず，集合財としての社会関係資本にも着目する。

　第三に，これまでの研究で，社会関係資本の多寡は家庭の社会経済的背景により異なること，例えば経済的にゆとりのある親は厳しい状況にある親より，学校に積極的に関与し（Lareau 2000; 垂見 2015; 松岡 2019），家庭でも子どもの教育に積極的に関わっていることが明らかにされている（Lareau 2003）。さらに，家庭の社会経済的背景により社会関係資本の効果が異なること（Lin 2002），例えば社会経済的に有利な親と厳しい親が同程度に学校に関与したとしても，前者の方が自分の子どもの学習により有益な情報を得たり信頼関係を築いたりすることができることにより，より高い効果が得られるということも明らかにされている（McNeal 1999）。

　よって本章では，家庭の社会経済的背景（Socio-Economic Status: 以後 SES と

略す）と，社会関係資本（関係性に内在する資源）と，学力の関連に焦点をあてることにより，学力格差が生成されるメカニズムを明らかにする。具体的には，以下の4点の課題を検証する。①社会関係資本はどの程度学力に影響を及ぼすのか。②社会関係資本はどの程度SESに規定されるのか。③社会関係資本が学力に及ぼす影響は，SESにより異なるのか。④SESによる学力格差は，どの程度社会関係資本により説明されるのか。

2. 利用するデータと変数

本章では，2013年度全国学力・学習状況調査及び保護者調査の小6のデータを用いる。全国学力・学習状況調査保護者調査には，親と子どもの関わり，親と地域や子どもと地域の関わりなどに関する質問が多数あるため，また本稿の要となる家庭の社会経済的背景（SES）の情報があるため，本稿の分析に望ましいデータである。

本章で用いる変数は，主に学力・家庭の社会経済的背景・社会関係資本である。従属変数である学力には，算数B問題の正答率を用いる。家庭の社会経済的な背景の変数にはSESの合成指標（父親教育年数・母親教育年数・世帯所得の平均値を算出し，平均が0，標準偏差が1になるように標準化した値）を用いる[1]。SESスコアの下位25%をLowest SES，中位50%をMiddle SES，上位25%をHighest SESとして分類した。性別や兄弟数は，従来から学力との関連が実証されているため，統制変数として用いる。性別は女子を1，男子を0としたダミー変数，兄弟数は兄，弟，姉，妹の人数を合算し，単位は一人である。

本章の主題である社会関係資本の変数としては，子どもが親や地域とのつながりから得る規範と，親が学校や地域とのつながりから得る規範を分けて，それぞれを「子どもの社会関係資本」，「親の社会関係資本」と捉える。社会関係資本は多面的であり，誰から，どのような規範を得ているかにより異なる効果を持ちうる（Ho & Willms 2000）。よって主成分分析（多くの変数に含まれている情報を少数の変数で表し，総合的な指標を作成する時に用いる統計手法）を行い，子どもの社会関係資本と親の社会関係資本を，それぞれ複数の概念に分類した[2]。家庭での親との関わりから子どもが得る社会関係資本も一つの概念でくくることは難しく，「学校的価値に親和的な会話」「活字を尊ぶ規範」，「規則正

しい生活習慣を重視する規範」「勉強を重視する規範」「教育期待」に分類された。親が他者との関わりから得る社会関係資本に関しては，「地域から得る資源」と，「学校から得る資源」の二つに分類された（表5-1 参照）。

　回帰分析を行う際には，社会関係資本のそれぞれの指標に対して合成変数を作成した。質問項目の回答の平均値（3つの質問を合成する場合は，3つの質問項目の回答の平均値）を算出し，全サンプルで平均値が0，標準偏差が1になるように標準化している。なお，親の教育期待（子どもに進んでほしい学校段階）は，大卒以上を1，それ以外に0を割り当てたダミー変数を用いる。

3. 社会関係資本と学力の関連

　まず，社会関係資本と子どもの学力の関連を見てみよう。表5-1 は，各社会関係指標にどのような質問項目が含まれているか示すとともに，質問項目の回答項目ごとに算数B問題の正答率の平均値を示している。右の欄には，それぞれの質問項目で最も肯定的に答えているグループと最も否定的に答えているグループ（「教育期待」に関しては，最も高く答えているグループと最も低く答えているグループ）の学力の差異を表示した。例えば，「保護者が子どもと将来や進路のことについて話をする」に対して，「あてはまらない」と答えた家庭の子どもの学力の平均値は 49.07 ポイントであるのに対して，「あてはまる」と答えた家庭の子どもの学力の平均値は 61.72 ポイントで，正答率に 12.65 ポイントの差があるということである。差が大きい質問項目は，学力との関連が高い傾向があることを表す。

　「小さいころ，絵本の読み聞かせをした」「子どもと読んだ本の感想を話し合ったりしている」「毎日子どもに朝食を食べさせている」「子どもに進んでほしい学校段階（大卒以上か，それ未満か）」「（子どもが）地域や社会で起こっている問題やできごとに関心がある」などの質問項目において，「あてはまる」と回答した生徒と「あてはまらない」と回答した生徒の学力差が大きかった。ただし表5-1 は，あくまで二つの変数の関連をあらわしているので，SES など他の要因を考慮したら，その関連がなくなる可能性があることに留意が必要である。

表 5-1　社会関係資本と学力（小6）の関連

	あてはまらない		どちらかといえば,あてはまらない		どちらかといえば,あてはまる		あてはまる		あてはまる－あてはまらない
	平均値	標準誤差	平均値	標準誤差	平均値	標準誤差	平均値	標準誤差	差
子どもの社会関係資本									
家庭での関わり:学校的価値に親和的な会話									
子どもと将来や進路についての話をする	49.07	(1.62)	54.64	(0.54)	58.66	(0.32)	61.72	(0.49)	12.65
子どもと社会の出来事やニュースについて話をする	54.22	(5.35)	54.29	(1.49)	57.45	(0.39)	59.35	(0.24)	5.13
子どもと勉強や成績のことについて話をする	53.07	(2.18)	53.57	(0.74)	56.85	(0.29)	62.07	(0.35)	9.00
家庭での関わり:活字を尊ぶ規範									
子どもに本や新聞を読むようにすすめている	54.47	(0.87)	56.62	(0.36)	59.54	(0.36)	62.45	(0.59)	7.99
子どもと読んだ本の感想を話しあったりしている	53.04	(0.69)	56.91	(0.23)	61.51	(0.44)	64.90	(0.83)	11.86
子どもが小さいころ，絵本の読み聞かせをした	47.39	(1.10)	53.14	(0.47)	57.38	(0.38)	63.61	(0.37)	16.22
家庭での関わり:規則正しい生活習慣									
子どもが決まった時刻に起きるようにしている	48.94	(3.42)	52.50	(2.03)	57.32	(0.45)	59.03	(0.16)	10.09
子どもを決まった時刻に寝かせるようにしている	52.25	(1.86)	55.68	(0.71)	58.61	(0.31)	59.69	(0.32)	7.44
毎日子どもに朝食を食べさせている	36.81	(3.57)	44.70	(1.75)	49.94	(0.94)	59.56	(0.12)	22.75
家庭での関わり:勉強を重視する規範									
計画的に勉強するよう子どもにうながしている	57.02	(1.00)	53.98	(0.50)	58.90	(0.26)	62.43	(0.49)	5.41
普段，子どもの勉強をみている	55.51	(0.82)	57.03	(0.40)	58.75	(0.33)	61.64	(0.60)	6.13
家庭での関わり:教育期待	中学・高校		短大・専門・高専		大学		大学院		
子どもに進んでほしい学校段階	44.66	(0.57)	52.22	(0.53)	64.60	(0.29)	74.36	(1.75)	29.71
地域との関わり									
(児童が)地域や社会で起こっている問題やできごとに関心がある	47.79	(0.81)	55.76	(0.52)	61.35	(0.39)	64.20	(0.53)	16.41
(児童が)地域や社会をよくするために何をすべきかを考えることがある	52.49	(0.58)	59.37	(0.39)	61.54	(0.41)	61.00	(0.69)	8.51
親の社会関係資本									
学校との関わり									
PTA活動などの学校に関わる活動に取り組んでいる	58.01	(0.35)					59.95	(0.29)	1.94
ボランティアで学校の支援をする	53.40	(0.88)	56.94	(0.37)	60.30	(0.37)	61.88	(0.65)	8.48
授業参観や運動会などの学校行事に参加する	41.13	(6.07)	51.77	(1.97)	54.76	(0.60)	59.43	(0.14)	18.30
地域との関わり									
地域には，子どもたちの教育に関わってくれる人が多いと思う	52.83	(1.41)	56.12	(0.64)	58.62	(0.26)	60.83	(0.55)	8.00
地域の行事に子どもと一緒に参加する	52.84	(0.93)	57.72	(0.46)	59.40	(0.36)	59.40	(0.60)	6.56

注:回答項目は質問により異なるが,「あてはまらない」の列は最も否定的な回答,「あてはまる」の列は最も肯定的に回答したグループを指す。
標準誤差はジャックナイフ法を用いて推計。

4. SESと社会関係資本の関連

　前述のとおり，家庭での親子の関わりや，親の学校や地域との関わりは，SESにより異なることもこれまで明らかにされているので，次に社会関係資本の質問項目とSESの関連を確認する。表5-2は，SESカテゴリ別に質問項目の回答の平均値を示している（4段階の選択肢の「あてはまる」には4点，「どちらかといえば，あてはまる」には3点，「どちらかといえば，あてはまらない」には2点，「あてはまらない」に1点を割り当て，教育期待に関してはその学歴に必要な年数を割り当て，平均値を推計）。右の欄には，Highest SESグループとLowest SESグループの平均値の差を示した。差が大きい項目は，SESとの関連が高い傾向があることを表す。

　例えば，Lowest SESとHighest SESの家庭では，親が子どもに進んでほしい学校段階の教育年数が（前者の平均は13.84年，後者の平均は15.84年と）2年違うことが分かる。また，家庭での関わりの中でも，本を読むようすすめたり，絵本の読み聞かせをしたり，計画的に勉強するよう促したりするなどの関わり度合は，Highest SESとLowest SESの家庭で大きな違いが見られる。つまり，3節でみたように，確かに社会関係資本（子どもが地域や親と持つつながりや，親が学校や地域と持つつながりから得られる資源）が高いほど，子どもの学力が高いという傾向があるが，そもそもSESが高い子どもや親ほど，より多くの社会関係資本を持っているという傾向も見られるのである。

5. SESと社会関係資本と学力の関連

　最後に，SESと社会関係資本と学力の関連を総合的にみるために，回帰分析を行い，非標準化係数（それぞれの要因，例えば社会関係資本の指標が1ポイント異なる場合，正答率が何ポイント異なるのかを表したもの）を示す。ここではマルチレベル分析（階層線形モデル（Hierarchical Linear Modeling））を用いる[3]。マルチレベル分析とは，「階層的なデータ」，つまりまず集団といった単位からサンプルを抽出し，その後その集団内部の人からサンプルを集めたデータを適切に分析するための手法である。全国学力・学習状況保護者調査はまず学校が

表 5-2　SES と社会関係資本の関連

	回答項目の範囲	Lowest SES 平均値	Lowest SES 標準誤差	Middle SES 平均値	Middle SES 標準誤差	Highest SES 平均値	Highest SES 標準誤差	Highest SES-Lowest SES 差
子どもの社会関係資本								
家庭での関わり：学校的価値に親和的な会話								
子どもと将来や進路についての話をする	1-4	2.91	(0.02)	3.01	(0.02)	3.20	(0.02)	0.29
子どもと社会の出来事やニュースについて話をする	1-4	3.50	(0.02)	3.54	(0.01)	3.57	(0.01)	0.07
子どもと勉強や成績のことについて話をする	1-4	3.12	(0.02)	3.23	(0.01)	3.39	(0.02)	0.27
家庭での関わり：活字を尊ぶ規範								
子どもに本や新聞を読むようにすすめている	1-4	2.33	(0.02)	2.58	(0.01)	2.94	(0.02)	0.60
子どもと読んだ本の感想を話しあったりしている	1-4	2.14	(0.02)	2.30	(0.01)	2.57	(0.02)	0.43
子どもが小さいころ，絵本の読み聞かせをした	1-4	2.84	(0.02)	3.06	(0.01)	3.34	(0.02)	0.50
家庭での関わり：規則正しい生活習慣								
子どもが決まった時刻に起きるようにしている	1-4	3.62	(0.01)	3.71	(0.01)	3.76	(0.01)	0.14
子どもを決まった時刻に寝かせるようにしている	1-4	3.06	(0.02)	3.20	(0.01)	3.30	(0.01)	0.24
毎日子どもに朝食を食べさせている	1-4	3.76	(0.01)	3.88	(0.01)	3.94	(0.01)	0.17
家庭での関わり：勉強を重視する規範								
計画的に勉強するよう子どもにうながしている	1-4	2.64	(0.02)	2.85	(0.01)	3.09	(0.02)	0.45
普段，子どもの勉強をみている	1-4	2.52	(0.02)	2.67	(0.01)	2.88	(0.02)	0.36
家庭での関わり：教育期待								
子どもに進んでほしい学校段階	12-18	13.84	(0.04)	14.90	(0.03)	15.84	(0.02)	2.01
地域との関わり								
（児童が）地域や社会で起こっている問題やできごとに関心がある	1-4	2.47	(0.03)	2.62	(0.02)	2.87	(0.02)	0.40
（児童が）地域や社会をよくするために何をすべきかを考えることがある	1-4	2.13	(0.03)	2.23	(0.02)	2.39	(0.03)	0.26
親の社会関係資本								
学校との関わり								
PTA 活動などの学校に関わる活動に取り組んでいる	0-1	0.52	(0.02)	0.54	(0.01)	0.56	(0.02)	0.05
ボランティアで学校の支援をする	1-4	2.34	(0.02)	2.51	(0.02)	2.67	(0.03)	0.34
授業参観や運動会などの学校行事に参加する	1-4	3.70	(0.01)	3.78	(0.01)	3.79	(0.01)	0.09
地域との関わり								
地域には，子どもたちの教育に関わってくれる人が多いと思う	1-4	2.87	(0.03)	2.98	(0.02)	3.03	(0.03)	0.16
地域の行事に子どもと一緒に参加する	1-4	2.67	(0.04)	2.84	(0.03)	2.85	(0.04)	0.17

注：標準誤差はジャックナイフ法を用いて推計。

抽出され，次にそれぞれの学校から一定数の生徒が抽出されているが，同じ学校に通う生徒は当然様々な特性が似通っている。そのような学校内の類似性を無視して統計的検定を行うと，焦点を当てる要因（本章の場合は社会関係資本）の影響力を過大に推定してしまうため，マルチレベル分析を用いる必要がある。マルチレベル分析を用いる理由はもう一点ある。個人財としての社会関係資本（子どもの親がどの程度学校に関与しているか）を考慮した上で，集合財としての社会関係資本（学校全体としてどの程度保護者が学校に関与しているか）が，どの程度学力に影響を及ぼすかを検討できるという点である。

表5-3で「子どもの社会関係資本」と学力の関連，表5-4で「親の社会関係資本」と学力の関連を検証する。まずモデル1では，SESと学力の関連を確認する。例えば，Middle SES の係数（9.27）は，Middle SES と比較グループである Lowest SES の子どもの算数B問題の正答率の差が9.27ポイント，Highest SES の係数（21.40）は，Highest SES と Lowest SES の子どもの正答率の差が21.40ポイントと推計されることを示す。兄弟数や性別を考慮しても，SESが子どもの学力に及ぼす影響力が大きいことが分かる。モデル2で家庭での関わり（学校的価値に親和的な会話・活字を尊ぶ規範・規則正しい生活習慣・勉強を重視する規範）の変数，モデル3で親の教育期待（親が子どもに期待する学歴），モデル4で地域との関わりに関する変数をそれぞれモデル1に加え，モデル5はすべての変数をモデルに投入する。

①社会関係資本の係数で，それぞれの社会関係資本が学力に及ぼす効果を確認するとともに，②SESとの交互作用（社会関係資本とSES，二つの要因が組み合わさることで現れる相乗効果があるかを検証するために，社会関係資本の変数にSESを乗じたもの）が有意か確認することにより，その社会関係資本が子どもの学力に及ぼす影響力が，SESの高い子どもと低い子どもで異なるか，③モデルごとにSESの係数がどの程度縮小したかを見ることにより，その要因がどの程度，SESによる学力格差を説明しているかに注目する。なお，交互作用に関しては，有意な関係が認められた場合のみ，モデルに残している。

表5-3から，以下の知見が得られる。①家庭のSESの違いを考慮しても，親の教育期待（子どもに大学まで行くことを期待する）や，子どもの地域に対する意識（例えば，「地域や社会で起こっている問題やできごとに関心がある」）が，子どもの学力との関連が高い傾向が見られる。家庭での関わりの中では，特に

表5-3　子どもの社会関係資本と学力（小6）の関連

	モデル1		モデル2		モデル3		モデル4		モデル5	
	係数	標準誤差	係数	標準誤差	係数	標準誤差	係数	標準誤差	係数	標準誤差
固定効果										
レベル1										
Middle SES	9.27	(.67)***	8.28	(.66)***	5.62	(.97)***	8.83	(.66)***	4.84	(.99)***
Highest SES	21.40	(.78)***	19.24	(.82)***	10.12	(1.38)***	20.18	(.77)***	9.13	(1.41)***
性別	4.24	(.51)***	3.84	(.51)***	6.27	(.53)***	3.44	(.27)***	5.82	(.52)***
兄弟数	-1.64	(.27)***	-1.36	(.26)***	-1.07	(.29)***	-1.42	(.27)***	-0.78	(.28)**
【家庭での関わり】										
学校的価値に親和的な会話			1.80	(.25)***					0.84	(.25)***
活字を尊ぶ規範			2.11	(.27)***					1.41	(.27)***
規則正しい生活習慣			1.64	(.45)***					1.32	(.43)**
規則正しい生活習慣×Middle SES			-0.24	(.54)					-0.12	(.54)
規則正しい生活習慣×Highest SES			-3.00	(.71)***					-2.60	(.69)***
勉強を重視する規範			-1.42	(.56)*					-1.03	(.56)
勉強を重視する規範×Middle SES			0.57	(.67)					0.20	(.68)
勉強を重視する規範×Highest SES			1.95	(.74)**					1.48	(.75)*
教育（大学進学）期待					10.84	(1.45)***			9.40	(1.44)***
教育（大学進学）期待×Middle SES					1.36	(1.72)			1.68	(1.75)
教育（大学進学）期待×Highest SES					6.48	(1.96)***			6.00	(2.00)**
【地域との関わり】										
地域に対する意識							3.44	(.27)***	2.71	(.27)***
レベル2										
切片	43.64	(2.77)***	44.98	(2.74)***	40.36	(2.84)***	44.24	(2.64)***	42.16	(2.76)***
Middle SESの割合	3.33	(4.24)	3.69	(4.15)	3.10	(4.22)	3.15	(4.05)	3.05	(4.07)
Highest SESの割合	5.14	(3.54)	4.19	(3.47)	0.84	(3.47)	5.04	(3.40)	0.57	(3.33)
ランダム効果										
学校間分散	17.02		17.59		17.50		15.58		16.60	
学校内分散	523.19		511.79		492.21		511.86		479.30	

*p<.05, **p<.01, ***p<.001

親が活字を尊ぶ規範（「子どもに本や新聞を読むようにすすめている」「子どもと読んだ本の感想を話し合ったりしている」「子どもが小さいころ絵本の読み聞かせをした」）を積極的に子どもに与えているほど，子どもの学力が高い傾向が見られる。②「規則正しい生活習慣」と「勉強を重視する規範」と「親の教育期待」は，それぞれ Highest SES と Lowest SES グループでは学力に及ぼす効果が異なる。例えば，勉強を重視する規範（「勉強をみる」「計画的に勉強するよう子どもにうながしている」）は，Lowest SES と Highest SES の親が同程度行っていても，前者では学力と負の関連が見られる。あくまでも推測に過ぎないが，子どもの学習に有効な学習方略や学習段階を示しながら勉強をみる術を親が持ち合わせ

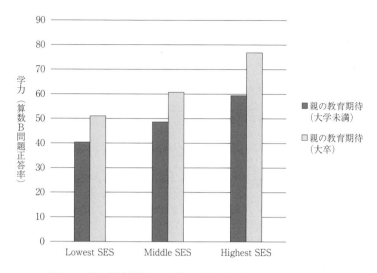

図5-1　親の教育期待と子どもの学力（小6）の関連：SES別

ていなければ，親の勉強に関する関与は子どもの学力につながらないことが考えられる。親の教育期待とSESの交互作用も有意となっているが，この関係を分かりやすく示したのが図5-1である。

　図5-1から，親の教育期待が子どもの学力に及ぼす影響はHighest SESグループで特に大きいことが確認できる。同じように大学進学を希望していても，Highest SESの親はそれを具現化するための手段（教育投資であったり，情報収集であったり）を持ち併せているが故に，親の教育期待がより強く子どもの学力に影響を及ぼしていると推測される。逆に，近年家庭教育の中で重視されている規則正しい生活習慣は，Lowest SESでは学力と正の関連が認められるが，Highest SESでは学力と有意な関連は認められない。

　③親子の関わりの中で子どもに伝えられる規範はいずれもSESとの関連は認められ，特に親の教育期待を投入したモデル3でSESの係数が約半分に縮小する。Highest SESの子どもほど，親が学歴を重視する規範が強い（例えば，大学まで進学することを期待するのはHighest SESで89％，Lowest SESで30％である）こと，かつ親の学歴期待が高い程子どもの学力が高いことは，SESによる学力格差を説明するメカニズムともなっていると解釈できる。表5-4では，同様の方法で，「親の社会関係資本」と子どもの学力の関連を検証する。

表 5-4　親の社会関係資本と子どもの学力（小6）の関連

	モデル1		モデル2		モデル3		モデル4	
	係数	標準誤差	係数	標準誤差	係数	標準誤差	係数	標準誤差
固定効果								
レベル1								
Middle SES	9.27	(.67) ***	8.79	(.66) ***	8.79	(.67) ***	8.57	(.66) ***
Highest SES	21.40	(.78) ***	20.90	(.76) ***	20.88	(.78) ***	20.65	(.76) ***
性別	4.24	(.51) ***	4.22	(.50) ***	4.17	(.51) ***	4.17	(.50) ***
兄弟数	-1.64	(.27) ***	-1.72	(.27) ***	-1.74	(.27) ***	-1.78	(.27) ***
【学校との関わり】								
学校との関わり			2.31	(.47) ***			1.71	(.47) ***
学校との関わり×Middle SES			-0.34	(.56)			0.07	(.56)
学校との関わり×Highest SES			-2.12	(.69) **			-1.63	(.70) *
【地域との関わり】								
地域との関わり					2.53	(.54) ***	1.86	(.56) ***
地域との関わり×Middle SES					-1.29	(.66)	-1.25	(.66)
地域との関わり×Highest SES					-2.12	(.73) **	-1.46	(.74) *
レベル2								
切片	43.64	(2.77) ***	42.92	(2.58) ***	44.80	(2.75) ***	43.79	(2.70) ***
Middle SESの割合	3.33	(4.24)	4.41	(3.96)	1.55	(4.27)	3.14	(4.17)
Highest SESの割合	5.14	(3.54)	6.28	(3.23)	5.37	(3.42)	6.18	(3.24)
学校との関わり（学校平均値）			5.24	(1.32) ***			4.27	(1.49) **
地域との関わり（学校平均値）					2.37	(1.05) *	1.33	(1.13)
ランダム効果								
学校間分散	17.02		13.45		15.05		12.80	
学校内分散	523.19		519.54		521.04		518.82	

*p<.05, **p<.01, ***p<.001

　表5-4から以下の知見が得られる。①親の学校や地域との関わりに関しては，交互作用が有意となっているが，この関係を示したのが図5-2である。Lowest SESとMiddle SESの家庭では，学校とのかかわりが高いほど，子どもの学力が高い関連が見られるが，Highest SESの家庭ではこのような関連は見られない。つまり，Lowest SESとHighest SESの親が同程度学校や地域と関わっても，その関わりが子どもの学力に有利な影響を及ぼすのはLowest SESのみであると解釈できる。一方，Lowest SESの家庭が積極的に学校と関わっても，それはSESによる学力格差を克服するほどの効果はないということも確認できる。社会関係資本と学力の関連はSESと学力の関連に比べて小さいと言える。

　②親の学校や地域との関わりはSESとの関連が認められるが，表5-3に比

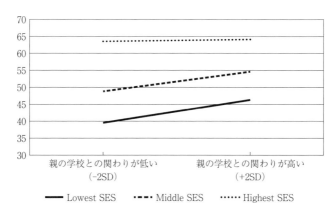

図5-2　親の学校との関わりと子どもの学力（小6）の関連：SES別

べると SES の影響力の縮小率が小さいことから，本稿で検討した「子どもの
社会関係資本」に比べて「親の社会関係資本」は，SES により分化される度合
いが低いと解釈できる。③特筆すべき事項としては，学校レベルの社会関係資
本が有意であることである。つまり，親の学校関与が子ども個人の学力に影響
を及ぼす効果とは別に，学校内でより多くの保護者が積極的に学校に関わって
いることが，学校水準の学力にプラスの影響を及ぼすということである。（なお，
学校レベルの変数に関しては，SES による異なる効果は見られなかったため，交互
作用は最終モデルには含めていない。）社会関係資本の「個人財」としての側面だ
けではなく，「集合財」としての側面を考慮する重要性が示唆される。

6.　学力格差の中で考える社会関係資本

　本章では，社会関係資本という概念を用いて，関係性（つながり）で共有さ
れる規範に注目し，子どもが親や地域との関係から得る規範を「子どもの社会
関係資本」，親が学校や地域との関係性を通して得る規範を「親の社会関係資
本」と定義した。その上で，家庭の社会経済的背景（SES），社会関係資本，
子どもの学力の関連を明らかにした。本章の主な知見と，政策的示唆について
考察する。
　まず，社会関係資本と一言で言っても，誰と誰の間の関係性に着目するか，
どのような規範が関係性に内在しているのかに着目するかで，学力に対して異

なる影響が確認された。子どもの社会関係資本に関しては，SES を統制しても，親との関わりや地域とのかかわりが多い程，子どもの学力が高いことが確認された。しかし，SES が高い親ほど関与も高いため，SES による学力格差を説明する一つの要因となっていることも確認された。つまり，子どもの進学に対する親の意識や家庭での読書活動を推進することは学力向上の施策として有効であるが，社会経済的に最も厳しい Lowest SES の家庭にはその必要性と効果を示すとともに，家庭外の場でそれらを補うことも重要であることが示唆される。

　次に，社会関係資本でも内在している規範により，SES の高い家庭においてのみ，あるいは SES の低い家庭においてのみ，学力と関連があるということが明らかになった。家庭で子どもの勉強をみたり，計画的に勉強するよう子どもに促したりすることは，現状では Lowest SES では学力と負の関連が確認された。つまりこれらを推進する際には，その具体的な手立てを Lowest SES の家庭に提示しない限り，教育格差を助長しかねない。一方，家庭における読書活動に関する関わりや，子どもの地域に対する帰属・問題意識は，SES にかかわらず子どもの学力に同様の効果をもたらすことが示された。親の社会関係資本に関しては，むしろ Lowest SES の家庭の方が，子どもの学力への効果があることが確認された[4]。Highest SES の親は，塾，習い事，親の職場など，学校や地域以外に様々な場で，子どもの教育に有益な情報や規範を得ているのかもしれない。Lowest SES の親はそのような多様なつながりを持たないからこそ，学校や地域とのつながりを豊かにすることにより，子どもの教育に有益な情報や規範や信頼関係を得ていることが推測される。

　最後に，親の学校や地域との関わりに関しては，個人だけではなく，集団（学校）水準の学力と関連があることが確認された。あくまでも推測だが，学校の保護者の多くが積極的に学校や地域に関与することにより，学校が家庭に支えられ，子どもの教育が地域に見守られているという規範が醸成され，学校全体としておちついた環境の中で教員が児童生徒を指導することに専念できることに寄与すると考えられる。社会関係資本と教育の関連を見る際には，今後「集合財」としての社会関係資本の理論的検討と更なる実証研究が必要であると考える。

註

1) SES 合成指標の詳細に関しては，お茶の水女子大学『平成 25 年度全国学力・学習状況調査（きめ細かい調査）の結果を活用した学力に影響を与える要因分析に関する調査研究』（2014 年）第 1 章を参照されたい。
2) 主成分分析結果の詳細に関しては，お茶の水女子大学『平成 25 年度全国学力・学習状況調査（きめ細かい調査）の結果を活用した学力に影響を与える要因分析に関する調査研究』（2014 年）第 8 章を参照されたい。
3) マルチレベル分析では，レプリケイション・ウエイト（ジャックナイフ法）は用いず，全サンプルウエイトを用いている。
4) 垂見（2019）は，「子どもの社会関係資本」（子どもが家庭や地域や学校で持つ関係性で測定）ではあるが，同様に社会関係資本が学力へ及ぼす影響力が Lowest SES で最も大きいことを示している。

参考文献

Coleman, J., 1988, "Social Capital in the Creation of Human Capital." *American Journal of Sociology* 94, pp. 95-120.

Dika, Sanda L., & Singh, Kusum, 2002, "Applications of Social Capital in Educational Literature: A Critical Synthesis." *Review of Educational Research* 72, pp. 31-60.

Ho, E. S. & Willms, J. D., 2000, Effect of Parental Involvement on Eighth-Grade Achievement, *Sociology of Education* 69(2), pp. 126-141.

Lareau, A., 2000, *Home Advantage: Social Class and Parental Intervention in Elementary Education*, Rowman & Littlefield Publishers.

Lareau, A., 2003, *Unequal Childhoods: Class, Race, and Family Life*, University of California Press.

Lin, N., 2002, *Social Capital: A Theory of Social Structure and Action*, New York: Cambridge University Press.

松岡亮二，2019，『教育格差――階層・地域・学歴』ちくま新書.

McNeal, R., 1999, "Parental Involvement as Social Capital: Differential Effectiveness on Science Achievement, Truancy, and Dropping out." *Social Forces* 78(1), pp. 117-144.

Putnam, R., 2000, *Bowling Alone: The Collapse and Revival of the American Community.* New York: Simon & Schuster.

芝野淳一，2016，「社会関係資本と学力の関係――地域背景の観点より」志水宏吉・高田一宏編『マインド・ザ・ギャップ！――現代日本の学力格差とその克服』大阪大学出版会，pp. 55-77.

志水宏吉，2014，『「つながり格差」が学力格差を生む』亜紀書房.

垂見裕子，2015，「香港・日本の小学校における親の学校との関わり――家庭背景・社会関係資本・学力の関連」『比較教育学研究』第 51 巻，東信堂，pp.

129-150.

垂見裕子，2019，「階層と学力——社会関係資本の多寡と効果に着目して」志水宏吉監修・川口俊明編『日本と世界の学力格差：国内・国際学力調査の統計分析から』明石書店．

第6章

不利な環境を克服している児童生徒の特徴

山田　哲也

1.　はじめに

　本章では，保護者の「社会経済的背景」（以下，SES）を基準に，「特に困難
を抱える」と思われる児童生徒に着目し，レジリエンス（resilience：柔軟さ・
回復力）という観点から，厳しい環境のなかでも困難の乗り越えに一定程度成
功した児童生徒やその保護者にみられる特徴について検討する。

　この章の鍵概念となる「レジリエンス」とは，逆境に直面した人びとが，直
面する困難にうまく対処し，その乗り切りを可能にする条件を把握するために
用いられるものである。レジリエンス研究は心理学分野を中心にかなりの蓄積
がある。論者によってその強調点は様々で，困難の乗り切りを可能にする性格
的特性に着目した定義と，環境とそこでの危険要因と個人的要因の相互作用過
程やその結果を強調する定義とが併存する状況にある（齊藤・岡安 2009）。

　レジリエンス概念は心理学的な研究で用いられることが多いが，本章でこの
キーワードにあえて着目する理由は2点ある。

　第一に，保護者の社会経済的背景に起因する様々な困難を乗り越える際に，
代替的な資源を用いるなど，厳しい状況にある子どもや家族がおこなう創意工
夫の独自性を把握するためにこの概念が有用だと考えるからである。第二に，
逆境に立ち向かう力を個人の内面のみに還元せず，こうした力の発揮を可能に
する社会的な条件を明らかにしたいからである。

　子どもの貧困をテーマとしたこれまでの研究は，学力や学歴を媒介に貧困が

世代間再生産されてゆく実態を明らかにし，現状を踏まえた解決策を模索してきた（阿部 2008，阿部 2014 など）。また，近年は社会経済的に厳しい状況におかれた当事者たちを対象にした調査が各種の自治体で実施され，貧困状態にある子どもたちの生活実態がかなりの程度明らかにされつつある（山野編 2019 など）。

　他方で，社会経済的に厳しい状況にある人びとが代替的な資源をどう活用し，様々な困難をいかに乗り越えようとしているのか，また，そこで一定程度「うまくいった」場合に，それを可能にした条件は何かを明らかにしてゆく作業は，困難の実態解明に比べると相対的に手薄で，いまだ展開の途上にある。

　このような課題に応答すべく，本章では全国規模のサンプルを用いた検討を通じて，学力獲得という観点から，社会経済的な背景に起因する様々な困難を乗り越える条件を探りたい。

　ただし，以下で行う検討はあくまでも主に記述統計を用いた探索的なもので，レジリエンスの規定要因を明らかにするための予備的・基礎的な作業である点に留意していただきたい。

2. 分析に用いる変数

(1)「特に困難を抱える」子どもとレジリエンスを発揮した事例を選ぶ基準

　この章では PISA における定義[1] を参考に，レジリエンスを発揮した児童生徒を操作的に定義したい。

　まず，保護者の SES が Lowest に区分されている児童生徒を「特に困難を抱える」子どもたちとして捉える。そのうえで，該当する子どものうち，国語・算数（国語・数学）の A・B 問題すべての正答数を合算して算出した「総正答率」（総正答数÷総問題数）で上位 25％（学力 A 層）に位置する子どもを「Resilient students」と定義したい。同様に，「A 層」以外の学力水準にある Lowest の子どもを「Non-resilient students」と定義する。

　SES は経済状況と学歴の両面から家庭が保持する諸資源を把握できる指標で，Lowest 〜 Highest の 4 区分は本書の分析で使用する基本的なカテゴリであることを考慮し，本章では上記の基準を用いることにしたい。

　以下の分析では，保護者質問紙調査，児童・生徒質問紙調査から得られたデ

表6-1　本章で検討する回答者の区分

	Highest SES	Upper middle SES	Lower middle SES	Lowest SES
学力A層（上位25%）	（比較する高学力層グループ）			Resilient students
学力B層	（今回の検討では参照しないグループ）			Non-resilient students
学力C層				
学力D層（下位25%）				

ータのうち，a）保護者の子どもへの関与，b）子ども自身の性格的特性（とりわけ「非認知的スキル」に関するもの），c）子どもの生活や学習の実態に着目し，Resilient students と Non-resilient students の間で特に違いがみられた項目について検討する。

　また，Resilient students と Non-resilient students の両者を比較する際に，Resilient students がいかなる代替的な資源を活用して高い学力水準に達しているのかをみるために，同じく総正答率を基準にした時の上位25%に位置し，SESが相対的に高いグループ（Upper Middle 以上のA層）もあわせて参照する（表6-1）。

　小学校の Resilient students は，Lowest に区分されるグループの10.6%（児童全体の2.6%），中学校の Resilient students の割合は Lowest に区分されるグループの9.7%（生徒全体の2.5%）で，「特に困難を抱える」児童生徒でレジリエンスを発揮していると判定されたケースは小中いずれも約1割である。

(2) 比較の対象となる質問群

　以下の分析で比較する質問群は，表6-2・表6-3で示す通りである。保護者質問紙・児童生徒質問紙のうち，レジリエンスに関連すると思われる項目をなるべく網羅的に選択した。

　保護者質問紙では，子どもに対する親の働きかけ（Q3），社会教育施設の利用頻度（Q4），日常会話（Q5），教育期待（Q7），習い事（Q11），学校行事や地域活動への参加（Q14・15），蔵書数と保護者の収入・属性（Q18）について検討を加えた。

　児童生徒質問紙では，保護者質問紙ですでに把握したものについては省略し，

表 6-2 保護者質問紙調査で比較した質問項目

子どもに対する親の働きかけ（Q3）	子どもの教育に対する期待（Q7）
子どもが決まった時刻に起きるよう（起こすよう）にしている ●	あなたは，お子さんにどの段階の学校まで進んでほしいと思っていますか ○●
子どもを決まった時刻に寝かせるようにしている	子どもの習い事について（Q11）
毎日子どもに朝食を食べさせている ○●	学習塾
テレビ・ビデオ・DVD を見たり，聞いたりする時間などのルールを決めている	芸術文化活動に関する習い事 ○●
テレビゲームをする時間を限定している	スポーツ活動に関する習い事 ●
携帯電話やスマートフォンの使い方についてルールや約束をつくっている	英語に関する習い事 ○●
子どものよいところをほめるなどして自信を持たせるようにしている ●	学校や地域連携・体験活動への参加（Q14）
子どもが悪いことをしたらきちんと叱っている	授業参観や運動会などの学校行事への参加 ●
子どもに本や新聞を読むようにすすめている ○●	PTA 活動や保護者会などへの参加 ○●
子どもと読んだ本の感想を話し合ったりしている ○●	地域と学校の連携・協働に関わる活動への参加
子どもが小さいころ，絵本の読み聞かせをした ○●	自治会・子供会・お子さんと一緒に行う体験活動などの地域活動への参加
子どもと何のために勉強するかについて話している ●	地域との関わり（Q15）
計画的に勉強するよう子どもに促している ○●	地域の行事に子どもと一緒に参加している
子どもが外国語や外国の文化に触れるよう意識している ●	地域には地域の子どもたちの教育に関わってくれる人が多い
子どもに努力することの大切さを伝えている	家族のことについて（Q18）
子どもに最後までやり抜くことの大切さを伝えている	家にある本の数（子ども向けの本を除く） ○●
いじめは，どんな理由があってもいけないことだと家庭で話し合っている	家にある本の数（子ども向けの本のみ） ○●
地域社会などでのボランティア活動等に参加するよう子どもに促している	父親（または父親に代わる方）の現在の仕事［雇用形態］
子どもと一緒の外出（Q4）	父親（または父親に代わる方）の現在の主な仕事［職業分類］
子どもと一緒に美術館や劇場に行く ○●	父親（または父親に代わる方）の普段の帰宅時間
子どもと一緒に博物館や科学館に行く ●	母親（または母親に代わる方）の現在の仕事［雇用形態］
子どもと一緒に図書館に行く ○●	母親（または母親に代わる方）の現在の主な仕事［職業分類］ ○
子どもとの日常会話（Q5）	母親（または母親に代わる方）の普段の帰宅時間
学校での出来事や友だちのことについて話をする（子どもから）	家族全体の世帯年収（税込み年収）
学校での出来事や友だちのことについて話をする（保護者から）	父親（または父親に代わる方）の最終学歴 ○●
勉強や成績のことについて話をする（子どもから） ○●	母親（または母親に代わる方）の最終学歴 ○●
勉強や成績のことについて話をする（保護者から） ○●	
将来や進路についての話をする（子どもから） ●	
将来や進路についての話をする（保護者から）	
地域や社会の出来事やニュースについて話をする（子どもから） ○	
地域や社会の出来事やニュースについて話をする（保護者から）	
子どもの心配事や悩み事の相談によく乗っている	

下線のある質問は，Resilient students と Non-resilient students で 5％ポイント以上の差がみられるセルがあった項目。○は小学校，●は中学校で 5％ポイント以上の差がみられたことを表す。

表 6-3　児童生徒質問紙調査で比較した質問項目

非認知的スキルに関わる項目（Q2・Q7 の一部）	土曜日の午前の過ごし方（Q4）
ものごとを最後までやり遂げて，うれしかったことがある <u>○●</u>	学校で授業を受けている
難しいことでも，失敗を恐れないで挑戦している　○	<u>学校の部活動に参加している（生徒調査のみ）</u>
自分には，よいところがあると思う　○	<u>家で勉強や読書をしている　○●</u>
<u>友達の前で自分の考えや意見を発表することは得意だ　○●</u>	学習塾など学校や家以外の場所で勉強している
友達と話し合うとき，友達の話や意見を最後まで聞くことができる　○	習い事（スポーツ除く）をしている
友達と話し合うとき，友達の考えを受け止めて，自分の考えを持つことができる　○●	スポーツをしている
	地域の活動に参加している
将来の夢や目標を持っている	家でテレビやビデオ・DVD をみたり，ゲームをしたり，インターネットをしたりしている
授業で学んだことを，ほかの学習や普段の生活に生かしている　○●	家族と過ごしている
学級会などの話合いの活動で，自分とは異なる意見や少数意見のよさを生かしたり，折り合いをつけたりして話し合い，意見をまとめている　<u>○●　＊Q7</u>	<u>友達と遊んでいる　○●</u>
学級みんなで協力して何かをやり遂げ，うれしかったことがある　<u>○●　＊Q7</u>	**土曜日の午後の過ごし方（Q4）**
生活時間・通塾等の実態（Q3）　＊「普段」は月〜金曜日を意味する	学校で授業を受けている
	<u>学校の部活動に参加している（生徒調査のみ）</u>
普段，1 日当たりどれくらいの時間，テレビやビデオ・DVD を見たり，聞いたりしますか　<u>○●</u>	<u>家で勉強や読書をしている　○●</u>
普段，1 日当たりどれくらいの時間，テレビゲームをしますか　<u>○●</u>	学習塾など学校や家以外の場所で勉強している <u>●</u>
普段，1 日当たりどれくらいの時間，携帯電話やスマートフォンで通話やメール，インターネットをしますか　<u>○●</u>	習い事（スポーツ除く）をしている
学校の授業時間以外に，普段，1 日当たりどれくらいの時間，勉強をしますか　<u>○●</u>	スポーツをしている
土曜日や日曜日など学校が休みの日に，1 日当たりどれくらいの時間，勉強をしますか　<u>○●</u>	地域の活動に参加している
学習塾（家庭教師を含む）で勉強をしていますか　<u>○●</u>	家でテレビやビデオ・DVD をみたり，ゲームをしたり，インターネットをしたりしている <u>○●</u>
学校の授業時間以外に，普段，1 日当たりどれくらいの時間，読書をしますか　<u>○●</u>	<u>家族と過ごしている　○●</u>
昼休みや放課後，学校が休みの日に，学校図書館・学校図書室や地域の図書館にどれくらい行きますか　<u>○●</u>	<u>友達と遊んでいる ●</u>
学校の部活動に参加していますか（生徒調査のみ）　<u>●</u>	**学習スタイル（Q6）**
普段，一日あたりどのくらいの時間，部活動をしますか（生徒調査のみ）	<u>自分で計画を立てて勉強している　○●</u>
放課後の過ごし方（Q4）	<u>学校の宿題をしている　○●</u>
<u>家で勉強や読書をしている　○●</u>	<u>学校の授業の予習をしている　○</u>
放課後子供教室や放課後児童クラブ（学童保育）に参加している（児童調査のみ）	<u>学校の授業の復習をしている　○●</u>
学校の部活動に参加している（生徒調査のみ）　<u>●</u>	下線のある質問は，Resilient students と Non-resilient students で 5％ポイント以上の差がみられるセルがあった項目。○は小学校，●は中学校で 5％ポイント以上の差がみられたことを表す。
地域の活動に参加している	
学習塾など学校や家以外の場所で勉強している　<u>●</u>	
習い事（スポーツ除く）をしている　<u>○</u>	
スポーツをしている	
家でテレビやビデオ・DVD をみたり，ゲームをしたり，インターネットをしたりしている	
家族と過ごしている	
<u>友達と遊んでいる　○●</u>	

主に子ども自身の性格特性や行動に関する設問をピックアップした。具体的には、後述する「非認知スキル」に関わる項目（Q2・Q7の一部）、生活時間や通塾等の実態（Q3）、放課後・土曜日の過ごし方（Q4）、学習スタイル（Q6）について検討を加えた。

それぞれの項目について、Resilient students と Non-resilient students の間に5％ポイント以上の差があったものについては下線を引き、小学校で差が認められた場合には「○」、中学校では「●」をつけて区別している。次節からは下線のある項目を中心に（一部は紙幅の都合で割愛する）、両者にみられる違いを確認してゆきたい。

以下で検討するのは、あくまでもレジリエンスを発揮した子どもとそうでない子どもとの間に認められる差異であり、両者の違いが必ずしも因果関係を示すものではない点に留意する必要がある。また、今回は他の変数を統制せずに二つの変数間の関連性を検討しており、ここで確認された違いは、他の媒介変数によって生じている可能性がある点も付言しておきたい。

3. 保護者質問紙調査データにみられた違い

(1) 子どもに関する関与について

表6-4・表6-5は、子どもへのかかわり方で違いのある項目の結果をまとめたものである。Resilient students と Non-resilient students で5％ポイント以上の差がみられるセル（値が多いほう）に網掛けをした（以下同様）。

中学校では小学校よりも違いがみられた設問が多いが、いずれの学校段階でも、Resilient students の保護者は、Non-resilient students と比較して子どもに積極的に関与している。規則的な生活習慣を整え、文字に親しむように促す姿勢、知的な好奇心を高めるような働きかけが特徴的で、計画的に勉強するように促すなど、具体的な学習行動につながるように関与する姿勢もより積極的である。

他方で、Upper middle 以上の「A層」の保護者の結果をみてみると、どの項目においても、Resilient students の保護者よりも子どもに関与する傾向が顕著である。後述するように、いくつかの例外を除くと以下に述べる他の項目についても同様の結果が認められており、経済的・文化的な資源が相対的に少

表6-4　子どものレジリエンス×保護者の関与（小学校）

		あてはまる	どちらかといえば, あてはまる	どちらかといえば, あてはまらない	あてはまらない
毎日子どもに朝食を食べさせている	Resilient students	86.6%	9.4%	3.0%	1.0%
	Non-resilient students	78.9%	14.5%	5.3%	1.3%
	A層（Upper middle 以上）	94.5%	4.6%	0.7%	0.2%
	合計	85.7%	10.2%	3.3%	0.9%
子どもに本や新聞を読むようにすすめている	Resilient students	25.5%	35.6%	30.2%	8.6%
	Non-resilient students	16.2%	33.3%	37.7%	12.8%
	A層（Upper middle 以上）	46.0%	37.3%	14.0%	2.7%
	合計	28.7%	35.1%	27.7%	8.5%
子どもと読んだ本の感想を話し合ったりしている	Resilient students	9.7%	23.7%	47.6%	18.9%
	Non-resilient students	5.5%	22.1%	46.5%	25.9%
	A層（Upper middle 以上）	17.2%	34.9%	37.4%	10.5%
	合計	10.4%	27.4%	42.9%	19.3%
子どもが小さいころ, 絵本の読み聞かせをした	Resilient students	39.9%	35.0%	20.1%	5.1%
	Non-resilient students	30.3%	36.4%	25.6%	7.8%
	A層（Upper middle 以上）	59.1%	28.5%	10.5%	1.9%
	合計	42.5%	33.1%	19.2%	5.3%
計画的に勉強するよう子どもに促している	Resilient students	28.1%	44.9%	21.2%	5.7%
	Non-resilient students	19.5%	47.9%	26.3%	6.3%
	A層（Upper middle 以上）	47.6%	40.6%	9.9%	1.9%
	合計	31.3%	44.8%	19.4%	4.5%

ない状況のなかで，比較的ゆとりのある層になるべく近い子育て環境を整える姿勢が Resilient students の保護者の回答からうかがえる。

(2) 社会教育施設の利用頻度

　美術館，博物館，図書館など，いわゆる社会教育施設の利用頻度については，小学校2項目，中学校3項目（すべての質問項目）で，「特に困難を抱える」子どもたちでは Resilient students で利用頻度が高い傾向が認められた。図6-1・6-2 は，そのなかでも利用頻度が相対的に高い図書館の結果を示したものである（他の施設も同様の結果となったが省略する）。

　Resilient students は「ほとんど行かない」（小学校），「行ったことがない」（中学校）と答える割合が少なく，利用頻度も高めに分布しているが，Upper middle 以上の「A層」と比べると頻度が低い傾向がみられる。

表6-5　子どものレジリエンス×保護者の関与（中学校）

		あてはまる	どちらかといえば, あてはまる	どちらかといえば, あてはまらない	あてはまらない
子どもが決まった時刻に起きるよう（起こすよう）にしている	Resilient students	65.8%	28.7%	3.6%	2.0%
	Non-resilient students	60.2%	31.7%	5.3%	2.8%
	A層（Upper middle 以上）	66.1%	28.9%	3.3%	1.6%
	合計	62.8%	30.4%	4.4%	2.3%
毎日子どもに朝食を食べさせている	Resilient students	85.2%	10.6%	3.0%	1.2%
	Non-resilient students	73.2%	16.4%	7.7%	2.7%
	A層（Upper middle 以上）	90.4%	7.1%	1.9%	0.6%
	合計	80.6%	12.4%	5.1%	1.8%
子どものよいところをほめるなどして自信を持たせるようにしている	Resilient students	30.2%	55.7%	13.1%	1.0%
	Non-resilient students	24.4%	57.2%	16.8%	1.5%
	A層（Upper middle 以上）	33.0%	55.3%	11.2%	0.5%
	合計	28.1%	56.4%	14.4%	1.1%
子どもに本や新聞を読むようにすすめている	Resilient students	20.1%	35.3%	35.0%	9.7%
	Non-resilient students	12.5%	31.4%	40.9%	15.2%
	A層（Upper middle 以上）	33.2%	40.1%	21.4%	5.3%
	合計	21.0%	35.0%	33.0%	11.0%
子どもと読んだ本の感想を話し合ったりしている	Resilient students	8.0%	24.2%	43.0%	24.8%
	Non-resilient students	5.2%	17.2%	44.7%	32.9%
	A層（Upper middle 以上）	12.8%	30.3%	38.8%	18.2%
	合計	8.3%	22.7%	42.3%	26.7%
子どもが小さいころ, 絵本の読み聞かせをした	Resilient students	39.1%	36.5%	19.5%	4.9%
	Non-resilient students	31.1%	36.2%	25.3%	7.4%
	A層（Upper middle 以上）	58.4%	27.6%	11.4%	2.6%
	合計	42.2%	32.9%	19.5%	5.4%
子どもと何のために勉強するかについて話している	Resilient students	31.0%	44.4%	19.3%	5.2%
	Non-resilient students	24.7%	45.7%	23.3%	6.3%
	A層（Upper middle 以上）	40.1%	44.2%	13.3%	2.4%
	合計	31.1%	45.0%	19.2%	4.7%
計画的に勉強するよう子どもに促している	Resilient students	28.1%	46.7%	19.9%	5.3%
	Non-resilient students	21.4%	48.0%	23.8%	6.9%
	A層（Upper middle 以上）	40.6%	45.1%	11.3%	3.0%
	合計	29.3%	46.8%	18.7%	5.2%
子どもが外国語や外国の文化に触れるよう意識している	Resilient students	12.3%	26.5%	43.1%	18.1%
	Non-resilient students	7.8%	18.6%	47.7%	25.9%
	A層（Upper middle 以上）	21.3%	30.3%	38.3%	10.1%
	合計	13.4%	23.6%	43.7%	19.3%

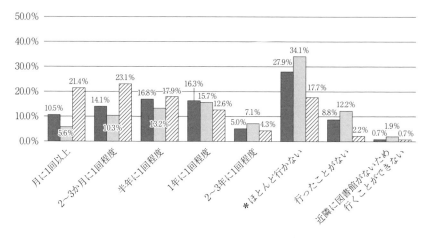

図6-1　子どものレジリエンス×図書館利用頻度（小学校）

＊のついた項目は Resilient students と Non-resilient students で 5%ポイント以上の差があるもの

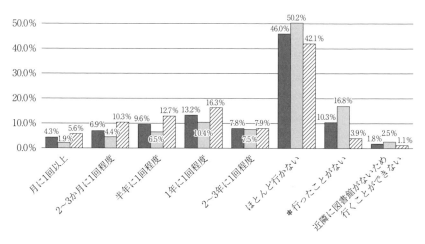

図6-2　子どものレジリエンス×図書館利用頻度（中学校）

＊のついた項目は Resilient students と Non-resilient students で 5%ポイント以上の差があるもの

表6-6　子どものレジリエンス×会話の内容（小学校）

		あてはまる	どちらかといえば，あてはまる	どちらかといえば，あてはまらない	あてはまらない
勉強や成績のことについて話をする（子どもから）	Resilient students	**40.5%**	39.3%	17.9%	2.4%
	Non-resilient students	29.3%	41.3%	**24.9%**	4.5%
	A層（Upper middle 以上）	43.7%	38.9%	15.7%	1.8%
	合計	35.8%	40.2%	20.7%	3.3%
勉強や成績のことについて話をする（保護者から）	Resilient students	**37.8%**	44.1%	15.9%	2.3%
	Non-resilient students	31.9%	**49.6%**	16.6%	1.9%
	A層（Upper middle 以上）	44.7%	43.1%	11.4%	0.8%
	合計	37.4%	46.6%	14.5%	1.5%
地域や社会の出来事やニュースについて話をする（子どもから）	Resilient students	**27.0%**	41.1%	26.0%	5.8%
	Non-resilient students	19.6%	43.8%	29.6%	7.0%
	A層（Upper middle 以上）	30.4%	44.5%	22.4%	2.7%
	合計	24.4%	43.9%	26.5%	5.2%

表6-7　子どものレジリエンス×会話の内容（中学校）

		あてはまる	どちらかといえば，あてはまる	どちらかといえば，あてはまらない	あてはまらない
勉強や成績のことについて話をする（子どもから）	Resilient students	**43.6%**	38.6%	15.8%	2.0%
	Non-resilient students	28.7%	39.7%	**25.3%**	6.2%
	A層（Upper middle 以上）	42.1%	38.3%	17.2%	2.4%
	合計	34.8%	39.1%	21.6%	4.5%
勉強や成績のことについて話をする（保護者から）	Resilient students	**44.3%**	44.2%	10.5%	1.0%
	Non-resilient students	38.8%	48.9%	10.8%	1.6%
	A層（Upper middle 以上）	47.5%	43.9%	7.9%	0.7%
	合計	42.5%	46.7%	9.6%	1.2%
将来や進路についての話をする（子どもから）	Resilient students	**33.7%**	40.3%	22.2%	3.8%
	Non-resilient students	27.1%	40.4%	26.3%	6.3%
	A層（Upper middle 以上）	30.2%	41.1%	24.4%	4.3%
	合計	28.7%	40.7%	25.3%	5.3%

（3）子どもとの会話の様子

　子どもとの会話で Resilient students の保護者に特徴的なことがらは，勉強や成績について話をする割合が高い点にある（表6-6・表6-7）。ただしこれは，子どもが高学力層であるために単に学業に関する話題が選好されている可能性が高い。

　小学校では保護者から「地域や社会の出来事やニュース」について話す傾向

表6-8　子どものレジリエンス×進学期待（小学校）

		中学校まで	高等学校・高等専修学校まで	専門学校まで	短期大学・高等専門学校まで	大学まで	大学院まで	その他	分からない
あなたは，お子さんにどの段階の学校まで進んでほしいと思っていますか	Resilient students	0.0%	22.5%	11.0%	7.4%	48.8%	1.7%	2.6%	5.9%
	Non-resilient students	0.2%	37.7%	13.4%	7.2%	32.8%	0.7%	1.6%	6.3%
	A層（Upper middle 以上）	0.0%	1.5%	1.6%	2.9%	83.7%	6.1%	1.5%	2.5%
	合計	0.1%	22.2%	8.5%	5.5%	54.4%	2.9%	1.6%	4.8%

表6-9　子どものレジリエンス×進学期待（中学校）

		中学校まで	高等学校・高等専修学校まで	専門学校まで	短期大学・高等専門学校まで	大学まで	大学院まで	その他	分からない
あなたは，お子さんにどの段階の学校まで進んでほしいと思っていますか	Resilient students	0.0%	16.9%	6.8%	7.3%	62.7%	1.1%	1.8%	3.4%
	Non-resilient students	0.2%	46.5%	14.4%	6.9%	26.7%	0.3%	1.4%	3.5%
	A層（Upper middle 以上）	0.0%	1.6%	1.6%	2.4%	86.2%	5.1%	1.3%	1.7%
	合計	0.1%	27.2%	8.9%	5.2%	52.2%	2.2%	1.4%	2.8%

が強く，中学校では子どもから「進路や将来についての話をする」傾向がある（この傾向も成績の良さに起因するように思われる）。これまで検討した項目と比べると，Upper middle以上の「A層」とResilient studentsの差異は大きくない。

(4) 子どもの進学に対する期待

表6-8・表6-9は進学期待を比較したものである。小学校・中学校の両方で，Resilient studentsの保護者は大学進学を期待する割合が高い。中学校段階になるとこの差が一層拡大し，Non-resilient studentsの保護者は「大学まで」と答える割合が低くなり「高等学校・高等専修学校まで」「専門学校まで」と回答する割合が高まる。

この項目はResilient studentsとUpper middle以上の「A層」の違いが非常に大きく，ゆとりある層では大学進学が事実上の標準とされていることが分かる（小学校で83.7%・中学校で86.2%の保護者が「大学まで」を選択している）。

進学期待は子どもの学力水準の違いによっても生まれるが，家庭的背景による影響の強さをうかがわせる結果である。

(5) 習い事の有無

保護者質問紙調査データからは，学習塾やそれに相当する学校外教育サービスの利用状況については，Resilient students と Non-resilient students に顕著な差は見られなかった。利用した時期を捨象し，塾等の利用率を「習っていない」の割合から算出[2]すると，Resilient students で 36.6％（小学校）と 62.6％（中学校），Non-resilient students では 38.4％（小学校）と 60.4％（中学校）で，ほとんど同様の結果であった。差はないものの，Lowest に区分されるグループでも中学校段階では 6 割程度の生徒が塾を利用している点は興味深く，高校入試が家計に負担を強いるものになっていることを窺わせる結果である（図表は省略）。

また，当然かもしれないが，ゆとりある高学力層は塾を積極的に利用している。Upper middle 以上の「A 層」の利用率は小学校で 65.6％，この値は中学校段階の Lowest の利用率を上回る水準にある。中学校になると 8 割を越える生徒（80.7％）が塾等に通っており，かれらの高い学力水準が学校外の教育サービスによって支えられている様子が分かる。

通塾等の学校外教育サービスについて，児童生徒質問紙では単に利用の有無だけでなく，どのようなタイプのサービスかについても尋ねている（表6-10・表6-11）。保護者の回答と若干の齟齬はあるものの，児童生徒質問紙から把握できる通塾率についてはこれまで確認してきた点とおおむね同様の傾向がみられる。

塾でどのような内容を学んでいるかについては，Upper middle 以上の「A 層」では小学校の通塾者の 7 割以上，中学校の通塾者の約半数が「学校の勉強より進んだ内容や，難しい内容を勉強している」と回答している。

これに対して，Resilient students と Non-resilient students の通塾者の多くも「学校の勉強より進んだ内容や，難しい内容を勉強している」を選択している。ただし，Non-resilient students は「学校の勉強でよく分からなかった内容を勉強している」，Resilient students では「両方の内容を勉強している」と答える児童生徒が一定数おり，中学校の Resilient students では「両方の内容を勉強している」と答える者が最も多い結果になっている。塾で学ぶ内容にみら

表6-10　子どものレジリエンス×塾等の利用状況（小中学校・児童生徒質問紙）

		学習塾に通っていない	学校の勉強より進んだ内容や，難しい内容を勉強している	学校の勉強でよく分からなかった内容を勉強している	両方の内容を勉強している	両方の内容のどちらともいえない
学習塾（家庭教師を含む）で勉強をしていますか（小学校）	Resilient students	67.7%	17.4%	1.8%	7.8%	5.3%
	Non-resilient students	65.3%	12.5%	8.6%	6.1%	7.6%
	A層（Upper middle 以上）	40.3%	43.8%	1.2%	10.1%	4.6%
	合計	55.4%	25.4%	5.2%	7.8%	6.2%
学習塾（家庭教師を含む）で勉強をしていますか（中学校）	Resilient students	50.9%	19.4%	2.6%	24.7%	2.5%
	Non-resilient students	54.0%	11.6%	9.9%	19.6%	4.8%
	A層（Upper middle 以上）	27.6%	35.5%	2.3%	31.8%	2.7%
	合計	43.6%	21.4%	6.5%	24.6%	3.9%

表6-11　子どものレジリエンス×塾等の利用状況（小中学校・児童生徒質問紙）［通塾者のみ］

		学校の勉強より進んだ内容や，難しい内容を勉強している	学校の勉強でよく分からなかった内容を勉強している	両方の内容を勉強している	両方の内容のどちらともいえない
学習塾（家庭教師を含む）で勉強をしていますか（小学校）	Resilient students	53.8%	5.5%	24.2%	16.4%
	Non-resilient students	36.3%	25.0%	17.7%	22.0%
	A層（Upper middle 以上）	73.3%	2.0%	16.9%	7.7%
	合計	57.0%	11.7%	17.5%	14.0%
学習塾（家庭教師を含む）で勉強をしていますか（中学校）	Resilient students	39.5%	5.2%	50.3%	5.1%
	Non-resilient students	25.2%	21.6%	42.6%	10.5%
	A層（Upper middle 以上）	49.1%	3.2%	43.9%	3.8%
	合計	37.9%	11.6%	43.7%	6.9%

れるこうした特徴は，後述するように，授業の復習を重視する Resilient students の学習スタイルと符合する興味深い結果である。

　塾以外の習い事についてはどうだろうか。図6-3・6-4 は芸術文化活動の習い事，図6-5・図6-6 は英語に関する習い事を小中別に整理したものである（利用時期は複数回答のため，各項目の回答を合算すると 100% を超える）。

　通塾等と同様，Upper middle 以上の「A層」との違いが顕著だが，Resilient students は Non-resilient students よりも習い事を利用する割合が高い傾向にある（「習っていない」と回答する割合が少ない）。

　また，教科の学習との関連が強い英語の習い事と比較すると，芸術文化に関わる活動（具体例はピアノ・舞踊・絵画等）は就学前から利用している者が Re-

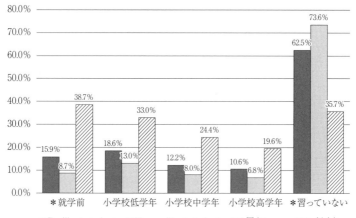

図6-3　レジリエンス×芸術文化活動（小）

＊のついた項目は Resilient students と Non-resilient students で5％ポイント以上の差があるもの

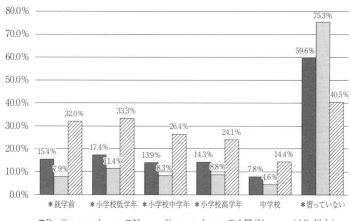

図6-4　レジリエンス×芸術文化活動（中）

＊のついた項目は Resilient students と Non-resilient students で5％ポイント以上の差があるもの

silient students のほうが小中ともに多く，より早い時期から非言語的な諸活動を積極的に行うことがレジリエンスの発揮と関連している。この結果は，後に触れる子どもたちの「非認知スキル」の観点から見ても興味深い。

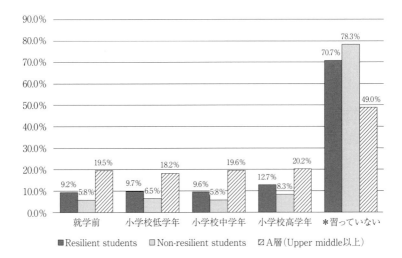

図6-5 レジリエンス×英語関連活動（小）

＊のついた項目は Resilient students と Non-resilient students で5％ポイント以上の差があるもの

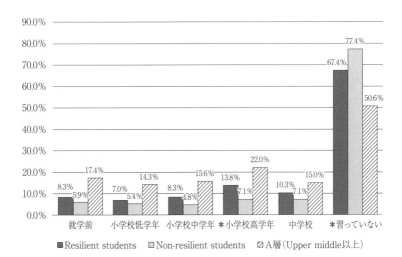

図6-6 レジリエンス×英語関連活動（中）

＊のついた項目は Resilient students と Non-resilient students で5％ポイント以上の差があるもの

表 6-12　子どものレジリエンス×学校との関わり（小学校）

		よくする	時々する	あまりしない	まったくしない
PTA 活動や保護者会などへの参加	Resilient students	**37.6%**	38.5%	18.1%	5.8%
	Non-resilient students	31.8%	36.2%	**23.4%**	8.7%
	A層（Upper middle 以上）	49.9%	35.7%	12.2%	2.2%
	合計	39.4%	36.1%	18.6%	5.9%

表 6-13　子どものレジリエンス×学校との関わり（中学校）

		よくする	時々する	あまりしない	まったくしない
授業参観や運動会などの学校行事への参加	Resilient students	**53.5%**	33.2%	10.4%	2.9%
	Non-resilient students	44.9%	36.4%	15.2%	3.5%
	A層（Upper middle 以上）	63.7%	28.5%	6.7%	1.0%
	合計	52.8%	33.2%	11.6%	2.5%
PTA 活動や保護者会などへの参加	Resilient students	**27.9%**	**38.8%**	23.2%	10.1%
	Non-resilient students	21.3%	33.6%	**30.6%**	14.5%
	A層（Upper middle 以上）	37.2%	40.1%	18.6%	4.1%
	合計	27.9%	36.4%	25.5%	10.2%

(6) 保護者による学校との関わり

　今回のデータでは，地域の活動や学校と地域との連携・協働に関わる活動への関与については，Resilient students と Non-resilient students の保護者で大きな違いはみられなかった。他方で学校の教育活動への関与については，Resilient students の保護者により積極的な姿勢が認められた。小学校では PTA や保護者会への参加，中学ではこれに加えて学校行事への参加を「よくする」と回答する傾向が特徴的である。学校外教育サービスの利用に経済的な制約があるために，学校との関係を密にとろうとしているのかもしれない（表6-12・表6-13）。

(7) 蔵書数

　図 6-7・図 6-8 は，自宅にある蔵書数（子ども向けの本）を比較したものである。子ども向けの本を除外した蔵書数についても同様の傾向が認められたため，こちらについては図表を省略する。

　SES が Lowest に区分されるグループは，どちらも「0 〜 10 冊」が最頻値で分布の形も似ており，Upper middle 以上の「A 層」の回答傾向とかなりの違

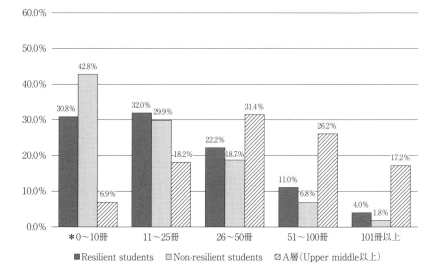

図6-7 子どものレジリエンス×子ども向けの本・蔵書数（小学校）

＊のついた項目は Resilient students と Non-resilient students で5%ポイント以上の差があるもの

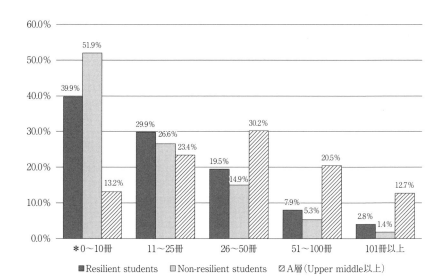

図6-8 子どものレジリエンス×子ども向けの本・蔵書数（中学校）

＊のついた項目は Resilient students と Non-resilient students で5%ポイント以上の差があるもの

いがある。しかしながら，Resilient students の家庭では「0～10冊」と回答する割合が Non-resilient students よりも顕著に低く，「11～25冊」から「101冊」までの他の項目ではあてはまると回答する割合が高くなっている。こうした結果からは，リソースに制約があるなかで，なるべく多くの本を保持しようとする姿勢が Resilient students の家庭にあることがうかがえる。

(8) 保護者の最終学歴

　Q18の蔵書以外の設問で，家族のことについて尋ねた項目で小学校・中学校の両方で Resilient students と Non-resilient students の間に違いがみられた結果は，母親（またはそれに代わる方）が従事する職業と，保護者の最終学歴であった。

　Resilient students の母親は，Non-resilient students と比較すると「事務的な仕事」に従事する者の割合が小学校で26.5％［Resilient］・20.1％［Non-resilient：以下同様］，中学校で27.4％・19.5％と高く，中学校では「サービスの仕事」に従事する割合が低い（23.7％・29.6％）が，その他の職業については大きな違いはみられなかった（図表は省略）。

　保護者の最終学歴の違いをまとめたものが，表6-14・表6-15である。

　そもそも Resilient students と Non-resilient students は Lowest SES に区分されるため，両者の違いよりもかれらと Upper middle 以上の層との違いが大きい。具体的には，Upper middle 以上は女性が短大・高専・専門学校卒，男性は大卒の比率が最も高いのに対し，Resilient／Non-resilient students は高校・高等専修学校卒業者が多数を占めている。

　そのうえで先に示した2つの表をみてみると，Resilient students と Non-resilient students の間に少なからぬ違いがあることに気づく。両方とも高卒程度の学歴獲得者がマジョリティである点は共通するが，Non-resilient students は父母ともに「小学校・中学校」卒業者が多い点が特徴的である。

　この結果は，Non-resilient students の保護者に義務教育のみの修了者，あるいは後期中等教育段階で中途退学した者が多いことを意味している。実際にそのような連関があるのかについてはさらなる検討を要するが，保護者の世代における中退問題への対応が，子ども世代が学力面でレジリエンスを発揮するかどうかに影響を与えることを示唆する，興味深い結果である。

表6-14 子どものレジリエンス×保護者の最終学歴 (小学校)

		小学校・中学校	高等学校・高等専修学校	短期大学・高等専門学校・専門学校	大学	大学院
父親（または父親に代わる方）の最終学歴	Resilient students	15.9%	**76.2%**	7.2%	0.7%	0.0%
	Non-resilient students	**23.7%**	69.8%	6.0%	0.6%	0.0%
	A層（Upper middle 以上）	0.1%	8.8%	12.1%	65.9%	13.2%
	合計	12.6%	42.7%	8.8%	29.9%	5.9%
母親（または母親に代わる方）の最終学歴	Resilient students	8.7%	**83.7%**	7.4%	0.2%	0.0%
	Non-resilient students	**16.4%**	77.0%	6.6%	0.1%	0.0%
	A層（Upper middle 以上）	0.0%	8.3%	45.7%	42.9%	3.0%
	合計	9.2%	49.5%	22.6%	17.5%	1.2%

表6-15 子どものレジリエンス×保護者の最終学歴 (中学校)

		小学校・中学校	高等学校・高等専修学校	短期大学・高等専門学校・専門学校	大学	大学院
父親（または父親に代わる方）の最終学歴	Resilient students	16.6%	**80.1%**	2.5%	0.8%	0.0%
	Non-resilient students	**23.4%**	73.4%	2.7%	0.5%	0.0%
	A層（Upper middle 以上）	0.1%	13.0%	14.0%	63.5%	9.5%
	合計	12.6%	46.6%	7.8%	28.8%	4.3%
母親（または母親に代わる方）の最終学歴	Resilient students	7.7%	**89.6%**	2.7%	0.1%	0.0%
	Non-resilient students	**14.6%**	82.6%	2.8%	0.0%	0.0%
	A層（Upper middle 以上）	0.0%	12.0%	52.4%	33.8%	1.7%
	合計	8.4%	55.0%	22.5%	13.4%	0.7%

　これまでの結果を振り返ると，Resilient students の保護者は，Non-resilient students の保護者と比べ，子どもの好奇心を引き出したり，学習活動を促したりするような働きかけを積極的に行っていた。学校以外の習い事を利用する割合も多く，行事やPTA活動に参加する等，学校教育に対する親和的な姿勢を基盤にした「教育熱心さ」が特徴だと言えるだろう。

　Upper middle 以上の高学力層と比較すると「熱心さ」の度合いが相対的に弱く，子どもの教育に割けるリソースにも制約があるものの，経済的・文化的な資源が相対的に少ない状況のなかで，比較的ゆとりのある層になるべく近い子育て環境を整える姿勢が不利な状況における学力形成を支えている。

　あくまでも単純な比較によるものであるが，保護者調査のデータからはこのような像が浮かび上がってきた。

4. 児童生徒質問紙調査データにみられる差異
——「非認知スキル」に着目した分析

　この節では，児童生徒質問紙のデータをもとに，レジリエンスを発揮した子どもにはどのような特徴がみられるのかを検討する。特に，子どもたちが身につけた「非認知スキル」に着目してみたい。

　経済学者の Heckman（2013）は，経済的に恵まれない 3〜4 歳のアフリカ系の子どもたちを対象に米国で行われた就学前段階の教育プログラム（ペリー就学前プロジェクト）の効果を検証する長期間の追跡調査の結果をもとに，就学前教育の充実を図る政策的な介入には，不利な状況におかれた子どもたちのその後の人生を改善する効果があることを明らかにした。

　かれの議論で重要なポイントは，より早期の介入が望ましいこと，さらには認知能力だけでなく，忍耐力，協調性，計画力などを典型とするいわゆる「非認知スキル」を高める取り組みに，子どものその後の人生を改善する多大な効果があることを実証的に解明した点にある。

　SES が学力に与える影響については，本書での他の章をはじめ，すでに一定の知見が蓄積されているが，学力と同様，あるいは論者によってはそれ以上にその後のライフチャンスを規定すると主張される「非認知スキル（Non-cognitive skills）」の形成に，SES はどの程度の影響を及ぼすのだろうか。

　また，学力のような認知能力（Cognitive skills）と「非認知スキル」はそれぞれ異なる性格をもつとされているが，両者はどのように関連しあっているのだろうか。

　以下では，3 つの変数間の関係を確認したうえで，保護者のどのような働きかけが「非認知スキル」を高める効果をもつかについて若干の検討を加えたい。

(1) 子どもの「非認知スキル」

　子どもたちの「非認知スキル」を把握するため，今回は児童生徒質問紙の設問から，このスキルと関連する八つの項目を選び，主成分分析をかけて合成変数（成分得点）を算出したところ，小・中学校とも全体の分散の 39.9％ を説明する一次元性の高い尺度が得られた。算出に用いた元の設問と因子負荷量（主

表 6-16 「非認知スキル」尺度算出に用いた変数と因子負荷量 （小学校）

非認知スキル算出に用いた設問	因子負荷量
ものごとを最後までやり遂げて，うれしかったことがある	0.616
難しいことでも，失敗を恐れないで挑戦している	0.665
自分には，よいところがあると思う	0.615
友達の前で自分の考えや意見を発表することは得意だ	0.638
友達と話し合うとき，友達の話や意見を最後まで聞くことができる	0.496
友達と話し合うとき，友達の考えを受け止めて，自分の考えを持つことができる	0.679
学級会などの話合いの活動で，自分とは異なる意見や少数意見のよさを生かしたり，折り合いをつけたりして話し合い，意見をまとめている *	0.684
学級みんなで協力して何かをやり遂げ，うれしかったことがある *	0.641

「あてはまる」＝ 4 点，「どちらかといえば，あてはまる」＝ 3 点，「どちらかといえば，あてはまらない」＝ 2 点，
「あてはまらない」＝ 1 点を与え，算出
＊の項目は「そう思う」＝ 4 点，「どちらかといえばそう思う」＝ 3 点，「どちらかといえばそう思わない」＝ 2 点，「そう思わない」＝ 1 点にカウントした
上記 8 項目から算出したクロンバックの a 係数は 0.780

表 6-17 「非認知スキル」尺度算出に用いた変数と因子負荷量 （中学校）

非認知スキル算出に用いた設問	因子負荷量
ものごとを最後までやり遂げて，うれしかったことがある	0.610
難しいことでも，失敗を恐れないで挑戦している	0.687
自分には，よいところがあると思う	0.643
友達の前で自分の考えや意見を発表することは得意だ	0.638
友達と話し合うとき，友達の話や意見を最後まで聞くことができる	0.518
友達と話し合うとき，友達の考えを受け止めて，自分の考えを持つことができる	0.679
学級会などの話合いの活動で，自分とは異なる意見や少数意見のよさを生かしたり，折り合いをつけたりして話し合い，意見をまとめている　*	0.650
学級みんなで協力して何かをやり遂げ，うれしかったことがある *	0.609

「あてはまる」＝ 4 点，「どちらかといえば，あてはまる」＝ 3 点，「どちらかといえば，あてはまらない」＝ 2 点，
「あてはまらない」＝ 1 点を与え，算出
＊の項目は「そう思う」＝ 4 点，「どちらかといえばそう思う」＝ 3 点，「どちらかといえばそう思わない」＝ 2 点，「そう思わない」＝ 1 点にカウントした
上記 8 項目から算出したクロンバックの a 係数は 0.779

成分負荷量）は表 6-16・表 6-17 に示す通りである。

「非認知スキル」尺度得点と保護者の SES，そして子どもの学力（国語・算数／数学 AB 問題の総正答率）との相関は，表 6-18・表 6-19 にみる通りである。

小学校における学力テスト間の相関係数は，およそ 0.6 〜 0.7 と中程度の正

表 6-18　SES・「非認知スキル」・学力間の相関係数（小学校）

	国語A 正答率	国語B 正答率	算数A 正答率	算数B 正答率	非認知 スキル	SES
国語A正答率	1					
国語B正答率	0.63	1				
算数A正答率	0.65	0.62	1			
算数B正答率	0.59	0.63	0.68	1		
非認知スキル	0.23	0.22	0.24	0.22	1	
SES	0.29	0.30	0.34	0.35	0.15	1

すべてのセルで p.<0.001

表 6-19　SES・「非認知スキル」・学力間の相関係数（中学校）

	国語A 正答率	国語B 正答率	数学A 正答率	数学B 正答率	非認知 スキル	SES
国語A正答率	1					
国語B正答率	0.77	1				
数学A正答率	0.74	0.68	1			
数学B正答率	0.66	0.62	0.80	1		
非認知スキル	0.17	0.17	0.20	0.18	1	
SES	0.31	0.28	0.40	0.36	0.10	1

すべてのセルで p.<0.001

の相関（他もすべて正の相関関係にある），中学校では数学Aと数学B，国語A
と国語Bの相関係数が約 0.8 と，教科内の相関が強い点が特徴だが他はおおむ
ね小学校と同様の結果である。

　非認知スキルと学力の相関係数は小中学校とも 0.2 前後の弱い相関（小学校
のほうがやや係数が大きい），SESと学力の相関係数はおよそ 0.3 〜 0.4 で中程度
の相関がある。

　他方で，非認知スキルとSESの間にはほとんど相関が認められない（小学校
の相関係数は 0.15，中学校では 0.10）。

　このことは，SESが相対的に低い場合でも，もし非認知スキルを高めること
ができれば，学力を一定程度押し上げる可能性があることを示唆している。こ
の点を確認するために，SESと非認知スキルを独立変数，学力（国語・算数／数
学 AB 問題の総正答率）を従属変数にした重回帰分析を行った（表 6-20・表 6-21）。

表 6-20　学力に SES と「非認知スキル」が与える影響（小学校）

	B	SE	ベータ
定数（切片）	66.775	0.017	
非認知スキル尺度得点	4.318	0.019	0.213 ***
SES スコア	6.194	0.017	0.344 ***
調整済み R 二乗値	0.186		

（従属変数：国語 AB・算数 AB 問題の総正答率）　*** p.<0.001

表 6-21　学力に SES と「非認知スキル」が与える影響（中学校）

	B	SE	ベータ
定数（切片）	67.330	0.018	
非認知スキル尺度得点	3.518	0.020	0.164 ***
SES スコア	7.130	0.018	0.374 ***
調整済み R 二乗値	0.179		

（従属変数：国語 AB・数学 AB 問題の総正答率）　*** p.<0.001

　SES スコアと比べると標準化回帰係数（ベータ）の値が小さいが，保護者の社会経済的背景を統制したうえでも，「非認知スキル」に学力を上げる独自の効果が認められ，上記の可能性を裏づける結果が得られた。

　子どもたちが発揮するレジリエンスと「非認知スキル」とがどのような関係にあるのかを探るため，「非認知スキル」尺度の算出に用いた個別の質問項目を比較してみた（表 6-22・表 6-23）。

　小学校では 8 項目すべて，中学校では 5 項目の設問で，Resilient students が Non-resilient students よりも「あてはまる」（「どちらかといえばあてはまる」）と回答する傾向が強く，Upper middle 以上の A 層との違いもそれほどない。学力と「非認知スキル」には弱い正の相関関係が認められ，「非認知スキル」と SES との相関はほぼないという先ほどの分析結果とも整合的である。

　「非認知スキル」があるから学力が高いのか，その逆なのかは定かではない（おそらく相互に影響しあっている）が，ものごとを最後までやり遂げる姿勢や，異なる考えをもつ他者とコミュニケーションする能力はレジリエンスの発揮と関連しているようである。

表6-22　子どものレジリエンス×「非認知スキル」（小学校）

		あてはまる	どちらかといえば、あてはまる	どちらかといえば、あてはまらない	あてはまらない
ものごとを最後までやり遂げて、う れしかったことがある	Resilient students	77.9%	19.6%	2.3%	0.2%
	Non-resilient students	67.3%	25.2%	5.6%	1.8%
	A層（Upper middle 以上）	82.9%	14.8%	1.7%	0.6%
	合計	74.3%	20.7%	3.9%	1.2%
難しいことでも、失敗を恐れないで 挑戦している	Resilient students	26.3%	54.8%	17.4%	1.6%
	Non-resilient students	25.0%	47.6%	23.0%	4.4%
	A層（Upper middle 以上）	30.6%	52.9%	15.1%	1.5%
	合計	27.3%	50.2%	19.5%	3.1%
自分には、よいところがあると思う	Resilient students	39.2%	42.5%	12.6%	5.7%
	Non-resilient students	33.0%	40.0%	17.2%	9.8%
	A層（Upper middle 以上）	46.2%	38.4%	10.9%	4.5%
	合計	38.7%	39.5%	14.4%	7.4%
友達の前で自分の考えや意見を発表 することは得意だ	Resilient students	25.6%	33.6%	29.2%	11.6%
	Non-resilient students	15.6%	27.7%	36.0%	20.7%
	A層（Upper middle 以上）	35.2%	32.5%	24.3%	8.0%
	合計	24.1%	30.0%	30.9%	15.0%
友達と話し合うとき、友達の話や意 見を最後まで聞くことができる	Resilient students	64.8%	32.5%	2.6%	0.0%
	Non-resilient students	56.7%	36.7%	5.5%	1.0%
	A層（Upper middle 以上）	64.3%	31.6%	3.6%	0.4%
	合計	60.3%	34.4%	4.6%	0.7%
友達と話し合うとき、友達の考えを 受け止めて、自分の考えを持つこと ができる	Resilient students	50.8%	40.1%	8.9%	0.2%
	Non-resilient students	36.2%	43.8%	16.8%	3.2%
	A層（Upper middle 以上）	54.5%	38.8%	6.2%	0.5%
	合計	44.5%	41.5%	12.0%	1.9%
授業で学んだことを、ほかの学習や 普段の生活に生かしている	Resilient students	44.0%	45.7%	8.5%	1.8%
	Non-resilient students	31.8%	46.1%	17.7%	4.4%
	A層（Upper middle 以上）	47.6%	42.2%	8.8%	1.5%
	合計	38.9%	44.5%	13.6%	3.1%
学級会などの話合いの活動で、自分 とは異なる意見や少数意見のよさを 生かしたり、折り合いをつけたりし て話し合い、意見をまとめている*	Resilient students	17.6%	42.0%	29.6%	10.7%
	Non-resilient students	10.9%	32.5%	39.3%	17.3%
	A層（Upper middle 以上）	20.9%	43.4%	28.2%	7.5%
	合計	15.3%	37.5%	34.2%	12.9%
学級みんなで協力して何かをやり遂 げ、うれしかったことがある*	Resilient students	67.4%	23.4%	7.0%	2.2%
	Non-resilient students	56.3%	29.0%	10.7%	4.0%
	A層（Upper middle 以上）	68.6%	23.1%	6.2%	2.1%
	合計	61.9%	26.3%	8.6%	3.1%

*は「そう思う」「どちらかといえばそう思う」「どちらかといえばそう思わない」「そう思わない」の割合を示
している

表6-23 子どものレジリエンス×「非認知スキル」（中学校）

		あてはまる	どちらかといえば，あてはまる	どちらかといえば，あてはまらない	あてはまらない
ものごとを最後までやり遂げて，うれしかったことがある	Resilient students	77.3%	19.1%	3.0%	0.5%
	Non-resilient students	69.6%	24.0%	5.0%	1.4%
	A層（Upper middle 以上）	80.1%	16.7%	2.6%	0.7%
	合計	74.1%	20.9%	3.9%	1.1%
友達の前で自分の考えや意見を発表することは得意だ	Resilient students	18.9%	36.5%	32.6%	11.9%
	Non-resilient students	14.4%	30.1%	36.6%	18.8%
	A層（Upper middle 以上）	24.2%	36.5%	29.5%	9.8%
	合計	18.5%	33.0%	33.6%	14.9%
友達と話し合うとき，友達の考えを受け止めて，自分の考えを持つことができる	Resilient students	48.8%	43.2%	7.5%	0.6%
	Non-resilient students	38.3%	46.3%	13.6%	1.8%
	A層（Upper middle 以上）	50.3%	42.7%	6.3%	0.7%
	合計	43.6%	44.7%	10.4%	1.3%
授業で学んだことを，ほかの学習や普段の生活に生かしている	Resilient students	26.9%	52.2%	19.0%	1.8%
	Non-resilient students	18.5%	47.7%	28.0%	5.8%
	A層（Upper middle 以上）	29.6%	49.9%	17.7%	2.7%
	合計	23.3%	48.9%	23.5%	4.4%
学級会などの話合いの活動で，自分とは異なる意見や少数意見のよさを生かしたり，折り合いをつけたりして話し合い，意見をまとめている＊	Resilient students	12.7%	36.4%	35.9%	15.0%
	Non-resilient students	7.9%	26.3%	38.9%	26.9%
	A層（Upper middle 以上）	14.6%	35.2%	35.6%	14.6%
	合計	10.8%	30.4%	37.5%	21.4%
学級みんなで協力して何かをやり遂げ，うれしかったことがある＊	Resilient students	64.2%	25.3%	7.8%	2.7%
	Non-resilient students	58.6%	26.3%	9.7%	5.4%
	A層（Upper middle 以上）	65.7%	23.3%	7.4%	3.6%
	合計	61.7%	25.1%	8.7%	4.6%

＊は「そう思う」「どちらかといえばそう思う」「どちらかといえばそう思わない」「そう思わない」の割合を示している

(2) 保護者による関与は子どもの「非認知スキル」を高めるのか？

では，どのような働きかけがあれば，子どもたちの「非認知スキル」が高まるのだろうか？

この問いを探究するために，保護者質問紙調査から子どもへの関与について尋ねた質問項目に着目し，どのような関わり方が「非認知スキル」の向上につながるのかを検討してみよう。SES が高い家庭の保護者ほど，子どもに対して積極的に関与する傾向が認められるので，以下の分析では，SES を統制したうえでも一定の効果が認められる関わり方を探索する。具体的には，保護者の関与に関する質問を独立変数，「非認知スキル」尺度得点を従属変数にした

表 6-24 「非認知スキル」の規定要因（回帰分析・小学校）

	標準化回帰係数（SES統制前）	調整済みR2	標準化回帰係数（SES統制後）	調整済みR2
子供が決まった時刻に起きるよう（起こすよう）にしている	0.071	0.005	0.063	0.028
子供を決まった時刻に寝かせるようにしている	0.080	0.006	0.071	0.029
毎日子供に朝食を食べさせている	0.101	0.010	0.079	0.030
テレビ・ビデオ・DVD を見たり，聞いたりする時間などのルールを決めている	0.119	0.014	0.095	0.033
テレビゲームをする時間を限定している	0.117	0.014	0.096	0.031
携帯電話やスマートフォンの使い方についてルールや約束をつくっている	0.088	0.008	0.073	0.031
子供のよいところをほめるなどして自信を持たせるようにしている	0.115	0.013	0.105	0.035
子供が悪いことをしたらきちんと叱っている	0.078	0.006	0.073	0.029
子供に本や新聞を読むようにすすめている	0.129	0.017	0.092	0.032
子供と読んだ本の感想を話し合ったりしている	0.116	0.013	0.090	0.031
子供が小さいころ，絵本の読み聞かせをした	0.102	0.010	0.073	0.029
子供と何のために勉強するかについて話している	0.111	0.012	0.083	0.031
計画的に勉強するよう子供に促している	0.128	0.016	0.096	0.033
子供が外国語や外国の文化に触れるよう意識している	0.125	0.016	0.090	0.032
子供に努力することの大切さを伝えている	0.149	0.022	0.131	0.041
子供に最後までやり抜くことの大切さを伝えている	0.144	0.021	0.130	0.041
いじめは，どんな理由があってもいけないことだと家庭で話し合っている	0.077	0.006	0.080	0.033
地域社会などでのボランティア活動等に参加するよう子供に促している	0.100	0.010	0.094	0.033

標準化回帰係数が 0.1 以上の項目に網掛けをしている。分散分析の結果はすべて p.<0.001

単回帰分析を行い，その後 SES をこの回帰式に追加した重回帰分析で算出された標準化回帰係数と比較してみた。

　表 6-24，表 6-25 は小中学校別に分析結果をまとめたものである。

　これらの結果から言えることは，次の 3 点である。第一に，調整済み R2 乗値は 0.004 〜 0.041 と非常に小さく（モデルの当てはまりが悪く），「非認知スキル」は今回検討した変数以外の要因から影響を受けている可能性が高い（あるいは今回用いた変数では弁別が難しい）。

　第二に，それでもあえて保護者による関与が「非認知スキル」に与える影響力を比較すると，わずかであるが小学校が中学校よりも標準化回帰係数の値が大きくなる傾向があり，「非認知スキル」の獲得は子どもがより年少の時点の経験によって決まることを窺わせる。先にふれたヘックマンの研究でも，乳幼児期の環境が「非認知スキル」の獲得に大きく影響することが明らかになって

表 6-25 「非認知スキル」の規定要因（回帰分析・中学校）

	標準化回帰係数（SES統制前）	調整済みR2	標準化回帰係数（SES統制後）	調整済みR2
子供が決まった時刻に起きるよう（起こすよう）にしている	0.062	0.004	0.057	0.013
子供を決まった時刻に寝かせるようにしている	0.070	0.005	0.062	0.014
毎日子供に朝食を食べさせている	0.113	0.013	0.101	0.020
テレビ・ビデオ・DVD を見たり，聞いたりする時間などのルールを決めている	0.086	0.007	0.074	0.015
テレビゲームをする時間を限定している	0.082	0.007	0.070	0.014
携帯電話やスマートフォンの使い方についてルールや約束をつくっている	0.067	0.005	0.058	0.014
子供のよいところをほめるなどして自信を持たせるようにしている	0.121	0.015	0.116	0.023
子供が悪いことをしたらきちんと叱っている	0.086	0.007	0.083	0.017
子供に本や新聞を読むようにすすめている	0.068	0.005	0.049	0.012
子供と読んだ本の感想を話し合ったりしている	0.071	0.005	0.058	0.013
子供が小さいころ，絵本の読み聞かせをした	0.067	0.005	0.050	0.013
子供と何のために勉強するかについて話している	0.079	0.006	0.065	0.014
計画的に勉強するよう子供に促している	0.089	0.008	0.073	0.015
子供が外国語や外国の文化に触れるよう意識している	0.114	0.013	0.098	0.019
子供に努力することの大切さを伝えている	0.116	0.013	0.107	0.021
子供に最後までやり抜くことの大切さを伝えている	0.121	0.015	0.114	0.023
いじめは，どんな理由があってもいけないことだと家庭で話し合っている	0.070	0.005	0.072	0.015
地域社会などでのボランティア活動等に参加するよう子供に促している	0.103	0.011	0.102	0.020

標準化回帰係数が 0.1 以上の項目に網掛けをしている。分散分析の結果はすべて p.<0.001

おり，既存の知見と整合する結果である。

　第三に，保護者の SES を統制するとほとんどの項目で標準化回帰係数が小さくなる。この点を確認したうえで，統制後も回帰係数が 0.1 以上の値を示す項目（網掛け）は，小学校では「子どものよいところをほめる等して自信を持たせるようにしている」「子どもに努力することの大切さを伝えている」「子どもに最後までやり抜くことの大切さを伝えている」の 3 項目，中学校では「毎日子どもに朝食を食べさせている」「子どものよいところをほめる等して自信を持たせるようにしている」「子どもに努力することの大切さを伝えている」「子どもに最後までやり抜くことの大切さを伝えている」「地域社会等でのボランティア活動等に参加するよう子どもに促している」の 5 項目であった。ほめて自信を持たせる，努力や最後までやり抜くことの大切さを伝える関わりには，小中ともに「非認知スキル」を高める独立した影響があるのかもしれない。

ただし，繰り返しになるが第二，第三の結果はあてはまりの悪いモデルから導出された相対的な差異に過ぎない。今回の分析はあくまでも探索的なもので，「非認知スキル」を高める要因については，今後もさらなる検討を重ねなければ確かなことは言えない。

(3)　学習時間と読書時間

　「非認知スキル」以外の子どもたちの行動特性とレジリエンスはどのように結びついているのだろうか。生活時間や放課後・土曜日の過ごし方を検討すると，小中学校の両方で，Resilient students は Non-resilient students よりも勉強や読書をして過ごすと回答する割合が高く，放課後や土曜日に「友達と遊んでいる」と答える割合が低い。例えば，土曜日の午前中から友達と遊ぶと回答する者は，小学校で 32.1％［Resilient］・44.0％［Non-resilient：以下同様］，中学校では 21.3％・29.8％である（午後はどのカテゴリも「友達と遊ぶ」と回答する割合が高まり，小学校では Resilient・Non-resilient の差が無くなる）。また，中学校では，部活に参加していると回答する割合が高い点も特徴である。

　生活時間には（同時並行的に行為しない限り）ある活動に従事するとその間は別なことができない特質があるので，読書や勉強に割く時間が長い Resilient students は，友人と遊ぶ活動が少ないだけでなく，メディア視聴やゲームに割く時間についても Non-resilient students よりも少ない傾向がある。なお，Upper middle 以上の A 層は，Resilient students よりもこれまで述べてきた傾向が顕著である（図表は省略）。

　別の角度から検討するために，次に示す図 6-9・図 6-10・図 6-11・図 6-12 では，勉強や読書等学力形成との関連性が高い活動に割く時間（平日の時間）を比較してみた。

　平日の学習時間は小学校では Resilient students に区分される児童のうち「1時間以上，2 時間より少ない」と回答する者の割合が Non-resilient students よりも 5％ポイント以上高く，中学校では「2 時間以上，3 時間より少ない」を選ぶ割合で同様の違いがみられる。塾等の学校外教育サービスの利用時間も含まれているため，Upper middle 以上の学力 A 層と Resilient/ Non-resilient students の違いが際立つ。別な言い方をすれば，Resilient students は塾等に過度に頼らなくとも一定の学習時間を確保し，そのことがかれらの学力獲得に結び

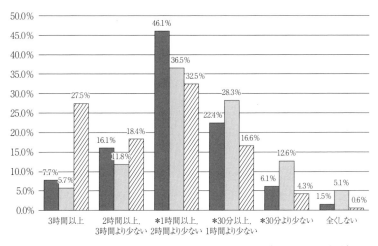

図6-9　レジリエンス×平日学習時間（小）

＊のついた項目は Resilient students と Non-resilient students で5%ポイント以上の差があるもの

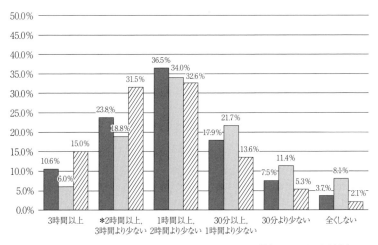

図6-10　レジリエンス×平日学習時間（中）

＊のついた項目は Resilient students と Non-resilient students で5%ポイント以上の差があるもの

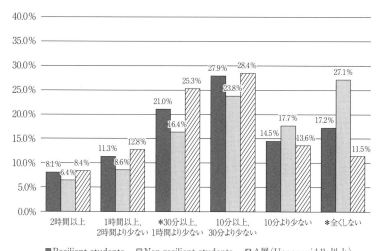

図6-11　レジリエンス×平日読書時間（小）

＊のついた項目は Resilient students と Non-resilient students で5％ポイント以上の差があるもの

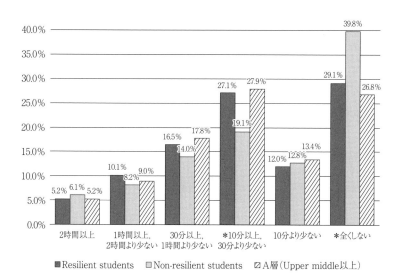

図6-12　レジリエンス×平日読書時間（中）

＊のついた項目は Resilient students と Non-resilient students で5％ポイント以上の差があるもの

ついているのだ。

　読書時間は小中とも Resilient students で「全くしない」を選択する割合が Non-resilient students よりも低く, 小学校では「30 分以上, 1 時間より少ない」, 中学では「10 分以上, 30 分より少ない」を選ぶ割合が高いという結果になった。

　学習時間と比べると, 読書時間については Resilient students と Upper middle 以上の A 層の違いは小さい。図書館などから無料で借りることが可能な活字メディアは, SES が相対的に低い保護者の子どもたちが学力を獲得する際の代替的な資源となっているようである。

　なお, 図表は省略するが, 学校・地域の図書館利用頻度についても同様の結果が得られている。Resilient students と Upper middle 以上の A 層でほとんど差がなく, 小学校で 4 〜 5 割, 中学校では 2 割程度の児童生徒が「月に 1 〜 3 回程度」「週に 1 〜 3 回程度」「だいたい週に 4 回以上」行くと答えている。

(4) 学習スタイルにみられる違い

　学習時間にみられる差だけではなく, そこでどのような活動を行っているのかについても検討する必要がある。表 6-26・表 6-27 は, 学習の方法に関する設問を比較したものである。

　小学校ではすべての項目, 中学校では 3 項目で Resilient students は Non-resilient students よりも学習に関わる行動を行う傾向が強い。Upper middle 以上の A 層との違いも少なく「学校の授業の復習」を「している」と回答する割合は, Resilient students のほうがむしろ高い。授業の復習を重視した学習スタイルは, 経済的な制約で塾等の学校外教育サービスの利用が制限されている Resilient students に特徴的なものだといって良いだろう。学校で習う内容の着実な定着をはかる取り組みが, かれらの高い学力水準の支えとなっていると解釈できる。

　この点と関わって興味深い結果は, 放課後や土曜日の過ごし方を尋ねる際に, 「家でテレビやビデオ・DVD を見たり, ゲームをしたり, インターネットをしたりしている」という項目を選択する割合は, Resilient students のほうが Upper middle 以上の A 層よりも高いことである。メディア視聴時間やゲームの時間は Non-resilient students のほうが長い傾向がある (いわゆるヘビーユーザ

表6-26 子どものレジリエンス×学習スタイル（小学校）

		している	どちらかといえば，している	あまりしていない	全くしていない
自分で計画を立てて勉強している	Resilient students	**36.9%**	33.2%	24.3%	5.7%
	Non-resilient students	24.5%	31.0%	**31.2%**	13.3%
	A層（Upper middle 以上）	41.3%	36.2%	18.5%	4.1%
	合計	32.0%	33.2%	25.6%	9.1%
学校の宿題をしている	Resilient students	**94.2%**	4.7%	0.6%	0.4%
	Non-resilient students	82.3%	**12.6%**	3.9%	1.2%
	A層（Upper middle 以上）	94.3%	4.2%	1.0%	0.4%
	合計	87.9%	8.7%	2.6%	0.8%
学校の授業の予習をしている	Resilient students	17.4%	26.5%	37.2%	18.8%
	Non-resilient students	12.8%	23.5%	39.6%	**24.1%**
	A層（Upper middle 以上）	22.4%	24.7%	32.0%	20.8%
	合計	16.9%	24.2%	36.4%	22.5%
学校の授業の復習をしている	Resilient students	**35.1%**	30.9%	24.2%	9.8%
	Non-resilient students	19.6%	29.8%	**32.0%**	**18.6%**
	A層（Upper middle 以上）	29.1%	30.4%	25.2%	15.3%
	合計	24.4%	30.1%	28.8%	16.7%

表6-27 子どものレジリエンス×学習スタイル（中学校）

		している	どちらかといえば，している	あまりしていない	全くしていない
自分で計画を立てて勉強している	Resilient students	**24.2%**	33.8%	28.8%	13.2%
	Non-resilient students	14.5%	29.2%	**37.6%**	**18.7%**
	A層（Upper middle 以上）	26.8%	34.4%	28.2%	10.6%
	合計	19.9%	31.5%	33.4%	15.2%
学校の宿題をしている	Resilient students	**81.0%**	12.2%	5.1%	1.7%
	Non-resilient students	61.1%	**24.7%**	10.0%	4.2%
	A層（Upper middle 以上）	78.2%	15.5%	4.6%	1.7%
	合計	68.9%	20.4%	7.6%	3.1%
学校の授業の復習をしている	Resilient students	**30.6%**	31.8%	23.8%	13.7%
	Non-resilient students	15.3%	29.7%	**32.6%**	**22.4%**
	A層（Upper middle 以上）	25.8%	32.0%	27.0%	15.2%
	合計	20.3%	30.7%	29.9%	19.1%

ーが多い）が，自由な時間を過ごす際にこれらの映像メディア／パーソナルメディアへの接触を選択する割合は Resilient students も高く，とりわけ土曜日の午後にこのような過ごし方を選ぶ割合は，Resilient students がもっとも高い。具体的には，小学校で78.6%［Resilient］・73.1%［Non-resilient］，63.0%［Upper middle 以上の学力 A 層：以下同様], 中学校では 78.7%・71.2%・70.5%という結果が得られている。全体的にどのカテゴリでも行為率が高く, Upper middle 以上の A 層はこの時間帯に通塾している者が多いため, ある意味では当然の結果ともいえるが, Resilient students にとって, 活字メディアと同様に, これらの映像メディア／パーソナルメディアも, 知的な好奇心を満たし, 学力の獲得に資する代替的な資源として機能している可能性を指摘しておきたい。

　これまで検討した児童生徒質問紙から窺える Resilient students の特徴をまとめると, ①「非認知スキル」の高さ, ②学力獲得に結びつく活動（勉強や読書等）を優先する生活スタイル, ③復習中心の学習スタイル, ④自由時間における映像メディア／パーソナルメディアへの接触と過度な利用を抑制する姿勢の4点に整理できる。

　本章では「特に困難を抱える」と思われる不利な状況におかれながらも, それを克服し一定以上の学力水準を発揮した子どもたちに着目し, レジリエンスを発揮する要因について検討を行ってきた。
　保護者が有するリソースに制約があるなかで, かれらは代替的な資源（学校外の教育サービスに依存せずに学力を獲得する生活スタイル, 復習中心の学習スタイル, 保護者による関わり, など）を活用し, 恵まれた層と遜色のないパフォーマンスを発揮していた。
　他方で, レジリエンスを発揮できない子どもたちの家庭的な背景をみてみると, Non-resilient students の保護者たちには, 義務教育のみの修了者, あるいは後期中等教育段階で中途退学した者が多く, 不利な層のなかでもより厳しい状況におかれている様子がうかがえた。この結果は, 子どもたちがレジリエンスを発揮するためには, 不利な状況にある保護者を下支えする様々な制度上の手立てが必要であることを示唆している。逆境に立ち向かう力は, 厳しいながらもそれなりに安定した環境がなければ十分に発揮することはできず, レジリエンスを可能にする社会的な条件整備が急務であろう。
　今回の検討は主に記述統計をもとにした探索的なものである。前半部分で検討した, 保護者の関わりや家庭で利用可能な資源のあり方は, Resilient students の性格・行動特性の形成に一定程度関連しているように思われるが, 両

者の関係をさらに分析する作業は他日を期したい。

註

1) PISA においては，学力水準において全サンプルの上位 25％，社会経済的
   背景が各国基準で下位 25％に位置する子どもがレジリエンスのあるケース
   と定義されている（OECD 2017）。
2) 「学習塾（家庭教師や，学習習慣などを身に付けるための習い事を含む）に
   ついて，いつ頃まで習っていましたか」との質問に対し，「就学前・小学校
   低学年・小学校中学年・小学校高学年・習っていない」の 5 つの選択肢から，
   あてはまる番号すべてに○を付けさせる形で調査した。

参考文献

阿部彩，2008，『子どもの貧困』岩波書店．

阿部彩，2014，『子どもの貧困 II』岩波書店．

Heckman, James, J., 2013, *Giving Kids a Fair Chance*, MIT Press（= 2015，古
　　草秀子訳『幼児教育の経済学』東洋経済新報社）．

OECD, 2017, *PISA 2015 Results*（*Volume III*）: *Students' Well-Being*, PISA,
　　OECD Publishing.

齊藤和貴・岡安孝弘，2009，「最近のレジリエンス研究の動向と課題」『明治大
　　学心理社会学研究』第 4 号，pp. 73-84.

山野則子編，2019，『子どもの貧困調査』明石書店．

第Ⅱ部

学力格差克服に向けた学校の取り組み
　　──統計分析

第7章

「落ち着いた学習環境」という学校風土は学力を
向上させるのか？

中西　啓喜

1. はじめに：学校風土への注目

　継続的に高い学力をマークしている学校への訪問インタビュー調査を行うと，しばしば「その学校には勉強を頑張る風土がある」などのように聞き取れることがある。また，各学校の取り組みの個別的事例を概観しても，児童生徒の学習意欲向上やいじめ防止などの風土作りを醸成する試みが散見される。

　本書の第15章「成果が上がりつつある学校」に詳しく見られるのだが，学力格差の是正に向けた教育現場における重要な努力が，まず教室を落ち着かせることに向けられるべきである。これは当然のように思われるが，相対的にSESが低位な児童生徒が多くいる学校では，「落ち着いた学習環境」という学校風土を整えることが難しい。

　本章では，こうした聞き取り調査から示唆されるような「落ち着いた学習環境」という学校風土が，学校のSESレベルを考慮した上でも学力にポジティブな影響があるのかどうかを量的分析から明らかにしてみたい。本章の分析において特徴的なのは，平成25年度から平成29年度までの5カ年分の学校を追跡的に調査した学校データを用いる点である。同一の対象を追跡して構築されるデータは「パネルデータ」と呼ばれる。本章では，同一の学校を追跡したパネルデータの分析によって，学校風土が学力に及ぼす因果効果について明らかにすることができるだろう。

2. 公立小中学校を対象とした教育効果検証の困難さ

　日本の公立小中学校を対象に，教育効果の因果効果を検証することは簡単ではない。社会科学の定量的研究は，観察データの分析が主である。そのため，注目する変数間の関連を統計的に示すだけでは，他に考慮すべき要因も多く，因果関係が示されているわけではない（星野 2009，中室・津川 2017）。こうした状況から，石田（2012）は，パネルデータを用いた手法（差分の差モデル，固定効果モデル），反実仮想の枠組み（傾向スコア）を用いることで，社会科学分野での因果推論の精度が向上する可能性を提案している。

　近年の日本の教育効果研究を概観すると，傾向スコアを用いたものが散見される。傾向スコアを用いた教育効果の検証は，アウトカムに学力，学歴，職業，所得などを設定し，共変量を考慮しつつ教育的処置を受けたかどうかでアウトカムの統計的な有意差を確認する。例えば，高等教育の効果を検証するのであれば，高等教育を卒業している人とそうでない人の間で職業達成や所得の差を比較する（石田 2017，浦川・姉川 2015）。高校教育の効果検証であれば，入学難易度や普通科・専門科などランク・タイプの異なる高校に在籍しているかどうかを処置変数として，それぞれの生徒間の進路意識を比較分析する（中西 2018）。小中学校段階であっても，国・私立学校に在籍しているか否かを処置の有無と位置づけ，学校設置者間で学力や進路意識を比較可能である（森 2017）。

　ところが，公立小中学校における教育効果の議論ということになると，「処置」の位置づけが途端に困難になる。それというのも，日本の公立小中学校は，学級規模を基準として教育資源が「平等」に配分されており（苅谷 2009），学力の学校間分散も外国と比較すると極めて同質的である（垂見 2014）。そのため，公立小中学校を対象に傾向スコア分析によって教育効果を検証する際には，処置変数の選定が困難になる[1]。こうした状況を踏まえれば，公立小中学校を対象とした教育効果の因果推論において，パネルデータによる分析アプローチを検討してもよいだろう。そこで本章では，平成25年度から平成29年度に文部科学省によって実施された全国学力・学習状況調査の学校へのパネルデータを用い，教育効果の因果推論を試みる。

3. データと分析戦略

(1) データと変数の概要

1) 使用するデータ

本章で用いるデータは，平成25年度から平成29年度まで5年間を学校単位で追跡したパネルデータである[2]。

全国学力・学習状況調査は，平成19年度からほぼ悉皆調査で行われているが，平成22年度と平成24年度は抽出調査及び希望利用方式で実施され，平成23年度は東日本大震災の影響等を考慮し調査の実施を見送っている[3]。そのため，本章ではほぼ悉皆で継続的に調査されている平成25年度以降のデータの分析を行う。

教育社会学領域でのパネルデータ分析は，児童生徒個人を追跡したものが多い（中西 2017）。しかし，経済学でのパネルデータ分析は企業や自治体を対象としたものにも適用され（樋口・松浦 2003），教育学分野でも自治体を対象としたパネルデータ分析の研究例が見られる（青木ほか 2016）。本章もこうした分析データと軌を一にする。

表7-1は，本章で分析するデータの特徴をまとめたものである。網掛けした部分が，本章での分析ケースである。平成25年度の全国学力・学習状況調査において調査対象となったのは，小6で20624校，中3で10317校であった。これを第一波調査として，その後の5カ年分すべて揃ったデータを抽出し，分析に用いる変数がすべて揃った完全なバランスデータを構築した。その結果の分析ケース数は，小6で16798校，中3で8740校となり，接続率はそれぞれ小6で81.4％，中3で84.7％である。

サンプル脱落の理由にも触れておこう。表7-1で確認できるように，本章で用いるデータではサンプル脱落が約2割である。まず，ローデータの段階ですべての教科の学力スコアが接続するのは，小6で18412ケース（接続率＝89.3％），中3で9059ケース（接続率＝87.8％）であり，この段階で約1割がデータマッチングできない。これは5年間での学校統廃合の影響や，何らかの都合で学力調査に不参加だった学校があったことが想定される。

それ以外の脱落ケースは，異常値を削除した影響であるが，学校アンケート

表7-1　分析データの接続率

	小6				中3			
	総数	国立	公立	私立	総数	国立	公立	私立
A. 平成25年度学校数 （学校基本調査より）	21,131	74	20,836	221	10,628	73	9,784	771
B. 平成25年度学力・ 学習状況調査対象の 学校数	20,624	76	20,448	100	10,317	81	9,878	358
C. 5カ年接続の分析ケ ース数	16,798	68	16,661	69	8,740	56	8,452	232
D. 接続率（C／B）	81.4%	89.5%	81.5%	69.0%	84.7%	69.1%	85.6%	64.8%

出所：中西・耳塚（2019）

調査における異常値は5カ年分ということになると少なくない。完全なバランスデータを構築するために異常値が1つでもあれば，そのケース（学校）は5カ年分すべてのデータが削除されることになる。こうした手続きを取ったため，表7-1のようなデータの接続率となった。

2)　変数の概要

学力スコア

全国学力・学習状況調査は平成19年度より毎年ほぼ悉皆調査で実施されている。本章では，このうち平成25年度から29年度までの5年分を用いる。使用データでは，各学校に割り当てられている国語A，国語B，算数／数学A，算数／数学Bの和を4で割り，一元的な学力スコアを作成した。

学校風土得点

学校風土の測定には，教育心理学の分野などでその測定に特化した尺度が構築されている（伊藤・宇佐美 2017 など）。本章の分析では，調査の設計上の理由からこうした尺度を利用することはできない。そこで代替的に以下の5項目（すべて4件法）の加算変数を標準化し，「落ち着いた学習環境」についての学校風土得点として分析に用いる。

なお，尺度の内的整合性を示すクロンバックの a は，小6 = 0.826，中3 = 0.827 であり，十分に高い数値だと判断できる。

- ■ 調査対象の児童生徒は，熱意をもって勉強している
- ■ 調査対象の児童生徒は，授業中の私語が少なく，落ち着いている
- ■ 調査対象の児童生徒は，礼儀正しい
- ■ 調査対象の児童生徒は，学級やグループでの話合いなどの活動で，自分の考えを相手にしっかりと伝えることができている
- ■ 調査対象の児童生徒は，学級やグループでの話合いなどの活動で，相手の考えを最後まで聞くことができている

学校の社会経済的背景（SES）の変数としての就学援助者の在籍割合

学校の置かれた環境（学校 SES）の把握には，各調査年度で調査された調査対象学年での就学援助者の在籍割合を用いる。学校の就学援助者比率は，各学校における家庭の経済的・文化的な水準を把握する指標であり，学力とも関連することが明らかにされている（Hojo 2011，北條 2012）。分析に際しては，学校質問紙における就学援助者の在籍割合の質問項目の選択肢をそのまま用い，「在籍していない」，「5%未満」，「5%以上，10%未満」，「10%以上，20%未満」，「20%以上，30%未満」，「30%以上，50%未満」，「50%以上」の7カテゴリーである。無回答は「不明」として分析ケースに含めた[4]。

本章で使用する変数の記述統計量は，表 7-2 の通りである。表中の「全体」は，分析ケース全体の各変数の記述統計量を，「学校間」は各変数についての学校間における標準偏差・最小値・最大値を表している（三輪 2013）。

（2）計量経済学における固定効果モデル

本章では計量経済学における固定効果モデル（Fixed Effect Model）を用いる[5]。

固定効果モデルの基本的なイメージは図 7-1 における点線の楕円で囲まれた部分である「観察できない異質性（U）」の影響を除去したうえで，学校風土（X）と学力（Y）の関連を明らかにすることである[6]。

通常の回帰モデルにおいて，従属変数と独立変数との関係をバイアスなく推定するためには，独立変数以外に従属変数と関連がある要素はすべて統制しなければならない。しかし学校の置かれた地理的環境などの特殊性は，実際には指標化が難しく，こうした観察されない異質性は，本来考慮すべき要因にもかかわらずモデルに組み込むことも困難である。そのため従来の回帰分析では，

表 7-2　使用変数の記述統計量

		小6 (N=83990 (16798校))				中3 (N=43698 (8740校))			
		Mean	S.D.	Min.	Max.	Mean	S.D.	Min.	Max.
学力スコア	全体	63.81	6.34	13.85	96.29	63.38	6.77	9.11	98.52
	学校間		4.92	27.96	87.34		5.81	20.83	92.33
学校風土得点	全体	0.00	1.00	-4.51	2.01	0.00	1.00	-4.61	1.86
	学校間		0.63	-2.68	2.01		0.70	-3.15	1.86
就学援助者の在籍割合									
在籍していない	全体	0.10	0.30	0.00	1.00	0.07	0.25	0.00	1.00
	学校間		0.22	0.00	1.00		0.19	0.00	1.00
5%未満	全体	0.15	0.36	0.00	1.00	0.11	0.31	0.00	1.00
	学校間		0.23	0.00	1.00		0.21	0.00	1.00
5%〜10%未満	全体	0.21	0.41	0.00	1.00	0.20	0.40	0.00	1.00
	学校間		0.24	0.00	1.00		0.26	0.00	1.00
10%〜20%未満	全体	0.30	0.46	0.00	1.00	0.34	0.47	0.00	1.00
	学校間		0.28	0.00	1.00		0.32	0.00	1.00
20%〜30%未満	全体	0.14	0.34	0.00	1.00	0.17	0.37	0.00	1.00
	学校間		0.22	0.00	1.00		0.25	0.00	1.00
30%〜50%未満	全体	0.07	0.26	0.00	1.00	0.09	0.29	0.00	1.00
	学校間		0.18	0.00	1.00		0.22	0.00	1.00
50%以上	全体	0.01	0.11	0.00	1.00	0.02	0.13	0.00	1.00
	学校間		0.08	0.00	1.00		0.10	0.00	1.00
不明	全体	0.01	0.09	0.00	1.00	0.01	0.10	0.00	1.00
	学校間		0.04	0.00	0.60		0.04	0.00	0.80

誤差項の中に，観察されない異質性が混在したまま，独立変数と従属変数との関係が推定されていることになる。こうした問題は，パネルデータを利用した固定効果モデルによって対応できることが知られているため，固定効果モデルを用いることで，学校風土が学力スコアに与える影響の推定値を求める。

　パネルデータによる計量経済学的な分析は，プールド回帰モデル，固定効果モデル，ランダム効果モデルそれぞれの推定値を求め，それぞれの推定値について F 検定，Hausman 検定，Breusch-Pagan 検定によって検討することが基本にある。本章の分析ではすべての推定値を検定し，すべての推定値間に有意差が見られたため，固定効果モデルの結果のみを掲載する。

　なお，本パネルデータは学校を追跡しているため，学力調査の難易度と回答者である児童生徒が毎年異なっている。こうした部分はデータの限界のひとつではあるが，分析モデルに調査年度のダミー変数を投入することによって，毎

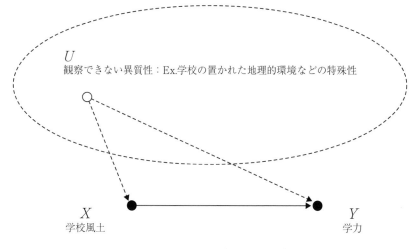

U
観察できない異質性：Ex.学校の置かれた地理的環境などの特殊性

X
学校風土

Y
学力

図7-1　固定効果モデルのイメージ

年の学力テストの難易度と在籍児童生徒が変わることへの対処とする。

　以上を踏まえ，本章では固定効果モデルを適用し，「落ち着いた学習環境」という学校風土が学力に与える影響を推定していく[7]。

4. 分析

(1) 学力と学校風土の相関関係

　ここでは，シンプルな相関係数を示すことで学力スコアと学校風土得点の関連を確認しておこう。相関係数は，2変数間の関連の強さを標準化したものであり，-1から1の間で値を取り，1に近いほど強い相関がある。

　学力スコアと学校風土得点の相関について表7-3を見ると，小6では約0.32～0.35，中3では約0.42～0.46程度の相関係数が観測され，いずれも0.1％水準で統計的に有意な相関であることがわかる。こうした傾向は，毎年の年度および全体としても観測されるため，学力と学校風土には安定的な相関関係があるということである。

　しかし，表7-3の分析結果は，単純な2変数間の相関であり，学校の就学援助率の影響を考慮しておらず，「観察できない異質性」の影響を除去していない。そこで以下の分析では，パネルデータの分析によって，学力と学校風土の

表7-3　学力スコアと学校風土得点の相関係数

	小6	中3
平成25年度	0.336 ***	0.459 ***
平成26年度	0.352 ***	0.465 ***
平成27年度	0.337 ***	0.432 ***
平成28年度	0.330 ***	0.427 ***
平成29年度	0.323 ***	0.420 ***
全体	0.328 ***	0.435 ***

*p<.05　**p<.01　***p<.001

関連を分析していく。

(2) 学校風土に着目した学力スコアの規定要因分析

　ここでは，パネルデータ分析から学力と学校風土の関連を示していく。表7-4は，計量経済学における固定効果モデルによる学力スコアの推定結果である。

　投入した独立変数のうち，学校風土得点に注目すると，小6でも中3でも0.1％水準で統計的に有意である。つまり，「観察されない異質性」や就学援助者の在籍割合を考慮しても，学級風土得点が高い学校ほど学力スコアが高いということである。

　また，就学援助者の在籍割合について確認すると，大まかな傾向としては，就学援助者の在籍割合が多い学校ほど学力スコアが低下することがわかる。推定値を具体的に確認すると，小6の就学援助児童が在籍していない学校に比べて，就学援助率が50％以上の学校は学力スコアが約1.62低いということである。

(3) 学校風土得点の規定要因分析

　先では，学校風土得点が高いと学力スコアが高くなるという傾向を把握した。この結果を踏まえ，ここでは学校風土得点がどのような学校の条件によって左右されているのかを分析していく。

　表7-5は，学校風土得点を従属変数に設定し，就学援助者の在籍割合を独立変数に設定した固定効果モデルによる推定結果である。分析表から読み取れるのは，(1) 就学援助者がいない学校に比べて，就学援助者の在籍割合が10％

表7-4　学力スコアの推定結果（固定効果モデル）

	小6 (N=83990 (16798校))		中3 (N=43698 (8740校))	
	推定値	標準誤差	推定値	標準誤差
学校風土得点	**1.251**	**0.018 *****	**1.191**	**0.023 *****
就学援助者の在籍割合（ref. 在籍していない）				
5%未満	-0.305	0.193	-0.929	0.217 ***
5%以上，10%未満	-0.446	0.074 ***	-0.324	0.114 **
10%以上，20%未満	-0.550	0.072 ***	-0.440	0.111 ***
20%以上，30%未満	-0.857	0.072 ***	-0.734	0.110 ***
30%以上，50%未満	-1.166	0.084 ***	-0.987	0.120 ***
50%以上	-1.624	0.106 ***	-1.323	0.139 ***
不明	-2.097	0.200 ***	-1.596	0.225 ***
調査年度（ref. 平成25年度）				
平成26年度	4.317	0.044 ***	2.108	0.051 ***
平成27年度	1.994	0.044 ***	-0.581	0.051 ***
平成28年度	1.877	0.044 ***	-0.531	0.052 ***
平成29年度	2.083	0.044 ***	2.836	0.052 ***
定数	62.506	0.067 ***	63.301	0.104 ***
R2 (within)	0.182		0.239	
sigma_u	4.550		5.278	
sigma_e	4.045		3.384	
rho	0.559		0.709	

*p<.05　**p<.01　***p<.001

以上の学校になると学校風土得点が低下すること，（2）就学援助者の在籍割合が高い学校ほど学校風土得点が低下すること，の2点である（小6と中3で共通）。

　なお，分析結果を視覚的に把握しやすくするため，推定値から図化したのが図7-2と図7-3である。それぞれの図は，就学援助者の在籍割合と学校風土得点の関連である。これらの図より，就学援助者の在籍割合が高い学校ほど学校風土得点が低下することがわかる。

5.　知見の要約

　本章では，平成25年度から29年度までの学校パネルデータを分析することで，以下の知見を得ることができた（いずれも小6と中3で共通）。

表 7-5 学校風土得点の推定結果（固定効果モデル）

	小6 (N=83990 (16798校))		中3 (N=43698 (8740校))	
	推定値	標準誤差	推定値	標準誤差
就学援助者の在籍割合（ref. 在籍していない）				
5％未満	-0.062	0.041	-0.119	0.050 *
5％以上，10％未満	-0.039	0.016 *	-0.064	0.026 *
10％以上，20％未満	-0.074	0.015 ***	-0.097	0.026 ***
20％以上，30％未満	-0.093	0.015 ***	-0.117	0.026 ***
30％以上，50％未満	-0.128	0.018 ***	-0.158	0.028 ***
50％以上	-0.160	0.023 ***	-0.218	0.032 ***
不明	-0.208	0.043 ***	-0.185	0.052 ***
調査年度（ref. 平成25年度）				
平成26年度	0.009	0.009	0.026	0.012 *
平成27年度	0.076	0.009 ***	0.130	0.012 ***
平成28年度	0.132	0.009 ***	0.215	0.012 ***
平成29年度	0.178	0.010 ***	0.278	0.012 ***
定数	0.002	0.014 ***	-0.013	0.024 ***
R2 (within)	0.009		0.024	
sigma_u	0.619		0.692	
sigma_e	0.868		0.785	
rho	0.337		0.437	

*p<.05　**p<.01　***p<.001

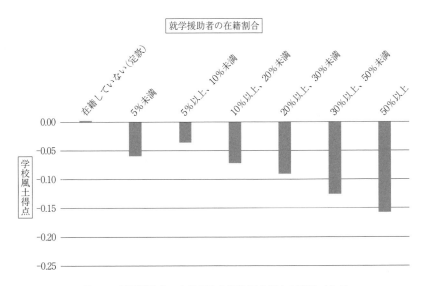

図 7-2 就学援助者の在籍割合と学校風土得点の関連（小6）

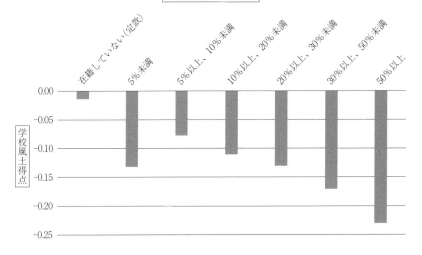

図7-3　就学援助者の在籍割合と学校風土得点の関連（中3）

　まず，学力と学校風土の関連については，学校風土得点が高い学校ほど，学力スコアが高いことが明らかになった。この分析結果は，学校の就学援助者割合や「観察できない異質性」の影響を除去した上での学校風土が学力に与えるポジティブな影響である。

　その一方で，学校の学力スコアについては，在籍する児童生徒の就学援助者の在籍割合が高い学校ほど学力スコアが低下することが分析より示された。学校の平均学力が学校SESによって規定されることが把握できる。

　そして，学校風土についても，就学援助者の在籍割合が高い学校ほど学校風土得点が低下するということが明らかになった。つまり，SESの低い学校ほど，学習環境の整った学校風土の醸成が難しく，学力スコアも上がりにくい，ということである。

　以上のような知見が示唆するのは，相対的にSESの低い児童生徒が多く在校する学校において，「熱意をもって勉強している」，「授業中の私語が少なく，落ち着いている」，「礼儀正しい」，「学級やグループでの話合いなどの活動で，自分の考えを相手にしっかりと伝えることができている」，「学級やグループでの話合いなどの活動で，相手の考えを最後まで聞くことができている」というような学校風土を醸成し，「落ち着いた学習環境」を整えることが重要だとい

うことである。そして，学習環境を整えるという学校風土の醸成とは，それぞれの教師の個人化された努力だけではなく，教員加配，校長のリーダーシップ，教員間の連携などの組織的な努力によって達成されるべきものではある。当然，教員間の連携によって組織風土の形成を後押しするための制度の設計を検討することも重要である。

いずれにしても，児童生徒間の人間関係を良好にし，教室を落ち着かせ，「学習指導以前の問題」を解決していくことは，学力向上にとって非常に重要だということが，本章の分析から明らかにすることができた。

註

1) 日本の中学校を対象とした傾向スコア分析には，須藤（2013）の研究がある。須藤は，習熟度別クラスへの割り当てられを「処置」とみなし，習熟度別クラスの教育効果を検証している。その結果，習熟度別クラスには学力を向上させる効果は観測されていない。
2) データの記述については，中西・耳塚（2019）から大部分を引用している。
3) 文部科学省ホームページより（http://www.mext.go.jp/a_menu/shotou/gakuryoku-chousa/zenkoku/1344101.htm，2019 年 2 月 1 日取得）
4) ただし，平成 25 年度から 28 年度までは 7 つの選択肢だったが，29 年度には「在籍していない」，「5％未満」，「5％以上，10％未満」，「10％以上，15％未満」，「15％以上，20％未満」，「20％以上，25％未満」，「25％以上，30％未満」，「30％以上，50％未満」，「50％以上」，の 9 カテゴリーからの選択となっている。そのため，29 年度の回答のみ他の年度の選択肢に揃えてリコードしている。
5) 計量経済学における固定効果モデルの解説および分析の解釈については，Allison（2009），中澤（2012），青木ほか（2016）を参考にしている。
6) 図 7-1 は，東京大学社会科学研究所 SSJDA 研究成果報告会 2015 において藤原翔が配布した資料より着想を得た。
7) 分析ソフトウェアには，Stata ver. 15 を用いる。

文献

Allison, Paul D., 2009, *Fixed Effects Regression Models*, Sage Publications, Inc.
青木栄一・廣谷貴明・神林寿幸，2016，「学校統廃合の規定要因——固定効果モデルを用いた全国市区のパネルデータ分析」『東北大学大学院教育学研究科研究年報』64(2)，pp. 19-35.
樋口美雄・松浦寿幸，2003，「企業パネルデータによる雇用効果分析——事業組織の変更と海外直接投資がその後の雇用に与える影響」『RIETI Discussion Paper Series』03-J-019，独立行政法人経済産業研究所.

Hojo, Masakazu, 2011, "Education Production Function and Class-Size Effects in Japanese Public Schools," *Global COE Hi-Stat Discussion Paper Series*, Vol. 194, Hitotsubashi University.

北條雅一，2012，「就学援助比率が示すもの――児童・生徒質問紙の分析」国立教育政策研究所『初等中等教育における教育財政に関する調査研究　最終報告書』，pp. 1-64.

石田浩，2012，「社会科学における因果推論の可能性」『理論と方法』27(1)，pp. 1-18.

石田浩，2017，「格差の連鎖・蓄積と若者」石田浩監修・編『格差の連鎖と若者1　教育とキャリア』勁草書房，pp. 35-62.

伊藤亜矢子・宇佐美慧，2017，「新版中学生用学級風土尺度（Classroom Climate Inventory; CCI）の作成」『教育心理学研究』第65巻1号，pp. 91-105.

苅谷剛彦，2009，『教育と平等――大衆教育社会はいかに生成したか』中公新書.

三輪哲，2013，「パネルデータ分析の基礎と応用」『理論と方法』28(2)，pp. 355-366.

森いづみ，2017，「国・私立中学への進学が進学期待と自己効力感に及ぼす影響――傾向スコアを用いた分析」『教育社会学研究』第101集，pp. 247.

中西啓喜，2017，『学力格差拡大の社会学的研究――小中学生への追跡的学力調査結果が示すもの』東信堂.

中西啓喜，2018，「トラッキングが高校生の教育期待に及ぼす影響――パネルデータを用いた傾向スコア・マッチングによる検証」『ソシオロジ』第191号，pp. 41-59.

中西啓喜・耳塚寛明，2019，「固定効果モデルによる学級規模が学力に与える効果推定――全国学力・学習状況調査による学校パネルデータを利用した実証分析」『教育社会学研究』第104集，pp. 215-236.

中室牧子・津川友介，2017，『「原因と結果」の経済学――データから真実を見抜く思考法』ダイヤモンド社.

中澤渉，2012，「なぜパネル・データを分析するのが必要なのか――パネルデータ分析の特性の紹介」『理論と方法』27(1)，pp. 23-40.

須藤康介，2013，『学校の教育効果と階層――中学生の理数系学力の計量分析』東洋館出版社.

垂見裕子，2014，「家庭環境と子どもの学力（2）保護者の関与・家庭の社会経済的背景・子どもの学力」国立大学法人お茶の水女子大学『平成25年度全国学力・学習状況調査（きめ細かい調査）の結果を活用した学力に影響を与える要因分析に関する調査研究』，pp. 59-73.

浦川邦夫・姉川恭子，2015，「大学への進学・卒業が貧困リスクに与える効果――傾向スコア・マッチング法による考察」『統計』66(5)，p. 232.

第8章

教師からの承認・分かるまで教える指導が
学力に与える影響

岡部　悟志

1. 教師の働きかけに着目した背景と本章の目的

　家庭の社会経済的背景（SES）と児童生徒の学力との間には，比較的強い正の相関がある（第1章）。そのような中，第6章（詳細は，山田 2018）では，児童生徒の「非認知スキル」が，SESとやや独立な位置から学力に対して緩やかに正の相関をもつことから，非認知スキルを高める保護者の働きかけに着目した分析が行われた。それによると，非認知スキルとポジティブに関連するいくつかの保護者の働きかけは確認されたものの，その多くはSESの影響に吸収されてしまうこと，またその決定力は弱く，保護者の関わり以外の要因が大きい可能性を示唆すること，またこれらの傾向は，小学生よりも中学生で顕著であることが報告されている。このことは，そもそもSESと容易に分離できない保護者の働きかけの効果に一定の限界性があること，そしてそれは，とりわけ中学生においてあてはまることを示唆しているように思われる。

　他方で，学校における教師から児童生徒への働きかけや指導は，基本的には家庭のSESとは切り離されたパブリックな介入・処置であると位置づけられる。学校におけるさまざまな教育実践の中で，児童生徒の学力とポジティブな関係が想定され，教師としての基本的な資質・能力によって発揮されるものとして，「教師が児童生徒のよいところを認めてくれること」や，「理解が不十分な点を分かるまで教えてくれること」などがある。

　以上を踏まえ本章では，中学生の「学力」（数学Aの正答率）をアウトカム[1]，

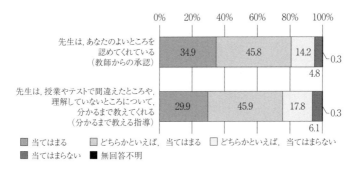

図8-1 「教師からの承認」「分かるまで教える指導」の分布

「教師からの承認」と「分かるまで教える指導」を処置（treatment）とし，その効果を可能な限り厳密に推定する。その上で，他の共変量の限界効果との比較や，SES の水準ごとの傾向なども明らかにすることで，教育実践上の示唆を得ることを目的とする。

2. 教師からの承認・指導の実態と他の変数との関係

(1) 「教師からの承認」「分かるまで教える指導」の実態と「SES」「学力」との関係

① 「教師からの承認」「分かるまで教える指導」の実態

図8-1 は「教師からの承認」「分かるまで教える指導」の分布（全体値）を示している。「教師からの承認」の肯定率（「当てはまる＋どちらかといえば，当てはまる」の合計。以降，単に「肯定（率）」「当てはまる（層）」などと表記）は80.7％，「分かるまで教える指導」の肯定率は75.8％であった。概ね 7 〜 8 割の生徒が，「教師から承認」「分かるまで教える指導」を認識していることがわかる。

② 「SES」と「教師からの承認」「分かるまで教える指導」との関係

生徒による「教師からの承認」「分かるまで教える指導」の肯定率は，家庭の社会経済的状況を表す「SES」の水準によって異なるのだろうか。図8-2・8-3をみると，全体的には，「SES」の水準が高いほど「教師からの承認」「分

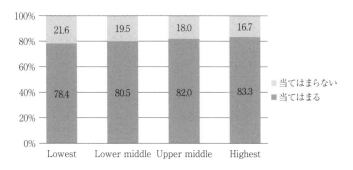

図 8-2　教師からの承認（SES 層別）

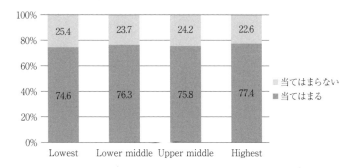

図 8-3　分かるまで教える指導（SES 層別）

かるまで教える指導」の肯定率も高い傾向にあるものの，「Lowest」と
「Highest」との間でも 5 ポイント差以内に留まっていることから，「SES」の
水準によらず，概ね 7 〜 8 割で安定しているともいえる。「SES」の水準によ
って「教師からの承認」「分かるまで教える指導」に大きな落差があるという
よりは，「SES」と「教師からの承認」「分かるまで教える指導」との関連は，
比較的独立性が高いものともいえるかもしれない。

③ 「教師からの承認」「分かるまで教える指導」と「学力」との関係

　「教師からの承認」「分かるまで教える指導」の認知の有無と「学力」の関係
を見たものが表 8-1 である。いずれも，7 ポイント弱の正答率の差があること
がわかる。ただし，これらの単純なポイント差は，他の様々な交絡要因や逆相
関を一切コントロールしていないもののため，真の値よりも過大に評価されて

表 8-1 「学力」（数学 A の正答率）の平均値と差

	教師からの承認	分かるまで教える指導
当てはまる層	65.7	66.1
当てはまらない層	58.9	59.3
差（当てはまる−当てはまらない）	6.8	6.7

注) 小数点第二位を四捨五入して表示しているため，差の数値が見た目の計算と一致しない場合がある。

いると考えられる。そのため，以降の分析を通して，真の値にできるだけ迫るような対応をしていく。

(2) 「潜在学力」「学校環境」と「教師からの承認」「分かるまで教える指導」との関係

① 「潜在学力」と「教師からの承認」「分かるまで教える指導」との関係

　生徒の潜在的な学力水準によって，「教師からの承認」「分かるまで教える指導」に差はあるのだろうか。図 8-4・8-5 をみると，いずれの項目も，学力 A 層と D 層との間に 10 ポイント差以上あることから，学力が高いほど，生徒は「教師からの承認」「分かるまで教える指導」を認知する傾向があるといえる。このことは，前項の③で確認したことの逆相関（生徒の潜在的な「学力」が，「教師からの承認」「分かるまで教える指導」の認知に与える影響）に配慮する必要性があることを示している。

② 「学校環境」と「教師からの承認」「分かるまで教える指導」との関係

　生徒が通う学校の環境条件によって，「教師からの承認」「分かるまで教える指導」の肯定率は異なるのだろうか。一般的に想起されるような傾向として，例えば，学校のクラスサイズが小さいほど，あるいは学校で少人数授業が手厚く実施されているほど，生徒の「教師からの承認」「分かるまで教える指導」の肯定率が高いといえるかを確認した。しかし，基礎的な分析によれば，両者の間には単純な線形関係は確認できなかった（岡部 2019）。物理的な学校環境条件は，必ずしも，個々の児童生徒レベルの「教師からの承認」「分かるまで教える指導」の認知との関連が強いというわけではないようだ。

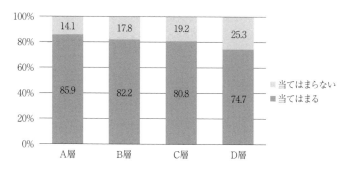

図 8-4　教師からの承認（学力層別〔数学 A〕）

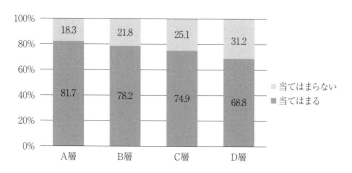

図 8-5　分かるまで教える指導（学力層別〔数学 A〕）

3. 教師からの承認・指導が学力に与える効果の推定

(1) 用いるデータと分析の手順

　前節で行った基礎的分析の結果を踏まえ，モデルの推定に必要な変数を含む
データセットを準備した。データの種類や基礎統計量は，表 8-2 の通りである。
その上で，以下の 3 つの手順に分けて，それぞれの分析目的に応じてモデルを
拡張していく。

〈手順①〉

　学力や説明変数の交絡要因（「性別」「学校外の学習時間」「地域規模」）を統制
する。いずれも多くの先行研究で，「学力」に対して独立な効果をもつことや，

表8-2　用いる変数と記述統計量（中学生）

カテゴリ	変数の種類	度数（WB後）	最小値	最大値	平均値	標準偏差
目的変数	学力（数学Aの正答率）	976,473	0	100	64.379	23.466
処置変数	教師からの承認ダミー（当てはまる＝1）	977,436	0	1	0.810	0.393
	分かるまで教える指導ダミー（当てはまる＝1）	977,131	0	1	0.760	0.427
説明変数	家庭の社会経済的背景（SES）※4分位のダミー変数へ変換	969,340	1	4	2.470	1.126
統制変数	女子ダミー（女子＝1）	976,372	0	1	0.490	0.500
	学校外の学習時間（分）	979,246	0	210	98.580	58.880
	地域規模※4グループのダミー変数へ変換	982,780	1	4	2.450	0.960
	潜在学力（国語Aの正答率）	976,045	0	100	77.234	17.745

注1）「教師からの承認ダミー」「分かるまで教える指導ダミー」の「当てはまる」は，「当てはまる＋どちらかといえば，当てはまる」の合計。

注2）「学校外の学習時間（分）」は，「全くしない」を0分，「30分より少ない」を15分，…「2時間以上，3時間より少ない」を150分，「3時間以上」を210分などと置き換えた。

「SES」との関連が想定されることがある重要な変数である。ここで推定したものを，モデル（1）とした。

〈手順②〉

　「生徒がコントロールできない家庭の社会経済的諸条件（SES）の水準によって，『教師からの承認』『分かるまで教える指導』の効果は異なるのではないか」という仮説を立てた。この仮説を検証するために，「SES」と「教師からの承認」「分かるまで教える指導」との交互作用項を新たに投入する。これを，モデル（2）とした。

〈手順③〉

　生徒の潜在的な「学力」が「教師からの承認」「分かるまで教える指導」に与える逆方向の相関に対処するため，生徒の観測されない潜在学力の代理変数（「国語Aの正答率」）をモデルに投入する。これにより，「欠落変数バイアス」を軽減し，本章の関心である「教師からの承認」「分かるまで教える指導」が「学力」に与える効果について，より確からしい推定値が得られることが期待される。これを，モデル（3）とした。

(2) 推定

中学生の推定結果を表8-3に示す。モデル（1）〜（3）はOLS推定による重回帰モデルであり，数値は回帰係数，（ ）内は標準誤差を示している。調整済み決定係数（Adj_R²）は，0.1776（モデル〔1〕）→ 0.1781（モデル〔2〕）→ 0.5925（モデル〔3〕）の順に上昇していることから，モデルのあてはまりが大きく改善していることがわかる。

4. 推定結果から読みとれる教師からの承認・指導の影響

さまざまなバイアスを除去してもなお，「教師からの承認」「分かるまで教える指導」が，学力に対してプラスの効果をもつことが確認された。その学力に対する限界効果は，「分かるまで教える指導」で1.2ポイント（モデル〔3〕の推定結果より），「教師からの承認」との交互作用の効果があったとしても，プラス0.7ポイントと推定された。ごく僅かな印象ではあるが，隣接するSESグループ間の差異が3ポイント程度である中で，教師からの承認や手厚い指導に恵まれれば上位SESグループに迫る可能性もあることを意味する。加えてこのことは，学校外の学習時間を1日数十分も増やすことに等しい効果であること，また学校環境要因との直接的な関連は比較的弱いことを踏まえれば[2]，その費用対効果は比較的効率的なものと考えられないだろうか。

また，SESと「教師からの承認」「分かるまで教える指導」との交互作用項を投入した結果，モデル（2）（3）において，「Lowest SES ×分かるまで教える指導ダミー」のみ統計的有意となった。このことは，とりわけ社会経済的背景に困難を抱える生徒にとって，理解度に応じて分かるまで教える教師の指導が学力に与える効果が大きいことを示唆している。図8-6は，家庭のSES別の「学力」を，分かるまで教える指導がある場合とない場合とに分けて，それぞれの正答率（縦棒グラフ）と正答率の差（折れ線グラフ）を示している。これをみると，社会経済的に困難を抱える状況にある児童生徒ほど，教師による「分かるまで教える指導」の有無によって学力に差がついていることがわかる。児童生徒にとって，コントロール不可能なSESとは異なり，学校の教師との関係性という別のルートを通して，学力が高まる可能性があることを示しているように思われる。

表8-3 学力（数学Aの正答率）の規定要因分析（中学生）

目的変数：数学A正答率	モデル（1）交絡を統制	モデル（2）交互作用項を投入	モデル（3）潜在学力を統制
女子ダミー	0.902 ***	0.909 ***	-4.559 ***
	(0.166)	(0.166)	(0.119)
学校外の学習時間（分）	0.053 ***	0.053 ***	0.034 ***
	(0.001)	(0.001)	(0.001)
地域規模（ベース：大都市）			
中核市	0.995 ***	1.001 ***	0.483 *
	(0.269)	(0.269)	(0.189)
その他の市	0.450 *	0.448 *	0.128
	(0.204)	(0.204)	(0.144)
町村	0.263	0.263	0.129
	(0.321)	(0.321)	(0.226)
教師からの承認／分かるまで教える指導			
教師からの承認ダミー	2.618 ***	2.309 ***	0.576
	(0.339)	(0.545)	(0.383)
分かるまで教える指導ダミー	3.910 ***	2.913 ***	1.221 **
	(0.387)	(0.550)	(0.387)
教師からの承認ダミー×分かるまで教える指導ダミー	1.088 *	1.205 **	0.716 *
	(0.462)	(0.463)	(0.325)
SES（ベース：Highest）			
Lowest	-22.365 ***	-25.059 ***	-10.625 ***
	(0.237)	(0.591)	(0.419)
Lower middle	-14.559 ***	-15.100 ***	-6.314 ***
	(0.240)	(0.616)	(0.434)
Upper middle	-9.047 ***	-9.054 ***	-3.420 ***
	(0.236)	(0.616)	(0.434)
SES×教師からの承認			
Lowest×教師からの承認ダミー		0.996	0.179
		(0.650)	(0.457)
Lower middle×教師からの承認ダミー		-0.041	-0.648
		(0.674)	(0.474)
Upper middle×教師からの承認ダミー		-0.236	-0.475
		(0.675)	(0.475)
SES×分かるまで教える指導			
Lowest×分かるまで教える指導ダミー		2.505 ***	0.789 +
		(0.595)	(0.419)
Lower middle×分かるまで教える指導ダミー		0.729	0.356
		(0.614)	(0.432)
Upper middle×分かるまで教える指導ダミー		0.242	-0.230
		(0.604)	(0.425)
潜在学力（国語Aの正答率）			0.919 ***
			(0.004)
定数	64.303 ***	65.263 ***	-4.477 ***
	(0.356)	(0.511)	(0.449)
N	65,773	65,773	65,722
Adj-R²	0.1776	0.1781	0.5925

注）数値は回帰係数，（　）内は標準誤差。+: p<0.10, *: p<0.05, **: p<0.01, ***: p<0.001

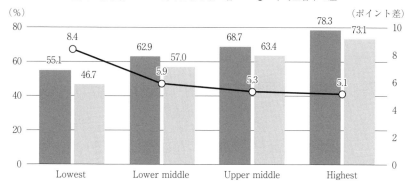

図8-6　学力（数学 A の正答率）の状況（中学生，SES・「分かるまで教える指導」の有無別）

5. 教育実践上の示唆――教師ができること，学校ができること

　本章の結果から導かれる教育実践上の示唆を，個々の教師レベルの示唆と，それを超える組織レベルの仕組みなどに関する示唆とに分けて述べる。

　まず，前者の，個々の教師レベルの実践的示唆としては，普段生徒と接する学校の教師自身が，日々の声かけの中での承認や分かるまで教える指導といったことが，学力向上という意味においても極めて重要であることを再認識するべきだろう。社会経済的に不利な児童生徒にとってその効果が大きいことからも，学校の教師がそのように認識して教育実践を行うことは，学校教育の公共性を支える上で極めて重要な営みであると考える。

　次に，個々の教師レベルの心がけや努力の範囲を超える，組織レベルの仕組みや支援に関する実践的示唆としては，まず，教師による個別の承認や指導の質を向上させることを目的とした研修や研究の機会を手厚くすることが挙げられるだろう。しかしながら，時間的・経済的な制約がある中で，学校外の研修や研究の機会を十分に活用することは難しいかもしれない。そのような中で，例えば，既存の学年会や教科会などの場を活用し，生徒一人ひとりの生活や学習の様子について教師どうしが情報を共有し話し合うことで，生徒に対する理

解を深め，具体的な承認の内容や次の指導の仕方についてのヒントを得たりすることも有効かもしれない。とりわけ，SES が低い家庭出身の生徒にとって，教師の働きかけが学力に与える効果は相対的に大きいことから，多忙な学校環境の中でも「教師からの承認」や「分かるまで教える指導」が可能となるような政策的支援が求められる。学校管理職レベルが担うカリキュラム・マネジメントの観点からも，現場の教師どうしが一人ひとりの生徒への理解を深めるための時間を，組織レベルの仕組みとして生み出す工夫をすることも必要かもしれない。

註

1) 小学生についての主な分析結果は，岡部（2019）を参照。また，ここでの「学力」は比較的正規分布に近い「数学 A の正答率」を用いた。

2) 学校レベルの環境要因を除去するために，モデル（3）に学校 ID をランダム効果として投入したマルチレベルモデルも推定した。その結果，尤度比検定は有意となり，マルチレベルモデルが採択されたが，固定効果部分の回帰係数に大きな変動はなかった。このことは，学校レベルの要因を統制してもなお，「教師からの承認」「分かるまで教える指導」が「学力」に与える効果は，比較的安定していることを意味する。

参考文献

岡部悟志，2019,「教師からの承認・分かるまで教える指導が児童・生徒の学力に与える影響」お茶の水女子大学『平成 29 年度保護者に対する調査の結果を活用した効果的な学校等の取組に関する調査研究』第 4 章, pp. 54-64.
山田哲也，2018,「家庭の社会経済的背景・『非認知スキル』・子供の学力」お茶の水女子大学『平成 29 年度全国学力・学習状況調査を活用した専門的な課題分析に関する調査研究』第 3 章, pp. 23-27.

第9章

地域の社会経済的背景別に見た学校の取り組みと高い学力との関連

中島　ゆり

1. 地域の教育環境と学校の取り組み

　子どもと学校のあり方は置かれている地域の環境に影響される。たとえば，私立学校が多く存在し中学受験を考える児童・生徒の多い地域や大学進学率の高い地域では，塾・予備校が多く作られ，学校外教育を受ける子どもの割合が高くなる。このような地域では学校での補習活動はそれほど重要な意味を持たないかもしれない。それに対して，塾・予備校の少ない地域では学校での補習活動こそが児童・生徒の学力を上げる最重要の方策となる可能性が高い。ほかにも図書館・博物館・科学館が近くにあるかどうか，地域住民が学校教育に熱心に関わってくれるかどうかなどの地域環境の違いによって，学校で実践される取り組みも変わってくると予想できる。そのなかで，高い学力と関連のある学校の取り組みもまた異なってくるであろう。

　本章では，2013年度に実施された全国学力・学習状況調査の結果を用い，学校区ごとの教育環境の違いを地域住民の教育および職業の違い，すなわち，学校区の社会経済的背景（Socio-Economic Status: SES）によるものと仮定する。そして，学校区SESによって実施されている比率の異なる教育実践を確認し，とくに高い学力と関連のある学校の取り組みがそれぞれどのようなものであるのかを検討する。

表 9-1　学校区 SES 別 男女大卒比率と男性管理職比率（平均値）

学校区 SES	小6				中3			
	N	男性大卒比率	女性大卒比率	男性管理職比率	N	男性大卒比率	女性大卒比率	男性管理職比率
Highest	98	0.31	0.13	0.04	97	0.31	0.13	0.05
Upper Middle	98	0.18	0.07	0.04	97	0.17	0.06	0.04
Lower Middle	98	0.13	0.05	0.03	97	0.13	0.05	0.03
Lowest	97	0.09	0.03	0.03	96	0.10	0.03	0.03

2. 学校区の社会経済的背景尺度の説明とその特徴

　本章で用いる学校区 SES は，その学校の所在している学校区の地域住民の平均 SES であり，他の章で用いられている各学校の保護者の社会経済的背景（学校 SES）とは異なるものである[1]。各学校に在学する児童・生徒の家庭（保護者）の平均 SES はある年に偶然，在学している家庭の社会経済的背景に左右されるため，年によって多少の差があるが，学校区 SES は地域住民の平均 SES であるため，年によって大きく変化はしないと考えられる。

　本章では，小学校では地域特性と学力調査結果との相関係数が最も高くなる5,000 人規模の地域，中学校は小学校区の 2 倍である 10,000 人規模の地域を学校区と定め，保護者調査の協力校であるすべての小学校または中学校の学校区について，2010 年国勢調査の結果にもとづき，各地域の年齢構成，住居の種類，労働力状態，産業構造，職業構造，大学卒業者割合といった特性を付与した（土屋 2014）。本章で用いる学校区 SES は，上記の地域特性のうち，学校区ごとの男性の大学卒業者比率，女性の大学卒業者比率，男性の管理職比率を Z 得点化し，その数値の平均をとって算出した SES である。その SES にもとづき，学校区を Highest から Lowest までの 4 つの段階に分類した。

　表 9-1 のとおり，学校区 SES が Highest の地域では男性大卒比率が31%，女性13%，男性管理職比率は 4 〜 5% 程度であるのに対し，Lowest の学校区では男性大卒比率が9 〜 10%，女性3%，男性管理職比率は3%と差がある。

　つぎに，学校区 SES ごとに塾にかける費用，勉強時間，学力調査の結果（学校平均）を見ていく。図 9-1 は，学校区 SES ごとの塾にかける費用と週あたり

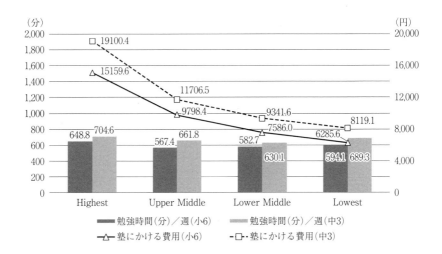

図 9-1　学校区 SES 別 塾にかける費用，週あたりの勉強時間（平均値）

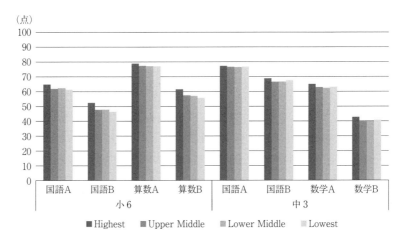

図 9-2　学校区 SES 別 学力調査点数（平均値）

の勉強時間を示したものである。ここでの勉強時間には学習塾や家庭教師の時間も含んでおり，平日の勉強時間 × 5 日 + 休日の勉強時間 × 2 日で算出した[2]。学校区 SES が Highest と Lowest の地域を比べると，塾にかける費用は Highest の学校区の方が小 6 で 8,874 円，中 3 で 10,981 円高く，勉強時間は小 6 で 55 分，中 3 で 15 分長かった。

　図 9-2 は学校区 SES による学力調査の点数の差を示したものである。これ

を見ると学校区 SES が Highest の地域でいずれの学年・科目でも平均点が突出して高いが，それ以外の学校区 SES ではさほど大きな差はなかった。最も差が見られたのが小6の国語Bと算数BというB問題で，Highest と Lowest の間にそれぞれ6点ほどの差があった。

3. 学校区 SES によって学校の取り組みはどう違うか

それでは，学校区 SES によって実施されている学校の取り組みは異なるだろうか。表9-2 および表9-3 は，小学校，中学校の学校区 SES によって実施している比率が統計的に有意に異なる学校の取り組みの一覧である。

まず，小学校について見てみると，学校区 SES が高い地域でより実践されているのは，学校図書館を活用した授業，算数の授業における習熟度別の少人数指導，ボランティア等による授業サポート，博物館や科学館，図書館を利用した授業，2泊3日以上の自然の中での集団宿泊活動，ホームページの更新であった。対して，学校区 SES が低い地域でより実践されているのは，長期休業日を利用した補充的な学習サポート，国語および算数の補充的な学習指導，算数の発展的な学習指導，近隣の中学校との連携，国語および算数の家庭学習の課題の与え方についての教職員での共通理解の促進，学校全体の学力傾向や課題についての教職員間での共有であった。

つぎに，中学校について見てみよう。全体として小学校と比べて学校区 SES によって違いのある学校の取り組みは少ない。学校区 SES が高い地域では博物館や図書館を利用した授業，保護者等による学校支援ボランティアの活動，ホームページの更新頻度が比較的高かったが，その他，特徴的な取り組みはなかった。対して，学校区 SES が低いところでよく行われている学校の取り組みの方が多く，放課後の補充的な学習サポート，学級全員で取り組む課題・テーマの付与，学力調査等の結果を踏まえた学力向上の取り組みについての保護者等への働きかけ，近隣の小学校との連携，数学の指導として課題・宿題を与える，模擬授業や事例研究などの実践的な研修，学校全体の学力傾向や課題についての教職員間での共有，組織的な指導力向上のための研修や取り組みを行っている学校の割合が比較的高かった。

以上のように，小学校でも中学校でも，学校区 SES の高い地域では図書館

表 9-2　小学校区 SES によって実施比率の異なる学校の取り組み

		Highest	Upper Middle	Lower Middle	Lowest	X^2 検定
	N	98	98	98	96	
第 6 学年の児童に対して，前年度に，学校図書館を活用した授業を計画的に行いましたか	行っていない	2.0%	3.1%	8.2%	2.1%	***
	年に数回程度行った	10.2%	20.4%	12.2%	31.3%	
	学期に数回程度行った	28.6%	28.6%	38.8%	38.5%	
	月に数回程度行った	29.6%	34.7%	31.6%	22.9%	
	週に 1 回程度，またはそれ以上行った	29.6%	13.3%	9.2%	5.2%	
第 6 学年の児童に対して，前年度に，長期休業日を利用した補充的な学習サポートを実施しましたか（実施した日付の類型）	行っていない	42.3%	35.7%	26.5%	30.9%	*
	1 日から延べ 4 日	30.9%	36.7%	41.8%	43.3%	
	延べ 5 日から 8 日	24.7%	18.4%	25.5%	10.3%	
	延べ 9 日から 12 日	2.1%	6.1%	4.1%	9.3%	
	延べ 13 日以上	0.0%	3.1%	2.0%	6.2%	
第 6 学年の児童に対して，前年度に，算数の授業において，習熟度別の少人数指導を行うに当たって，学習集団をどう編成しましたか	習熟度別での少人数による指導を行っていない	47.4%	51.6%	58.9%	75.6%	**
	複数の学級から学級とは別の 2 つ以上の学習集団に分けた	13.4%	12.6%	10.5%	1.1%	
	1 つの学級を 2 つ以上の学習集団に分けた	39.2%	35.8%	30.5%	23.3%	
第 6 学年の児童に対して，前年度に，算数の授業において，習熟度別の少人数指導を行うに当たって，どのような教材を用いましたか	全ての学習集団で同一の教材	15.3%	15.3%	9.3%	13.4%	*
	各学習集団の習熟度に合わせて既存の教材を組み合わせたもの	29.6%	27.6%	25.8%	14.4%	
	各学習集団の習熟度に合わせて独自に作成した教材	7.1%	6.1%	6.2%	2.1%	
	個々の児童の個人差に合わせて作成した教材	3.1%	0.0%	6.2%	1.0%	
	習熟度別での少人数による指導を行っていない	44.9%	51.0%	52.6%	69.1%	
第 6 学年の児童に対する国語の指導として，前年度までに，補充的な学習の指導を行いましたか	全く行っていない	5.1%	3.1%	6.1%	3.1%	*
	あまり行っていない	35.7%	26.5%	16.3%	28.9%	
	どちらかといえば，行った	52.0%	52.0%	65.3%	48.5%	
	よく行った	7.1%	18.4%	12.2%	19.6%	
第 6 学年の児童に対する算数の指導として，前年度までに，補充的な学習の指導を行いましたか	全く行っていない	2.0%	4.1%	1.0%	1.0%	*
	あまり行っていない	17.3%	13.3%	9.2%	14.4%	
	どちらかといえば，行った	61.2%	45.9%	52.0%	41.2%	
	よく行った	19.4%	36.7%	37.8%	43.3%	
第 6 学年の児童に対する算数の指導として，前年度までに，発展的な学習の指導を行いましたか	全く行っていない	3.1%	3.1%	6.1%	5.2%	**
	あまり行っていない	37.8%	42.9%	36.7%	47.4%	
	どちらかといえば，行った	55.1%	51.0%	43.9%	28.9%	
	よく行った	4.1%	3.1%	13.3%	18.6%	
教科の指導内容や指導方法について近隣の中学校と連携（教師の合同研修，教師の交流，教育課程の接続など）を行っていますか	全く行っていない	2.0%	9.2%	0.0%	4.1%	**
	あまり行っていない	28.6%	25.5%	26.5%	25.8%	
	どちらかといえば，行った	46.9%	45.9%	44.9%	32.0%	
	よく行った	22.4%	19.4%	28.6%	38.1%	

第6学年の児童に対して，前年度までに，ボランティア等による授業サポート（補助）を行いましたか	全く行っていない	23.5%	27.6%	33.7%	43.3%	**
	あまり行っていない	24.5%	37.8%	33.7%	37.1%	
	どちらかといえば，行った	34.7%	25.5%	22.4%	12.4%	
	よく行った	17.3%	9.2%	10.2%	7.2%	
第6学年の児童に対して，前年度までに，博物館や科学館，図書館を利用した授業を行いましたか	全く行っていない	6.1%	22.4%	24.5%	23.7%	*
	あまり行っていない	51.0%	48.0%	46.9%	46.4%	
	どちらかといえば，行った	34.7%	24.5%	25.5%	24.7%	
	よく行った	8.2%	5.1%	3.1%	5.2%	
第6学年の児童に対して，第5学年までの間に自然の中での集団宿泊活動を行いましたか	4泊5日以上の自然の中での集団宿泊活動を行った	5.1%	4.1%	5.1%	2.1%	*
	3泊4日以上の自然の中での集団宿泊活動を行った	5.1%	2.0%	2.0%	2.1%	
	2泊3日の自然の中での集団宿泊活動を行った	38.8%	24.5%	21.4%	17.5%	
	1泊2日での自然の中での集団宿泊活動を行った	48.0%	59.2%	62.2%	61.9%	
	自然の中での集団宿泊活動は行っていない	3.1%	10.2%	9.2%	16.5%	
第6学年の児童に対する国語の指導として，前年度までに，家庭学習の課題の与え方について，教職員で共通理解を図りましたか	当てはまらない	0.0%	1.0%	0.0%	1.0%	**
	どちらかといえば，当てはまらない	19.4%	9.2%	3.1%	7.2%	
	どちらかといえば，当てはまる	46.9%	43.9%	57.1%	40.2%	
	当てはまる	33.7%	45.9%	39.8%	51.5%	
第6学年の児童に対する算数の指導として，前年度までに，家庭学習の与え方について，教職員で共通理解を図りましたか	当てはまらない	0.0%	0.0%	0.0%	1.0%	**
	どちらかといえば，当てはまらない	21.4%	9.2%	4.1%	7.2%	
	どちらかといえば，当てはまる	42.9%	44.9%	55.1%	39.2%	
	当てはまる	35.7%	45.9%	40.8%	52.6%	
学校の教育活動の情報について，前年度にどれくらいの頻度でホームページを更新し，情報提供を行いましたか	ホームページを開設していない	10.2%	14.3%	29.6%	21.6%	***
	1年に1回以上か，それより少ない頻度で更新した	3.1%	11.2%	7.1%	17.5%	
	学期に1回程度更新した	10.2%	12.2%	12.2%	7.2%	
	月に1回程度更新した	42.9%	42.9%	31.6%	39.2%	
	週に1回以上更新した	33.7%	19.4%	19.4%	14.4%	
学校全体の学力傾向や課題について，全教職員の間で共有していますか	全くしていない	0.0%	0.0%	0.0%	0.0%	**
	あまりしていない	4.1%	1.0%	1.0%	1.0%	
	どちらかといえば，している	49.5%	24.5%	27.6%	37.1%	
	よくしている	46.4%	74.5%	71.4%	61.9%	

*** p＜.001，** p＜.01，* p＜.05

表 9-3　中学校区 SES によって実施比率の異なる学校の取り組み

		Highest	Upper Middle	Lower Middle	Lowest	X^2 検定
	N	97	97	97	94	
第 3 学年の生徒に対して，前年度に，放課後を利用した補充的な学習サポートを実施しましたか	行っていない	10.3%	13.4%	10.3%	19.1%	**
	不定期に行った	41.2%	34.0%	28.9%	26.6%	
	月に数回程度，定期的に行った	30.9%	34.0%	33.0%	17.0%	
	週に 1 回，定期的に行った	5.2%	3.1%	12.4%	13.8%	
	週に複数回，定期的に行った	8.2%	7.2%	12.4%	16.0%	
	基本的に毎日行った	4.1%	8.2%	3.1%	7.4%	
第 3 学年の生徒に対して，前年度までに，学級全員で取り組んだり挑戦したりする課題やテーマを与えましたか	全く行っていない	0.0%	0.0%	0.0%	0.0%	*
	あまり行っていない	21.6%	22.7%	15.5%	8.3%	
	どちらかといえば，行った	61.9%	54.6%	53.6%	62.5%	
	よく行った	16.5%	22.7%	30.9%	29.2%	
平成 24 年度全国学力・学習状況調査，独自調査や学校評価の結果等を踏まえた学力向上の取組を保護者等に働きかけましたか	ほとんど行っていない	34.0%	23.7%	18.6%	14.6%	*
	行った	58.8%	69.1%	72.2%	70.8%	
	よく行った	7.2%	7.2%	9.3%	14.6%	
教科の指導内容や指導方法について近隣の小学校と連携，教師の合同研修，教師の交流，教育課程の接続などを行っていますか	全く行っていない	2.1%	7.2%	7.2%	2.1%	*
	あまり行っていない	26.8%	26.8%	20.6%	11.5%	
	どちらかといえば，行っている	45.4%	35.1%	42.3%	41.7%	
	よく行っている	25.8%	30.9%	29.9%	44.8%	
第 3 学年の生徒に対して，前年度までに，博物館や科学館，図書館を利用した授業を行いましたか	全く行っていない	42.3%	43.3%	46.4%	43.8%	*
	あまり行っていない	39.2%	45.4%	42.3%	41.7%	
	どちらかといえば，行った	12.4%	11.3%	11.3%	14.6%	
	よく行った	6.2%	0.0%	0.0%	0.0%	
PTA や地域の人が学校の諸活動にボランティアとして参加してくれますか	全く参加してくれない	0.0%	0.0%	0.0%	0.0%	*
	あまり参加してくれない	1.0%	3.1%	6.2%	9.4%	
	参加してくれる	47.4%	42.3%	36.1%	27.1%	
	よく参加してくれる	51.5%	54.6%	57.7%	63.5%	
学校支援ボランティアの仕組みにより，保護者等が様々な活動に参加してくれますか	学校支援ボランティアの仕組みがない	20.6%	28.9%	41.2%	33.3%	*
	あまり参加してくれない	2.1%	6.2%	6.2%	8.3%	
	参加してくれる	47.4%	34.0%	34.0%	28.1%	
	よく参加してくれる	29.9%	30.9%	18.6%	30.2%	
第 3 学年の生徒に対する数学の指導として，前年度までに，家庭学習の課題・宿題を与えましたか	全く行っていない	0.0%	1.1%	0.0%	0.0%	**
	あまり行っていない	11.3%	7.4%	5.2%	4.2%	
	どちらかといえば，行った	52.6%	35.8%	40.2%	27.1%	
	よく行った	36.1%	55.8%	54.6%	68.8%	
学校の教育活動の情報について，前年度にどれくらいの頻度でホームページを更新し，情報提供を行いましたか	ホームページを開設していない	4.1%	20.6%	22.9%	26.0%	*
	1 年に 1 回以上か，それより少ない頻度で更新した	10.3%	11.3%	15.6%	15.6%	
	学期に 1 回程度更新した	17.5%	12.4%	12.5%	11.5%	
	月に 1 回程度更新した	39.2%	34.0%	30.2%	26.0%	
	週に 1 回以上更新した	28.9%	21.6%	18.8%	20.8%	

模擬授業や事例研究など，実践的な研修を行っていますか	全くしていない	0.0%	0.0%	2.1%	1.0%	**
	あまりしていない	12.4%	9.3%	20.6%	10.4%	
	どちらかといえば，している	54.6%	50.5%	26.8%	50.0%	
	よくしている	33.0%	40.2%	50.5%	38.5%	
学校全体の学力傾向や課題について，全教職員の間で共有していますか	全くしていない	0.0%	0.0%	0.0%	0.0%	*:
	あまりしていない	3.1%	5.2%	2.1%	0.0%	
	どちらかといえば，している	57.7%	48.5%	37.1%	41.7%	
	よくしている	39.2%	46.4%	60.8%	58.3%	
教科内にとどまらず学校として組織的に，指導力向上のための研修や取組を行っていますか	全くしていない	0.0%	0.0%	0.0%	0.0%	*
	あまりしていない	6.3%	4.1%	7.2%	5.2%	
	どちらかといえば，している	58.3%	59.8%	35.1%	46.9%	
	よくしている	35.4%	36.1%	57.7%	47.9%	

*** p < .001, ** p < .01, * p < .05

や博物館，ボランティア，自然の中での集団宿泊活動といった学校外部の資源を利用する傾向があり，また，小学校においては習熟度別の少人数指導を行う傾向が見られた。他方，学校区 SES の低い地域では学校内での補充的な学習指導，近隣の小中学校との連携，課題・宿題を与える，保護者への働きかけ，教員の研修，教職員間での共有といった学校内での取り組みを充実させている傾向が見られた。

4. どのような学校の取り組みが高い学力と関連するか

つぎに，学校区 SES 別に高い学力と関連する学校の取り組みについて検討する。ここで学力とは算数／数学 A および B 問題の結果の学校平均を用いる。以下では，学校区 SES 別に算数／数学 A および B の学校平均を従属変数，各取り組みを独立変数とした単回帰分析を行った。学校の取り組みは学校質問紙のなかの「学力向上に向けた取り組み」，「指導方法・学習規律」，「コンピュータなどを活用した教育」，「調査結果の活用」，「個に応じた指導」，「国語科の指導方法」，「算数／数学科の指導方法」，「特別支援教育」，「幼児教育と小学校教育の連携」（小学校のみ），「小学校教育と中学校教育の連携」，「地域の人材・施設の活用」，「家庭学習」，「開かれた学校・学校評価」，「教員研修」，「教職員の取り組み」の項にある質問を検討した[3]。結果は表 9-3 および 4 のとおり，標準化回帰係数（β）の高い順に取り組み 3 つを示し，科目ごとにセルに色を付けた。

まず，小学校の結果から見ると，学校区 SES が Highest の地域では，習熟度の遅い児童の学力の底上げ，学級やグループで話し合うことによる児童間の関係性の構築，保護者や地域への情報提供といった，一部の児童に焦点化した指導と児童間あるいは学校—保護者間の関係性の構築が高い学力と関連があったが，Lower middle や Lowest の学校区では，情報通信技術を活用した協働学習や課題発見・解決型の指導，本・インターネット等資料の調べ方の指導，総合的な学習の時間，キャリア教育のように，より広く社会について知ったり考えさせたりする取り組みが算数の学校平均を上げるのに有効であった。また，Highest 以外の学校区では何かしらの教員研修が高い学力と関連するという結果が見られた。

表 9-4　小学校区 SES 別 高い学力と関連する学校の取り組み（3位まで）

学校区 SES	学校質問紙	算数 A β	算数 B β
Highest	第6学年の児童に対して，前年度に，算数の授業において，習熟の遅いグループに少人数指導を行い，習得できるようにしましたか	0.349	0.377
	第6学年の児童に対して，前年度までに，学級やグループで話し合う活動を授業などで行いましたか	0.326	0.228
	第6学年の児童に対して，第4学年のときに，算数の授業において習熟の遅いグループに少人数指導で習得できるようにしましたか	0.285	0.337
	学校の教育活動の情報について，前年度にどれくらいの頻度でホームページを更新し，情報提供を行いましたか	0.267	0.299
Upper Middle	授業研究を伴う校内研修を前年度に何回実施しましたか	0.180	0.238
	模擬授業や事例研究など，実践的な研修を行っていますか	0.091	0.204
Lower Middle	第6学年の児童に対する国語の指導として，前年度までに，発展的な学習の指導を行いましたか	0.309	0.253
	学校でテーマを決め，講師を招聘するなどの校内研修を行っていますか	0.228	0.164
	第6学年の児童に対して，前年度までに，情報通信技術を活用し，協働学習や課題発見・解決型の指導を行いましたか	0.063	0.256
	第6学年の児童に対して，前年度までに，本やインターネットなどの資料の調べ方が身に付くよう指導しましたか	0.023	0.238
Lowest	第6学年の児童に対して，前年度までに，総合的な学習の時間で，課題の設定から始まる探求の過程を意識した指導をしましたか	0.263	0.308
	模擬授業や事例研究など，実践的な研修を行っていますか	0.243	0.108
	第6学年の児童に対して，前年度までに，児童に将来就きたい仕事や夢について考えさせる指導をしましたか	0.239	0.251
	第6学年の児童に対して，前年度に，算数の授業において，発表などする際に児童がコンピュータを使う活動を行いましたか	0.199	0.309
	第6学年の児童に対して，前年度までに，児童が自分で調べたことや考えたことを分かりやすく文章に書かせる指導をしましたか	0.169	0.306

注）各学校区 SES 別に算数 A，算数 B ごとに β が大きい順に3つ挙げた（色付きセル）。ただし，β が 0.200 以上の項目に限った。

表 9-5　中学校区 SES 別 高い学力と関連する学校の取り組み（3 位まで）

学校区 SES	学校質問紙	数学 A β	数学 B β
Highest	第 3 学年の生徒に対する数学の指導として，前年度までに，家庭学習の課題・宿題を与えましたか	0.287	0.235
	第 3 学年の生徒に対して，前年度までに，生徒の様々な考えを引き出したり，思考を深めたりするような発問や指導をしましたか	0.285	0.290
	第 3 学年の生徒に対して，前年度までに，生徒の発言や活動の時間を確保して授業を進めましたか	0.269	0.258
Upper Middle	PTA や地域の人が学校の諸活動にボランティアとして参加してくれますか	0.253	0.214
	第 3 学年の生徒に対して，前年度までに，本やインターネットなどの資料の調べ方が身につくよう指導しましたか	0.213	0.233
	第 3 学年の生徒に対して，前年度までに，情報通信技術を活用し，協働学習や課題発見・解決型の指導を行いましたか	0.206	0.199
Lower Middle	PTA や地域の人が学校の諸活動にボランティアとして参加してくれますか	0.228	0.254
	第 3 学年の生徒に対して，前年度までに，生徒の発言や活動の時間を確保して授業を進めましたか	0.171	0.220
	平成 24 年度全国学力・学習状況調査や独自の調査等の結果を利用し，具体的な教育指導の改善等を行いましたか	0.177	0.212
Lowest	第 3 学年の生徒に対して，前年度までに，地域の人材を外部講師として招聘した授業を行いましたか	0.340	0.294
	第 3 学年の生徒に対して，前年度までに，本やインターネットなどの資料の調べ方が身につくよう指導しましたか	0.307	0.353
	第 3 学年の生徒に対する数学の指導として，前年度までに，発展的な学習の指導を行いましたか	0.302	0.326

注）各学校区 SES 別に数学 A，数学 B ごとに β が大きい順に 3 つ挙げた。ただし，β が 0.200 以上の項目に限った。

　つぎに中学校について見ると，学校区 SES が Highest の地域では課題・宿題を与えたり，生徒の考えを引き出したり，思考を深めたりするような指導，授業中の発言や活動時間の確保といった生徒の思考力や主体性を高める取り組みが数学の学校平均を上げるのに有効であった。その他の学校区 SES では，PTA や地域の人の参加や地域人材を外部講師として招聘する授業，情報通信技術を活用した協働学習や課題発見・解決型の指導，本・インターネット等資

料の調べ方の指導，学力調査の結果の利用，発展的な学習の指導といった，地域住民の学校参加，調べ学習，学力向上のための学校内での具体的な取り組みが高い学力と関連していた。

5. 学校はどのように取り組みを進めていけばよいか

　本章では，学校区 SES によって実施している比率が異なる学校の取り組みを確認し，さらに学校区 SES ごとに高い学力と関連のある学校の取り組みを検討した。

　小学校でも中学校でも学校区 SES の高い地域では学校外のリソースを利用して児童・生徒に向けた取り組みを行う傾向があったが，学校区 SES のより低い地域ではそういったリソースの活用よりも，教師自身のスキルアップや学校内での取り組みを充実させる傾向にあった。また，習熟度別の少人数教育は小学校区 SES が Highest の地域でよく行われる傾向にあり，実際，そのような地域では習熟度の遅い児童に対する少人数教育が学力の学校平均の高さと関連していた。図 9-1 で見たように，学校区 SES の高い地域では塾通いをしている子どもが多いと予想され，その結果，学校内で学力に差が出，習熟度別に授業を行った方がよい（場合によっては，行わざるを得ない）という状況があるものと考えられる。同時に，少人数教育を可能にする人的サポートを得やすい環境であることも推測できる。対して，学校区 SES が Lowest の地域では，総合的な学習の時間や将来の仕事や夢について考えさせる取り組みが学力の学校平均を上げていた。これは，Lowest の地域では実社会と結びつけるような具体性をもった教育が有効だということである。

　中学校では学校区 SES が Highest の学校において生徒の思考力や主体性を高める取り組みが高い学力平均と関連していたが，小学校と同様，やはりこのような地域は人的・物的リソースが相対的に豊かで，知識・技能を身につけさせるだけではない教育を可能にする環境があり，実際それが生徒の能力伸長にも有効であるものと考えられる。他方，学校区 SES のより低い地域においては，地域住民が学校参加してくれる地域，そして，発展的学習や教員研修などによって学力向上のための具体的な取り組みを行っている学校で学力平均が高くなっていた。学校区 SES が Highest の地域ではボランティア等による授業サポー

トや学校支援を行っている比率が他の地域よりも高く、学校と地域との関係がより強い傾向にあったが、他の地域では、地域住民の学校への関心の有無がより顕著に児童・生徒の学力に影響を与えることがわかった。

　以上のように、学校区の地域環境によって可能な教育実践が異なり、学力を高めるのに有効な取り組み内容も異なっていることが明らかとなった。これは、全国一律の取り組みを行うことは難しく、また、必ずしも有効ではないことを示唆している。

　本章の分析では、学校区 SES によって違いのある取り組み、また、実践の度合いによって学力に差の出る取り組みを示したが、学校区 SES や学校に関係なくすでに広く実施されている取り組みについては、本章では示していない。各教育委員会、学校、保護者・地域住民はこれまで実施してきた取り組みやかかわりを継続させつつ、各学校の置かれている地域環境を考慮し、そのなかで有効な実践をさらに取り入れるのがよいであろう。

註

1) 本章で用いるのは保護者調査対象校のデータベースをもとに作成した学校単位のデータベースである。このデータベースを作成する際には、保護者調査対象校ごとの学力調査の点数の平均値を算出した。この際、全サンプルウェイトを用いた。

2) 本分析では、勉強時間は「4 時間以上」を 240 分、「3 時間以上、4 時間より少ない」を 210 分、「2 時間以上、3 時間より少ない」を 150 分、「1 時間以上、2 時間より少ない」を 90 分、「30 分以上、1 時間より少ない」を 45 分、「30 分より少ない」を 15 分、「全くしない」を 0 分と置き換え、1 週間の勉強時間を算出した。

3) 学校の取り組みについては肯定的な回答から否定的な回答に 4 点（または 3 点）から 1 点をつけ点数化した。また、頻度を尋ねる質問については頻度の高いものに 5 点（または 4 点）、低いものに 1 点をつけ、「行っていない」は 0 点とした。日数を聞く設問については各選択肢の中間値に置き換えた。ただし、最小値と最大値の選択肢についてはその数値とした（0 回と 15 回など）。選択肢が順序尺度ではない設問については以上の分析から除外した。

参考文献

土屋隆裕, 2014,「第 9 章　学校の地域特性について」『2013 年度　全国学力・学習状況調査（きめ細かい調査）の結果を活用した学力に影響を与える要因分析に関する調査研究』, pp. 156-206.

第 10 章

統計分析から見る「格差を克服している学校」の特徴

浜野　隆

1. はじめに

　本章は，学力格差を克服している学校の取り組みを統計分析から明らかにすることを目的とする。本章でいう「格差を克服している学校」は，「成果が上がっている学校（学校が置かれた社会経済背景から予測される学力を大きく上回っている学校。すなわち，学校間の格差を克服している学校）」と「校内格差を克服している学校（通塾の有無やSESの高低に関係なく，一定の学力を保障している学校）」の双方を含む。以下，「成果が上がっている学校」「校内格差を克服している学校」それぞれの特定方法および分析手法を説明し，これらの学校の取り組みがどのような特徴を持っているのか，論じていきたい。

2. 成果が上がっている学校

　「成果が上がっている学校」とは，本章では，「学校が置かれた社会経済背景から予測される学力を大きく上回っている」学校をさす。「成果が上がっている学校」がいかなる特質を有しているかは，「成果が上がっていない学校」と比較することによってより鮮明になる。

　分析方法は学校単位で次のように行った。まず，学校の学力（本章では，国語A，国語B，算数［数学］A，算数［数学］Bの正答率の平均値）を従属変数，学校SESを独立変数とした回帰分析を行い，残差（学校が置かれた社会経済背景

から予測される学力と実際に達成された学力との差）を算出する。そして，過去5年（2013年度から2017年度）の残差平均の値が最も大きい方から50校（成果が上がっている学校）と，値の小さい方から50校（成果が上がっていない学校）を特定し，それぞれのグループ間で学校の学力向上への取り組みや指導方法の違いを検討する。

　ここで，なぜ「50校」なのかについて説明しておきたい。2017年度全国学力・学習状況調査の保護者調査の回収数は，小学校1,153校，中学校692校である。しかし，この中には，対象学年（小学校は第6学年，中学校は第3学年）の児童生徒数が少ない学校もかなり含まれている。むろん，小規模校での実践から学ぶ点も数多くあると考えられるが，学級担任や教科担当教員の個性や属人的な要素というよりは「学校としての組織的な取り組み」（特性）に注目したほうが汎用的な知見が得られると考えられる。そのため，本章では，分析の対象を対象学年の児童生徒数が41名以上（調査対象学年の学級数が確実に2学級以上）の学校に限定した。その結果，小学校においては626校が第6学年41名以上，中学校では555校が第3学年41名以上に該当することがわかった。

　上位（下位）何％くらいが「成果が上がっている（上がっていない）」に該当するのか，その判断基準に絶対的な数値があるわけではないが，本章では，おおむね上位（下位）10％以内が成果を強く特徴づける目安になると考え，小学校，中学校とも「50校」という学校数とした。

3. 校内の学力格差を克服している学校

　「成果が上がっている学校」は，学校の平均学力に注目しているため，学校内での学力格差（SESによる格差や通塾・非通塾による格差）には注目していない。そこで，本章では，校内での学力格差にも着目し，次のような手順で「校内の学力格差を克服している学校」を特定することにする。

　(1)「通過率」（全国の平均正答率よりもやや低い正答率を設定し，その設定値を上回っている子どもの割合）において，校内の「通塾群」「非通塾群」「SES上層（HighestとUpper middle）」「SES下層（LowestとLower middle）」，いずれのグループも60％以上の通過率を達成している学校を「校内格差を克服している学校」とみなす。

（2）通過の基準設定は，先行研究（志水 2009）に倣い，平均よりやや低い値を設定する。小学校は全国の平均正答率（国 AB，算数 AB の正答率の平均）が64.2％であるので，通過の基準を58％とした。また，中学校は全国の平均正答率（国 AB，数 AB の正答率の平均）は65.4％であるので，通過の基準を59％とした。

上記の手法で特定した「校内格差を克服している学校」とそうでない学校（校内格差を克服していない学校）の学校での取り組みを比較し，校内格差を克服している学校の特徴を明らかにしていきたい。なお，「校内格差を克服している学校」についても，学校としての組織的な取り組みに注目したほうが汎用的な知見が得られると考え，分析の対象を対象学年の児童生徒数が41名以上（調査対象学年の学級数が確実に2学級以上）の学校に限定した。分析対象の小学校は626校であり，そのおよそ22％にあたる139校が「校内格差を克服している学校」に該当した。中学校のほうは対象となる学校数が536校で，中学校もおよそ22％にあたる120校が「校内格差を克服している学校」に該当した。

4. 学力格差を克服している学校の取り組み

（1）カリキュラム・マネジメント

では，学力格差を克服している学校の取り組みについて具体的に見ていこう。表 10-1 は，カリキュラム・マネジメントの実施状況について，成果が上がっている学校と上がっていない学校の間の差が大きい順に並べ替えたものである。表 10-1 の「成果」は「成果が上がっている学校」，「非成果」は「成果が上がっていない学校」を表す。表中の数値は，それぞれの項目（取り組みや特徴）についての回答の平均値である。たとえば，各項目についてたとえば「よくしている」には1点，「どちらかといえば，している」には2点，「あまりしていない」には3点，「全くしていない」には4点を与え数値化し，平均点を算出している。「よく行っている」ほど，数値は小さくなる。そして，平均の差の検定の結果，有意差が見られた項目（成果が上がっている学校の方がよく行っている項目）には，「差」の欄に記号を付した。

表 10-1 をみると，「成果」と「非成果」の間で最も差が大きいのは，「指導計画について，知識・技能の活用に重点を置いて作成している」であり，次い

表 10-1 「成果が上がっている学校」のカリキュラム・マネジメント（小学校）

	成果	非成果	差
指導計画について，知識・技能の活用に重点を置いて作成している	1.78	2.12	0.34**
児童の姿や地域の現状等に関する調査や各種データ等に基づき，教育課程を編成し，実施し，評価して改善を図る一連の PDCA サイクルを確立している	1.68	1.98	0.30**
指導計画の作成に当たって，各教科等の教育内容を相互の関係で捉え，学校の教育目標を踏まえた横断的な視点でその目標の達成に必要な教育の内容を組織的に配列している	1.80	2.10	0.30**
教育課程表（全体計画や年間指導計画等）について，各教科等の教育目標や内容の相互関連が分かるように作成している	1.72	1.98	0.26*
指導計画について，言語活動に重点を置いて作成している	1.70	1.94	0.24*
指導計画の作成に当たっては，教育内容と，教育活動に必要な人的・物的資源等を，地域等の外部の資源を含めて活用しながら効果的に組み合わせている	1.76	1.98	0.22†

† p<0.1 * p<0.05 ** p<0.01

で，「児童の姿や地域の現状等に関する調査や各種データ等に基づき，教育課程を編成し，実施し，評価して改善を図る一連の PDCA サイクルを確立している」，「指導計画の作成に当たって，各教科等の教育内容を相互の関係で捉え，学校の教育目標を踏まえた横断的な視点でその目標の達成に必要な教育の内容を組織的に配列している」が続くことがわかる。

　次に，校内格差を克服している小学校のカリキュラム・マネジメントの面について見ていこう。表 10-2 は，カリキュラム・マネジメントの実施状況について，「校内格差を克服している学校」と「校内格差を克服していない学校」の間の差が大きい順に並べ替えたものである。表 10-2 の「克服」は「校内格差を克服している学校」，「非克服」は「校内格差を克服していない学校」を表す。表中の数値は，それぞれの項目（取り組みや特徴）についての回答の平均値である。たとえば，表 10-2 についてみると，各項目についてたとえば「よくしている」（1 点）から「全くしていない」（4 点）を与え，平均点を算出している。「よく行っている」ほど，数値は小さくなる。そして，平均の差の検定の結果，有意差が見られた項目（校内格差を克服している学校の方がよく行っている項目）には，「差」の欄に記号を付した。

表 10-2 「校内格差を克服している学校」のカリキュラム・マネジメント（小学校）

	克服	非克服	差
児童の姿や地域の現状等に関する調査や各種データ等に基づき，教育課程を編成し，実施し，評価して改善を図る一連の PDCA サイクルを確立している	1.71	1.88	0.17**
指導計画の作成に当たっては，教育内容と，教育活動に必要な人的・物的資源等を，地域等の外部の資源を含めて活用しながら効果的に組み合わせている	1.67	1.80	0.13*
教育課程表（全体計画や年間指導計画等）について，各教科等の教育目標や内容の相互関連が分かるように作成している	1.82	1.93	0.11†
指導計画について，言語活動に重点を置いて作成している	1.70	1.80	0.10*
指導計画の作成に当たって，各教科等の教育内容を相互の関係で捉え，学校の教育目標を踏まえた横断的な視点でその目標の達成に必要な教育の内容を組織的に配列している	1.86	1.96	0.10†
指導計画について，知識・技能の活用に重点を置いて作成している	1.85	1.95	0.10†

† $p<0.1$　* $p<0.05$　** $p<0.01$

　表 10-2 をみると，「校内格差を克服している学校」と「校内格差を克服していない学校」の間で最も差が大きいのは，「児童の姿や地域の現状等に関する調査や各種データ等に基づき，教育課程を編成し，実施し，評価して改善を図る一連の PDCA サイクルを確立している」であり，次いで，「指導計画の作成に当たっては，教育内容と，教育活動に必要な人的・物的資源等を，地域等の外部の資源を含めて活用しながら効果的に組み合わせている」となっている。

　ここでは小学校に関してのみ表を掲載したが，中学校についても同様の分析を行い，それぞれに見られた特徴を表 10-3 にまとめた（下線は筆者による）。これを見ると，「成果が上がっている学校」，「校内格差を克服している学校」とも，「カリキュラム・マネジメント」について様々な取り組みが行われていることがわかる。具体的には，表 10-3 に示されるように，教育課程を編成し，実施し，評価して改善を図る一連の PDCA サイクルを確立することが，「成果が上がっている学校」「校内格差を克服している学校」に小中問わず共通してみられる特徴である。また，校種別にみると，小学校では「知識・技能の活用」や教科を超えた「横断的視点」が「成果が上がっている学校」の特徴である。それに対し，中学校では「言語活動」が「成果が上がっている学校」にも

表 10-3 「格差を克服している学校」のカリキュラム・マネジメント

	小学校	中学校
成果が上がっている学校	・指導計画について，<u>**知識・技能の活用**</u>に重点を置いて作成している ・児童の姿や地域の現状等に関する調査や各種データ等に基づき，教育課程を編成し，実施し，評価して改善を図る一連の<u>**PDCA サイクル**</u>を確立している ・指導計画の作成に当たって，<u>**各教科等の教育内容を相互の関係**</u>で捉え，学校の教育目標を踏まえた<u>**横断的**</u>な視点でその目標の達成に必要な教育の内容を組織的に配列している	・指導計画について，<u>**言語活動**</u>に重点を置いて作成している ・生徒の姿や地域の現状等に関する調査や各種データ等に基づき，教育課程を編成し，実施し，評価して改善を図る一連の<u>**PDCA サイクル**</u>を確立している
校内格差を克服している学校	・児童の姿や地域の現状等に関する調査や各種データ等に基づき，教育課程を編成し，実施し，評価して改善を図る一連の<u>**PDCA サイクル**</u>を確立している ・指導計画の作成に当たっては，教育内容と，教育活動に必要な人的・物的資源等を，<u>**地域等の外部の資源**</u>を含めて活用しながら効果的に組み合わせている	・指導計画について，<u>**言語活動**</u>に重点を置いて作成している ・生徒の姿や地域の現状等に関する調査や各種データ等に基づき，教育課程を編成し，実施し，評価して改善を図る一連の<u>**PDCA サイクル**</u>を確立している ・指導計画の作成に当たって，教育内容と，教育活動に必要な人的・物的資源等を，<u>**地域等の外部の資源**</u>を含めて活用しながら効果的に組み合わせている

「校内格差を克服している学校」にもみられる特徴である。また，「校内格差を克服している学校」においては，小中問わず，「教育内容と，教育活動に必要な人的・物的資源等を，地域等の外部の資源を含めて活用しながら効果的に組み合わせている」ことが特徴である。

　なお，カリキュラム・マネジメントに関連しては，成果が上がっている小学校では，「近隣等の中学校と，教育目標を共有する取り組みを行った」「近隣等の中学校と，教科の教育課程の接続や，教科に関する共通の目標設定など，教育課程に関する共通の取り組みを行った」など，カリキュラム面での連携が組まれている（お茶の水女子大学 2019）ことも付け加えておきたい。

(2) 指導方法・学習規律

　次に，小学校における指導方法・学習規律（「1. よく行った」〜「4. 全く行っていない」）について見ていこう。表10-4 は，上記の表10-1 と同様の方法で平均の差の大きい順に示したものである。これを見ると，「成果が上がっている学校」と「成果が上がっていない学校」の間で最も差が大きいのは，「様々な考えを引き出したり，思考を深めたりするような発問や指導をした」であり，次いで，「授業の最後に学習したことを振り返る活動を計画的に取り入れた」「学級やグループで話し合う活動を授業等で行った」「自分で調べたことや考えたことを分かりやすく文章に書かせる指導をした」が続くことがわかる。

　校内格差を克服している小学校の指導方法・学習規律の特徴についてはどうだろうか。表10-5 を見ると，「校内格差を克服している学校」と「校内格差を克服していない学校」の間で最も差が大きいのは，「総合的な学習の時間において，課題の設定からまとめ・表現に至る探究の過程を意識した指導をした」であり，次いで，「自分で調べたことや考えたことを分かりやすく文章に書かせる指導をした」「各教科等の指導のねらいを明確にした上で，言語活動を適切に位置付けた」等が続くことがわかる。また，表では一部省略しているが，教科の指導としては，国語の指導として，前年度までに「書く習慣を付ける授業を行った」「漢字・語句など基礎的・基本的な事項を定着させる授業を行った」などの項目で有意差がみられる（お茶の水女子大学 2019）。

　表10-6 は，統計的分析から得られた，「成果が上がっている学校」「校内格差を克服している学校」の指導方法の特徴である。本章では統計表は省略しているが中学校の結果も含めてまとめてある。表10-6 におけるキーワードは明確である。「言語活動」「話し合う」「発言」「発表ができるよう指導」「分かりやすく文章に書かせる」「振り返る」「書く習慣」など，「言語」で「表現させる」（アウトプットさせる）活動が多いということである。現在，多くの学校において言語活動は重視されていると思われるが，統計分析によって，これらの項目で大きな差が出たことは注目すべきであろう。

　今日，言語活動は多くの学校で重点的に実施されていると思われるが，格差を克服している学校の言語活動は何が違うのであろうか。まず，言語活動は，国語科だけでなく，教科を超えて行われていることに注目したい。表10-6 を

表10-4 「成果が上がっている学校」における指導方法・学習規律（小学校）

	成果	非成果	差
様々な考えを引き出したり，思考を深めたりするような発問や指導をした	1.52	1.94	0.42**
授業の最後に学習したことを振り返る活動を計画的に取り入れた	1.32	1.72	0.40**
学級やグループで話し合う活動を授業等で行った	1.22	1.56	0.34**
自分で調べたことや考えたことを分かりやすく文章に書かせる指導をした	1.54	1.88	0.34**
将来就きたい仕事や夢について考えさせる指導をした	1.92	2.26	0.34**
各教科等の指導のねらいを明確にした上で，言語活動を適切に位置付けた	1.56	1.88	0.32**
習得・活用及び探究の学習過程を見通した指導方法の改善及び工夫をした	1.76	2.06	0.30**
授業において，児童自ら学級やグループで課題を設定し，その解決に向けて話し合い，まとめ，表現する等の学習活動を取り入れた	1.84	2.12	0.28*
総合的な学習の時間において，課題の設定からまとめ・表現に至る探究の過程を意識した指導をした	1.56	1.84	0.28*
発言や活動の時間を確保して授業を進めた	1.32	1.58	0.26*
道徳の時間において，児童自らが考え，話し合う指導をした	1.87	2.02	0.24*
各教科等で身に付けたことを様々な課題の解決に生かすことができるような機会を設けた	1.92	2.14	0.22*
資料を使って発表ができるよう指導した	1.70	1.90	0.20†

† p<0.1　* p<0.05　** p<0.01

見ると，道徳や総合的な学習の時間，特別活動，外国語などにおける話し合い，課題設定，表現などが効果的であることを示唆している。

また，格差を克服している学校の言語活動は，「学校全体の」取り組みとなっており，そのための校内研修も実施されている。「校内格差を克服している学校」では，計算の反復練習や漢字・語句などの基礎的・基本的な事項の徹底，学習規律の重視や授業の中で目標（めあて・ねらい）を示すなどの授業スタイルがとられていることも注目されよう。

学習指導と関連した取り組みに関連して強調しておきたい知見の一つは，「校内格差を克服している学校」では特別支援教育が活かされているというこ

表 10-5 「校内格差を克服している学校」の指導方法・学習規律（小学校）

	克服	非克服	差
総合的な学習の時間において，課題の設定からまとめ・表現に至る探究の過程を意識した指導をした	1.65	1.90	0.24**
国語の指導として，前年度までに目的や相手に応じて話したり聞いたりする授業を行った	1.65	1.87	0.22**
自分で調べたことや考えたことを分かりやすく文章に書かせる指導をした	1.61	1.83	0.22**
各教科等の指導のねらいを明確にした上で，言語活動を適切に位置付けた	1.61	1.82	0.21**
様々な考えを引き出したり，思考を深めたりするような発問や指導をした	1.57	1.75	0.18**

** p<0.01

とである。具体的には，「校内格差を克服している学校」のほうが，教師が，「特別支援教育について理解し，前年度までに，調査対象学年の児童に対する授業の中で，児童の特性に応じた指導上の工夫（板書や説明の仕方，教材の工夫など）」を行っている（図 10-1）。

　特別な支援が必要な子どもにとって「わかりやすい」授業は，誰にとってもわかりやすい，親切な配慮が行き届いた授業である。それは，障害の有無や発達の度合，国籍・日本語力を問わず，誰に対してもわかりやすい授業であろう。そのような授業は，すべての児童生徒にとって「わかりやすい」ものであり，学習の遅れがちな子たちの学力を下支えする効果があると考えられる。

　「成果が上がっている学校」の特徴は，「すべての子どもに基礎学力を定着させる」という姿勢である。「成果が上がっている学校」では，「誰一人取り残さない」という方針を持ち，個に応じたきめ細かい配慮が実質化されている。「誰一人取り残さない」とは，できない子や遅れがちな子，不利を抱えた子を排除せず，包摂的（インクルーシブ）であるということである。「誰一人取り残さない姿勢」こそが「インクルーシブ」の本質であり，「格差を克服している学校」はまさに「インクルーシブな学校」と表現できよう。

　ひとり一人への基礎基本の定着を図るには，「個に応じた指導」が必要である。少人数指導，習熟度別指導，補充学習なども成果が上がっている学校では

表 10-6 「格差を克服している学校」

	小学校	中学校
成果が上がっている学校	・様々な**考えを引き出したり**，思考を深めたりするような発問や指導をした ・授業の最後に学習したことを**振り返る**活動を計画的に取り入れた ・学級やグループで**話し合う**活動を授業等で行った ・自分で調べたことや考えたことを分かりやすく**文章に書かせる**指導をした ・将来就きたい仕事や夢について**考えさせる**指導をした ・各教科等の指導のねらいを明確にした上で，**言語活動**を適切に位置付けた	・各教科等の指導のねらいを明確にした上で，**言語活動**を適切に位置付けた ・学級やグループで**話し合う**活動を授業等で行った ・**発言や活動の時間**を確保して授業を進めた ・資料を使って**発表ができる**よう指導した ・授業において，生徒自ら学級やグループで課題を設定し，その解決に向けて**話し合い**，まとめ，**表現する**等の学習活動を取り入れた ・言語活動について，国語科だけではなく，**各教科，道徳，外国語活動，総合的な学習の時間及び特別活動**を通じて，**学校全体として**取り組んでいる ・生徒自ら学級やグループで課題を設定し，その解決に向けて**話し合い**，まとめ，**表現する**などの学習活動を学ぶ**校内研修**を行っている
校内格差を克服している学校	・**総合的な学習の時間**において，課題の設定からまとめ・**表現**に至る探究の過程を意識した指導をした ・自分で調べたことや考えたことを分かりやすく**文章に書かせる**指導をした ・各教科等の指導のねらいを明確にした上で，**言語活動**を適切に位置付けた ・国語の指導として，前年度までに，**目的や相手に応じて話したり聞いたりする**授業を行った ・国語の指導として，前年度までに，**書く習慣**を付ける授業を行った ・算数の指導として，前年度までに，**計算問題などの反復練習**をする授業を行った ・国語の指導として，前年度までに，**漢字・語句など基礎的・基本的な事項**を定着させる授業を行った	・自分で調べたことや考えたことを分かりやすく**文章に書かせる**指導をした ・**学習規律**（私語をしない，話をしている人の方を向いて聞く，聞き手に向かって話をする，授業開始のチャイムを守る等）の維持を徹底した ・**道徳**の時間において，生徒自らが考え，**話し合う**指導をした ・授業の中で**目標（めあて・ねらい）を示す**活動を計画的に取り入れた ・言語活動について，国語科だけではなく，**各教科，道徳，外国語活動，総合的な学習の時間及び特別活動**を通じて，学校全体として取り組んでいる

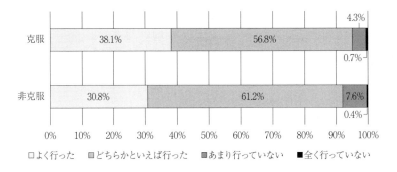

図 10-1　特別支援教育について理解し，前年度までに，調査対象学年の児童に対する授業の中で，児童の特性に応じた指導上の工夫（板書や説明の仕方，教材の工夫など）を行っている（小 6）

積極的に取り入れられている。成果が上がっている学校ほど「算数の授業において，習熟度別の少人数指導を行うに当たって，1つの学級を2つ以上の学習集団に分けた」（小学校），「数学の指導として補充的な学習の指導を行った」（中学校）という回答が多くなっている（お茶の水女子大学 2015）。

　また，「個に応じた指導」は，適切なタイミングで行われることも重要であると考える。教育効果の高い小学校では，「第4学年のときに算数の授業においてティームティーチングによる指導を多く行った」という回答率が高い（お茶の水女子大学 2015）。小学校4年生は算数の内容も高度になり，家庭の経済力による学力差も顕在化する時期である。この結果は，個に応じた指導とともに，そのタイミングの重要性も示唆していると思われる。

(3) 教員研修と教職員の取り組み

　次に，教員研修と教職員の取り組み（「1. よくしている」～「4. 全くしていない」）について見ていこう。表 10-7 は，成果が上がっている学校（小学校）について，表 10-1 と同様の方法で平均の差の大きい順に項目を示したものである。これを見ると，「成果が上がっている学校」と「成果が上がっていない学校」の間で最も差が大きいのは，「学習指導と学習評価の計画の作成に当たっては，教職員同士が協力し合っている」であり，次いで，「個々の教員が，自らの専門性を高めていこうとしている教科・領域等を決めており，校外の教員同士の授業研究の場に定期的・継続的に参加している」「教職員は，校内外の

表 10-7　「成果が上がっている学校」における教員研修・教職員の取り組み

	成果	非成果	差
学習指導と学習評価の計画の作成に当たっては，教職員同士が協力し合っている	1.46	1.82	0.36**
個々の教員が，自らの専門性を高めていこうとしている教科・領域等を決めており，校外の教員同士の授業研究の場に定期的・継続的に参加している	1.58	1.94	0.36*
教職員は校内外の研修や研究会に参加し，その成果を教育活動に積極的に反映させている	1.52	1.84	0.32**
言語活動について，国語科だけではなく，各教科，道徳，外国語活動，総合的な学習の時間及び特別活動を通じて，学校全体として取り組んでいる	1.56	1.86	0.30*
学校全体の言語活動の実施状況や課題について，全教職員の間で話し合ったり，検討したりしている	1.58	1.88	0.30*
児童自ら学級やグループで課題を設定し，その解決に向けて話し合い，まとめ，表現する等の学習活動を学ぶ校内研修を行っている	1.88	2.12	0.24†
校長のリーダーシップのもと，研修リーダー等を校内に設け，校内研修の実施計画を整備する等，組織的，継続的な研修を行っている	1.14	1.36	0.22*
学校全体の学力傾向や課題について，全教職員の間で共有している	1.30	1.52	0.22*
模擬授業や事例研究等，実践的な研修を行っている	1.26	1.48	0.22†

† p<0.1　* p<0.05　** p<0.01

研修や研究会に参加し，その成果を教育活動に積極的に反映させている」が続くことがわかる。

　「校内格差を克服している学校」における教員研修と教職員の取り組み（「1.よくしている」〜「4. 全くしていない」）についてはどうだろうか。表 10-8 を見ると，「校内格差を克服している学校」と「校内格差を克服していない学校」の間で最も差が大きいのは，「学校全体の学力傾向や課題について，全教職員の間で共有していますか」であり，次いで，「学習指導と学習評価の計画の作成に当たっては，教職員同士が協力し合っていますか」，「学校全体の言語活動の実施状況や課題について，全教職員の間で話し合ったり，検討したりしていますか」等が続くことがわかる。

　表 10-9 に，中学校も含め，統計分析によって明らかになった，「格差を克服している学校」における教員研修・教職員の取り組みの特徴をまとめた。これ

表 10-8 「校内格差を克服している学校」の研修・教職員の取り組み（小学校）

	克服	非克服	差
学校全体の学力傾向や課題について，全教職員の間で共有していますか	1.32	1.48	0.16**
学習指導と学習評価の計画の作成に当たっては，教職員同士が協力し合っていますか	1.47	1.62	0.15**
学校全体の言語活動の実施状況や課題について，全教職員の間で話し合ったり，検討したりしていますか	1.64	1.78	0.14*
教職員は，校内外の研修や研究会に参加し，その成果を教育活動に積極的に反映させていますか	1.58	1.72	0.14*
言語活動について，国語科だけではなく，各教科，道徳，外国語活動，総合的な学習の時間及び特別活動を通じて，学校全体として取り組んでいますか	1.63	1.76	0.13*
学級運営の状況や課題を全教職員の間で共有し，学校として組織的に取り組んでいますか	1.40	1.51	0.11*
校長のリーダーシップのもと，研修リーダー等を校内に設け，校内研修の実施計画を整備するなど，組織的，継続的な研修を行っていますか	1.19	1.30	0.11*

* p<0.05　** p<0.01

を見ると，「成果が上がっている学校」においては，教師が校外の教員同士の授業研究の場に定期的・継続的に参加しており，その成果を教育活動に積極的に反映させていることがわかる。また，それに加えて注目されるのは，「教職員同士が協力し合って」「学校全体として取り組んでいる」「学力傾向や課題について，全教職員の間で共有」「全教職員の間で話し合ったり，検討したりしている」など，教師同士・教職員同士の協力関係・情報共有である。成果が上がっている学校は，一部の教師の頑張りに依存するのではなく，「学校全体としての取り組み」が機能していることがうかがえる。

　さらに，教職員の取り組みに関連しては，学力調査の活用についても触れておきたい。「全国学力・学習状況調査の結果を地方公共団体における独自の学力調査の結果と併せて分析し，具体的な教育指導の改善や指導計画等への反映を行って」いるかどうかである。成果が上がっている学校では「よく行った」という回答が40.0％であるのに対し，成果が上がっていない学校では16.0％（お茶の水女子大学 2019）と，大きな差があることを付け加えておきたい。

表 10-9 「格差を克服している学校」における教員研修・教職員の取り組み

	小学校	中学校
成果が上がっている学校	・学習指導と学習評価の計画の作成に当たっては，**教職員同士が協力し合っている** ・個々の教員が，自らの専門性を高めていこうとしている教科・領域等を決めており，**校外の教員同士の授業研究**の場に定期的・継続的に参加している ・教職員は，**校内外の研修や研究会**に参加し，その成果を**教育活動に積極的に反映**させている	・言語活動について，国語科だけではなく，各教科，道徳，外国語活動，総合的な学習の時間及び特別活動を通じて，**学校全体として**取り組んでいる ・生徒自ら学級やグループで課題を設定し，その解決に向けて話し合い，まとめ，表現するなどの学習活動を学ぶ**校内研修**を行っている ・学校全体の言語活動の実施状況や課題について**全教職員の間で**話し合ったり，検討したりしている ・教員は，**校外の教員同士の授業研究**の場に定期的・継続的に参加している
校内格差を克服している学校	・学校全体の**学力傾向や課題について，全教職員の間で共有**している ・学習指導と学習評価の計画の作成に当たっては，**教職員同士が協力**し合っている ・学校全体の言語活動の実施状況や課題について，**全教職員の間で**話し合ったり，検討したりしている	・言語活動について，国語科だけではなく，各教科，道徳，外国語活動，総合的な学習の時間及び特別活動を通じて，**学校全体として**取り組んでいる ・生徒自ら学級やグループで課題を設定し，その解決に向けて話し合い，まとめ，表現するなどの学習活動を学ぶ**校内研修**を行っている ・学校全体の言語活動の実施状況や課題について，**全教職員の間で**話し合ったり，検討したりしている

（4）地域との連携

　次に，地域との連携について見てみよう。統計表は省略するが，表 10-10 に，「成果が上がっている学校」「校内格差を克服している学校」における「地域との連携」の特徴を示した。「成果が上がっている学校」においては，「授業や課外活動で地域のことを調べたり，地域の人と関わったりする機会の設定を行った」「地域や社会をよくするために何をすべきかを考えさせる指導を行った」

表 10-10 「格差を克服している学校」における「地域との連携」

	小学校	中学校
成果が上がっている学校	・<u>地域の人材</u>を外部講師として招聘した授業を行った ・<u>地域や社会をよくするために何をすべきか</u>を考えさせるような指導を行った ・授業や課外活動で<u>地域のことを調べたり，地域の人と関わったりする</u>機会の設定を行った ・学校支援地域本部などの<u>学校支援ボランティア</u>の仕組みにより，保護者や地域の人が学校における教育活動や様々な活動に参加してくれる	・授業や課外活動で<u>地域のことを調べたり，地域の人と関わったりする</u>機会の設定を行った
校内格差を克服している学校	・調査対象学年の児童に対して，前年度までに，<u>ボランティア等による授業サポート（補助）</u>を行った。 ・調査対象学年の児童に対して，前年度までに，<u>地域の人材</u>を外部講師として招聘した授業を行った ・調査対象学年の児童に対して，前年度までに，<u>地域や社会をよくするために何をすべきかを考えさせる</u>ような指導を行った ・学校支援地域本部などの<u>学校支援ボランティア</u>の仕組みにより，保護者や地域の人が学校における教育活動や様々な活動に参加してくれる	・調査対象学年の生徒に対して，前年度までに，<u>地域の人材</u>を外部講師として招聘した授業を行った ・調査対象学年の生徒に対して，前年度までに，<u>博物館や科学館，図書館</u>を利用した授業を行った ・前年度全国学力・学習状況調査の自校の結果について，<u>保護者や地域の人たちに対して公表や説明</u>を行った

などの特徴がみられる。また，「校内格差を克服している学校」においては，地域の人材を外部講師として招聘する授業を行っている。さらに，「校内格差を克服している小学校」では，「ボランティア等による授業サポート（補助）」や「学校支援地域本部などの学校支援ボランティアの仕組み」などが特徴的である。

　学校と地域との関係では，「地域に学校が助けられる（外部講師や支援員）」だけでなく，「学校や子どもたちが地域に関心を持ち，地域のためを考える」

（子どもが地域のことを調べたり，地域の人と関わったりする，地域や社会をよくするために子どもが何をすべきかを考える）ことも，成果が上がっている学校（特に小学校）の特徴としてあげられる（表10-10）。

表10-2でも見られたように，「校内格差を克服している学校」においては，小中問わず，「教育内容と，教育活動に必要な人的・物的資源等を，地域等の外部の資源を含めて活用しながら効果的に組み合わせている」という特徴がある。外部資源を積極的かつ有効に活用していくことが，校内格差の克服に重要な役割を果たすと考えられる。

5. おわりに

本章では，統計的な分析に基づき，学力格差を克服している学校の特徴を捉えた。本章でとりあげた取り組みは，学力格差の克服にむけて，学校がとりうる「選択肢」といえよう。これらは，各学校・地域の特性に合わせて活用することが重要である。ある治療が患者の体質や病歴によって合ったり合わなかったりするように，学校教育への処方箋も，個々の学校や地域が持つ特性によって合ったり合わなかったりすることがあろう。地域や学校の特性や実情を踏まえ，適用していくことが必要である。本章の知見が，学校教育の現場においては日々の実践や教育計画作成等において，また，教育行政においては，これらの知見をふまえた条件整備や体制支援のための基礎資料として活用されることを期待したい。

参考文献
お茶の水女子大学，2014，『平成25年度全国学力・学習状況調査（きめ細かい調査）の結果を活用した学力に影響を与える要因分析に関する調査研究』．
お茶の水女子大学，2015，2018，2019，『学力調査を活用した専門的な課題分析に関する調査研究』．
志水宏吉，2009，「階層差を克服する学校効果」Benesse教育研究開発センター『教育格差の発生・解消に関する調査研究報告書』，pp. 76-88.

第Ⅲ部

学力格差克服に向けた学校の取り組み
　──事例分析

第11章

「高い成果を上げている学校」の特定と調査方法

浜野　隆・冨士原　紀絵・中西　啓喜

1.「高い成果を上げている学校」の抽出

　本章では,「高い成果を上げている学校」をどのように抽出したのか, また, 事例調査の対象校をどのように選んだのか, 説明していきたい。

　本書は, 保護者調査を活用して, 効果的な指導法に関する知見を得ることを目的の一つとしている。これまでの分析において明らかになったことの一つは, SES が学力に対して及ぼす影響力の強さである。しかしながら, SES 自体は政策によって容易にコントロールできるものではなく, 教育政策の観点から言えば,「いかに学校の力で SES による学力格差を克服するか」が課題となる。

　本書における「高い成果を上げている学校」とは,「SES による学力格差を克服することに一定の成果を上げている学校」のことである。「高い成果を上げている学校」のイメージは図 11-1 から 11-8 の通りである。横軸は学校SES（右に行くほど保護者が高学歴・高収入）, 縦軸は学力（正答率の学校平均）である。一つ一つの点は学校を表している。全体としては, 学校 SES が高くなるほど学力も高くなるという傾向がみられるが, 傾向線（回帰直線）を大きく上回っている学校も存在する。図中, ○で囲まれたような学校は, 学校の社会経済背景から予測される学力を大きく上回っており, 学校が高い成果を上げていると考えられる。第 10 章の「成果が上がっている学校」と類似する点は多いが,「高い成果を上げている学校」は, 次節でみるように, 選択の際にいくつかの条件を追加している。事例分析においては, このような「高い成果を

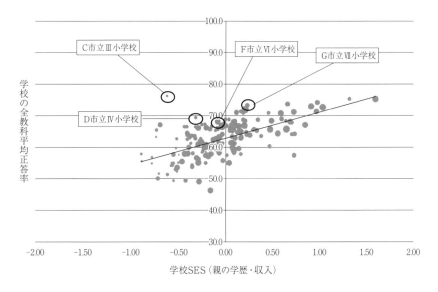

図11-1　2013年度・学校の学力と社会経済的背景の関係──抽出対象校（165校）（小6）

上げている学校」の特徴を訪問調査によって明らかにしている。

2．各調査年次の特色

(1) 2013年度訪問校──中大規模校を中心に

　学校の置かれた環境の把握には，在籍児童生徒のSESの平均値を，各学校の学校SESとして位置づけた。残差の算出には，児童生徒レベルで，学力を従属変数，SESを独立変数とした回帰分析を行い，各児童生徒の残差を算出した。残差とは，児童生徒の社会経済的背景から推定される点数（正答率）と，その児童生徒の実際の点数（正答率）がどれほど乖離しているのかを表す値である。

　学力は，まずは算数／数学A，算数／数学B，国語A，国語Bを合成せず，それぞれを従属変数とし，回帰分析を4回行った。ここでは学校を単位として分析するため，各学校に在籍する児童生徒の残差の平均値を算出した。なお，学校により保護者の標本サイズにばらつきがあるため，残差に保護者標本サイズの平方根を乗じることにより，調整した（以下，調整済み残差と呼ぶ）。

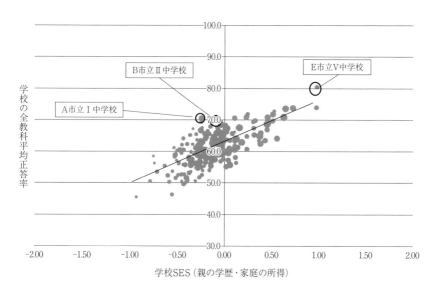

図 11-2　2013 年度・学校の学力と社会経済的背景の関係—抽出対象校（214 校）（中 3）

　調査対象校の抽出は次の手順で行っている。まず，それぞれの問題（算数／数学 A，算数／数学 B，国語 A，国語 B）で，調整済み残差が最も大きい学校を40 校抽出した上でそれらを順位づけし，3 つ以上の問題で上位だった学校を最終抽出校とした。その際に，小学校抽出にあたっては，結果の汎用性を考慮して「学年学級数が 2 以上」の学校（中大規模校）を抽出条件とした。（学年 1 学級の）一人の担任の力による効果ではなく，学校の効果と解釈できることから，汎用性が高いであろうと判断した。ただし，上記の条件を設けることにより，対象校が 165 校と全体の 42％の学校に大幅に絞られていることは，留意が必要である。また，学校 SES が Lowest グループの学校に関しては，9 割強が小規模校で対象外となってしまうため，代わりに「学年児童数 20 名以上」を条件とした。一方で，中学校の抽出は，小学校と同様に，「学年学級数が 2 以上」かつ「第 3 学年の生徒数が 41 人以上」の学校（中大規模校）を抽出条件とした。中学校の場合は，この条件を満たす学校が全体の約 55％となる。

　最終抽出訪問校を決定するにあたっては，小学校に関しては，多様な社会経済的背景の学校を抽出するために，4 つの問題を合成した全問題平均残差が最も高かった学校を，それぞれの社会経済的背景グループから 1 校ずつ抽出した。

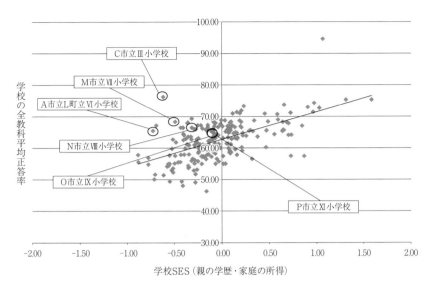

図 11-3　2014 年度・学校の学力と社会経済的背景の関係—抽出対象校（217 校）（小 6）

一方で，中学校の場合は，学校 SES の Lowest グループが，高い残差を記録することがきわめて難しい。そのため，全問題平均残差（調整値）の平均値の高さを優先しつつ，できる限り各社会経済的背景グループが分散するように対象校を抽出した。そして，地域的なバランス，調査の実施可能性などを総合的に考慮して，小中各 4 校の訪問校を選定した。なお，中学校 1 校からは調査拒否があり，最終的な事例研究は小学校 4 校，中学校 3 校となった。

(2) 2014 年度訪問校——小規模校・B 問題の高実績校・都市部

　2014 年度の調査では，以下の 3 点を新たな視点として設定し，「高い成果を上げている学校」を抽出した。いずれの視点も，学校 SES から統計的に予測される学校の平均正答率を大きく上回っていることを前提条件としている。

　第一の視点は，小規模校を選ぶということである。2013 年度は，結果の汎用性を考慮して，小学校は「原則，学年学級数 2 学級以上」（Lowest SES のみ学年児童数 20 名以上）という条件で学校を抽出した。しかし，小規模校には，その特色を活かした教育実践（教育委員会や学校長，担任教諭の取り組みなど）

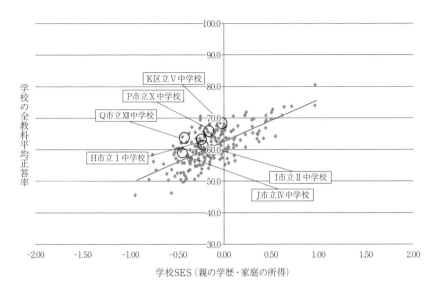

図11-4 2014年度・学校の学力と社会経済的背景の関係—抽出対象校（214校）（中3）

が行われているということを仮定して，26年度は，そうした小規模の学校を抽出した。なお，小規模校を分析対象とした場合，「高い成果を上げている学校」が見られたのは小学校が多かったため，小規模校については小学校のみを訪問・聞き取り調査の対象とした。

　第二の視点は，Ｂ問題の正答率が特に高い学校を選ぶということである。Ａ問題（主として「知識」に関する問題）の正答率から統計的に達成が予測されるＢ問題（主として「活用」に関する問題）の正答率を上回っている学校を選んだ。

　第三の視点は，都市部の学校を選ぶということである。というのも，都市部における学力格差は，学校外教育による影響が大きいことが指摘されている（耳塚編著 2013など）。また，本データからも都市規模によりSESと学力の関連が異なり，都市規模が大きいほどSESが学力に及ぼす影響力が強く，なおかつSESが学力の分散を説明する割合も高い。そこで2014年度は，大都市および中核市に分析対象を絞り，都市部における「高い成果を上げている学校」を抽出した。

　以上のような視点から学校を抽出した結果，①小規模で高い成果を上げてい

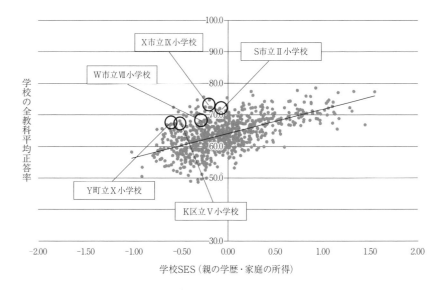

図 11-5　2017 年度・学校の学力と社会経済的背景の関係—抽出対象校（757 校）（小 6）

る小学校を 2 校，②A 問題の正答率から予測されるよりも B 問題の正答率が高い学校を 4 校（小学校 1 校・中学校 3 校），③都市部で高い成果を上げている学校を 6 校（小学校 3 校・中学校 3 校）抽出することができた。

（3）2017 年度訪問校——継続的に成果を上げている学校

　2017 年度訪問校は，2017 年度の保護者調査に基づいて抽出されている。2017 年度の特徴は「継続的に」成果が上がっている学校を抽出したということである。

　全国学力・学習状況調査は 2007 年度より毎年ほぼ悉皆調査で実施されている。本章では，このうち 2013 年度から 2017 年度までの 5 年分を用いる。使用データでは，各学校に割り当てられている国語 A，国語 B，算数／数学 A，算数／数学 B の和を 4 で割り，一元的な学力スコアを作成した。

　学校の置かれた環境の把握には，2017 年度データを用いた。そして，2017 年度データより算出された学校 SES を，「近隣住民の社会経済的背景は大きく変化しない」という仮定を置き，2013 年度から 2016 年度にも適用した。

　残差の算出には，2013 年度から 2017 年度までの 5 年分の学校レベルで，学

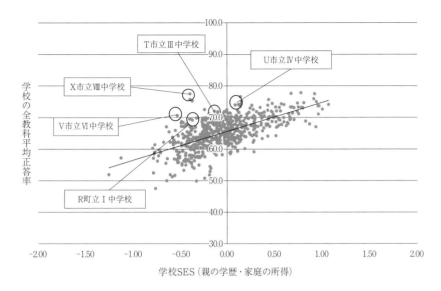

図11-6　2017年度・学校の学力と社会経済的背景の関係─抽出対象校（580校）（中3）

力を従属変数に設定した。そして，上述の手続きによる2017年度調査における学校SESを独立変数とした回帰分析を行い，各年度の残差（推計式から算出される予測値と観測値の差）を算出した。こうして算出された残差が5年間で安定的に大きい学校を「継続的に成果を上げている学校」と判断した。

　回帰分析の対象について，小学6年生，中学3年生の児童生徒数が24人以下の学校を除外した。対象学年の児童生徒数が少なくなると，一部の児童生徒の結果に学校全体の平均点が大きく影響されてしまうため，そのような学校は今回の分析では除外した。その結果，回帰分析の対象校は，小学校が757校，中学校が580校となった。

　次に，回帰分析によって得られた残差を見て，過去5年間安定的に残差が大きい学校を抽出した。さらに，対象学年の学級数が2学級以上（特別支援学級は除く）となっている学校に絞った。むろん，これよりも規模の小さい学校での実践から学ぶ点も数多くあると考えられるが，ここでは，学級担任や教科担当教師の個性や個人的な要素というよりは「学校としての組織的な取組」（特性）に注目した方が，汎用的な知見が得られると考えた。そのため，対象学年（小学校であれば6年生，中学校であれば3年生）の学級数が2以上の学校に限定

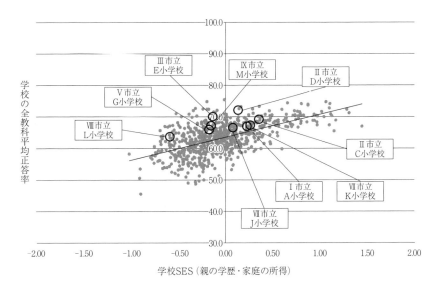

図 11-7　2018 年度・学校の学力と社会経済的背景の関係──抽出対象校（757 校）（小 6）

した。そのようにして絞り込んだ学校を，さらに，学校 SES，通塾率，地域
バランス等を考慮して，小学校 5 校，中学校 5 校を選んだ。

(4) 2018 年度訪問校──「校内格差を克服している」学校

　2018 年度は，「成果が上がっている」学校で，かつ「校内格差を克服してい
る」学校を選択した。「成果が上がっている学校」と「校内格差を克服してい
る」の判断基準は次の通りである。

① 2018 年度の「成果が上がっている」の基準

　これまで述べてきたように，「成果が上がっている学校」とは，学校の平均
正答率が，学校の社会経済背景から予測される正答率を大きく上回っている学
校である。その基準であるが，2018 年度は，次の 2 つを満たす学校とした。
第一は，学校の社会経済的背景から推測される学力（国 AB，算数 AB の正答率
平均）を過去 5 年間継続して上回っていることである。そして第二は，残差の
過去 5 年間の平均がプラス 3％ポイント以上の学校であること，である。

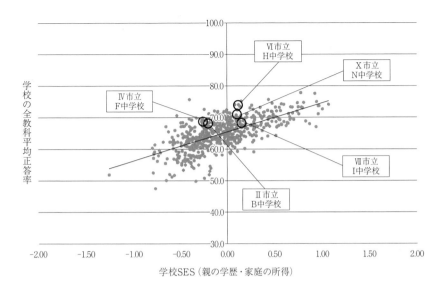

図11-8　2018年度・学校の学力と社会経済的背景の関係―抽出対象校（580校）（中3）

②「校内格差を克服している」の基準

　「校内格差を克服している」とは，本研究では，「不利な環境のもとにある子どもたちの学力の底上げに成功している」という意味である。具体的には，通過率（平均よりもやや低い正答率［小学校58％，中学校59％］を設定し，その設定値を上回っている子どもの割合）において，「通塾群」「非通塾群」「SES上層」「SES下層」，いずれのグループも60％以上（大都市に関しては58％以上）の通過率を達成している学校を「校内格差を克服している学校」とした（通過の基準及び通過率の設定の詳細については第10章［166〜167頁］参照）。

　そして2018年度の訪問校は，①の「成果が上がっている」と「校内格差を克服している」の両方の条件を満たす学校とした。2017年度と同様の理由から，対象学年の学級数が2以上の学校に限定した。都市規模，学校規模，学校SES，通塾率等を考慮して，小学校9校，中学校5校を選んだ。

3. 訪問調査の概要

(1) 訪問調査の対象と方法

前節で抽出された学校とその学校を管轄する教育委員会を対象としてインタビューによる訪問調査を実施した。

あらためて調査対象校数を整理すると，2013年度は小学校4校と中学校3校と7教育委員会，2014年度は小学校6校と中学校6校と11教育委員会（同一市内の1小学校と1中学校が対象のケースが存在），2017年度は小学校5校と中学校5校と9教育委員会（同一市内の1小学校と1中学校が対象のケースが存在），2018年度は小学校9校と中学校5校と10教育委員会（同一市内に2小学校と1中学校のケースが2パターン存在）である。4年間で小学校は総計23校（年度間で重複する学校が1校），中学校は19校，34教育委員会（年度間で重複がある教育委員会が3）となった。

年度によって学校への訪問調査依頼の時期が異なり，そのために調査時期も異なるが，おおむね11月中旬から2月下旬の間に実施し，結果的に2月が多くなった。調査日時は学校の希望による。訪問時期が年度末の行事が多い時期に重なり，中学校では高校受験を控えた時期であった。各学校の事情に応じて調査受け入れ体制は異なっているものの，総じて校長，教頭，教務主任といった管理職と調査対象である小学校6年生と中学校3年生の担当教師や生徒指導担当教師，校内研究や研修担当教師がインタビューに応じた。合わせて校内の巡視，国語，算数・数学の授業参観を行い，学校の要望によっては学年や教科を問わず全学級の授業を参観することもあった。学校調査には指導主事が同席する場合もあった。

学校調査の流れも個々の学校の事情に応じて異なるが，おおむね午前中に校内を巡視しながら1〜2時間の授業参観と昼から午後にかけて3〜4時間のインタビューを行っている。教育委員会では主に指導主事（学力向上や教員研修に詳しい者）を対象に3時間程度インタビューを行った。教育長が同席する場合もあった。

訪問者は最低2名とし，調査チーム全員で分担している。全ての学校を訪問した調査者はいない。しかし，訪問前に全員でインタビュー調査の質問内容を

検討して作成した項目表を中心に実施し，担当者が違っていても一貫性を保つことを心掛けた。調査対象校と教育委員会には事前にインタビュー内容の概要を伝え，学校要覧類，研究紀要類，学校で作成している各種パンフレットを用意してほしい資料として伝えている。

　インタビューに際して，最初に録音と学校名公表の許可を確認しており，全ての調査校で録音の許可は得ることができた。しかし，学校名公表については教育委員会と相談の結果，否とする学校が多く，積極的に公表を望む学校も数校は存在したものの，調査報告書の記述では学校名は全校をイニシャル表記としている[1]。否の理由として，学校SESが低い学校である場合，それが周知されてしまうことへの危惧を挙げる場合と，当該学校が市区町村の中で特別視されてしまうことへの懸念を教育委員会から指摘される場合があった。前者の理由は想定していたものの，後者の理由については教育委員会の中で，当該学校が特に優れた学校ではない，という理解によるものとみられる。

　というのも，調査チームが市区町村の教育委員会に当該学校の訪問願いの趣旨を説明した際に，「なぜその学校なのか，もっと優れた学校で，調査をお勧めしたい学校が管轄内にある」という意見を何度か聞いてきた。本調査の趣旨をわかりやすく伝えたつもりではあったが，この対応は，当該学校が教育委員会から見て必ずしも「優れた学校」として認識されていなかったということを示している。それは調査対象校においてさえも同様の認識であり，訪問した際，ほとんどの学校で真っ先に言われたのが「なぜ本校なのか？　特に変わったことは何もしていない。当たり前のことをやっているだけ」という言葉だったことからも理解できる。

　市区町村の教育委員会の管轄内には，全国的に，あるいは都道府県内で注目されている学校が存在している場合もある。なにより，教育委員会が本調査を「全国学力調査」をベースにしたものとして受けとめた際に，学力調査の学校平均点において本調査対象校よりも優れている学校が管轄内に存在すれば，なぜその学校を調査しないのか，と考えてもおかしくはない。学校SESと学力調査との関係で選んだ学校である，という趣旨を伝えても，それを直ちに理解するのは難しかったことが推察される。学力調査の平均点の結果に着眼して好結果を挙げた学校を調査し，その学校の取り組みの特徴を解明しようとした研究とは一線を画していることへの理解の得がたさがあった。

こうした意味で，本調査が対象とした学校の多くは教育委員会や学校自身が特別な学校ではないと認識していた点に注目しておく必要がある。調査者にとって，訪問するまでは当該学校の取り組みが「特別なものではない」のか，あるいは「優れて」いるのかについては判別できず，「高い成果を上げている学校」として抽出された学校である以上，そこには優れた要因が存在しているという仮定で訪問している。その要因が何であるのか，以下で示す調査内容の分析により迫ろうと試みたということになる。

なお，各年度の報告書には，全体分析章の他，各学校の訪問レポートをまとめた章を作っている。このレポートは調査者がまとめた後，各学校と教育委員会に戻し，間違いがあれば指摘してもらい，修正を施したものである。調査対象校と数回のやり取りを行うこともあり，正確性を期している。

(2) 調査内容

訪問調査者全員で共有した具体的なインタビュー内容は『平成29年度保護者に対する調査の結果を活用した効果的な学校等の取組に関する調査研究』「第8章　高い成果を上げている学校　事例研究」(pp. 89-96) に示している。

学校訪問インタビューの概要は①最初に学校を選んだ経緯を説明し，2017年度小6・中3生の「残差が高い」理由と成績が良好な理由の確認と学力調査対象学年の特徴（小学校の場合1年生から5年生まで，中学生の場合中1〜中2の間の学習や生活状況，担任の特徴，家庭環境など）を確認することから聴き取りを始め，②学校の体制面（物的環境，組織，研究体制と研修体制等），③教育課程・学習指導・生徒指導面（カリキュラム，教授形態・学習形態，学力の把握の方法，全国学力調査の理解と活用，生徒指導や生活指導等），④家庭，地域，教育委員会，異校種の学校外との関係面を問うた。教育委員会では指導主事の経歴を確認した後，①訪問学校の特色への認識，②学力向上に関わる教育委員会の施策等を確認した。

質問項目の枠組みと内容は2014年度の調査時に中留武昭編『カリキュラムマネジメントの定着過程』(2005)，有本昌弘『スクール・ベースト・アプローチによるカリキュラム評価の研究』(2007)，志水宏吉編『「力のある学校」の探究』(2009) 等の研究を参考に原案を作成し，年度ごとに，積み重ねたインタビュー経験を踏まえて修正を加え続けたものである。

有本によれば，学校を基盤としたカリキュラムの実施状況を研究する際，日本の場合には学校側が「授業実践志向」を特徴としている点に注目している（有本 2007, p. 157）。この点を重視すれば，調査では授業の詳細な分析が重要となるものの，本調査では訪問調査校数が多く，調査時間も人員も限られており，一つの学校に通い詰めて授業を参与観察し記録する時間的余裕がなかった。管理職・教務主任，一部教諭のインタビューと印刷された資料の分析に頼るしかない点で限界がある。しかし，限られた時間であっても出来るだけ授業を参観するようにし，また管理職や教師が経験しているであろうが自覚的ではない行為——有本が指摘している「潜在的カリキュラム」——について，調査者は意識的に臨み，インタビューによって可能な限り浮き彫りにすることに努めた。

(3) 訪問調査の結果の概要と今後の課題

2013 年度の調査終了時には調査対象校 7 校の分析により，取り組みの共通項を①家庭学習の指導，②管理職のリーダーシップと同僚性の構築，実践的な教員研修の重視，③小中連携教育の推進，異学年交流の重視，④言語に関する授業規律や学習規律の徹底，⑤都道府県，市レベルの学力・学習調査の積極的な活用，⑥基礎・基本の定着の重視と少人数指導，少人数学級の効果の 6 点に整理した。4 カ年の調査において，ここで挙げた特徴の 6 点は，学校の取り組みを分析する際に注目する視点として基本的に踏襲し続けた。

これらの特徴は，おおむね「学力向上で成果を上げている」とされる学校の先行研究や事例集等で取り上げられる結果と同様の結果になっている。例えば『調査報告「学力低下」の実態』（苅谷・志水・清水・諸田 2002, p. 65）では「効果のある学校」の特徴として (1)「学習意欲」や「自学自習」をキーワードとする指導。(2)「個別学習・少人数学習・一斉指導」を柔軟に組み合わせた授業づくり。(3) 子どもの集団づくりを大切にした学習環境。(4) 家庭学習にも活用できる「習得学習ノート」。(5)「総合学習」等で，子どもたちが「進路」や「生き方」を考えることの重視を挙げている。①と (4)，⑥と (2) は共通している。また，2014・2017・2018 年度の調査では (3) や (5) と同様の特徴も確認されている。

なお，苅谷らの調査では「効果のある学校」2 校の調査から上記の特徴を挙げている。他の学力向上で成果を上げているとされる学校の調査研究でも一部

地域や数校の調査をもとに特徴を整理しているが，本調査では，そうした先行研究でも指摘されてきた特徴の共通性を全国レベルで確認しつつ，新たな知見を加えたものになった。

しかし，実際には本研究の調査対象校の具体的な取り組みは個々の学校の文脈に応じて実に多様であり，特徴を簡略化しすぎた感が否めないのもまた事実である。ここに挙げた6点に限ってみても，学校ごとに，その取り組みの導入の背景や取り組みの詳細や質には違いがある。6点に集約していない特色ある取り組みや，6点の同じ取り組みでも学校ごとに質の違いがあることを，報告書の個別訪問レポートにより確認することができる。

最後に，本調査の限界を指摘しておく。

時間的制約という限界があったことは既に述べた。他，インタビュー項目を決定していたとしても調査者が違えば追究の程度に差は出る点，訪問当日の学校の状況やインタビュイーの人柄にも左右される点が挙げられる。志水ら（2009, 2019）による長期にわたり学校関係者と信頼関係を築き上げて行う緻密なフィールドワーク調査と比較し，追究の深さには限界がある。さらに，分析の上では，個々の学校の取り組みの特徴は地域の特徴や教師の把握している児童生徒の実態や教師のおかれた状況，学校の規模といった条件に応じて様々であり，例えばSES（低，中，高）×学校規模（大規模・中規模・小規模），SES×都市規模（大都市，中核市，僻地），学校規模×都市規模といった類型化を行い，各々の共通の特徴をまとめることも複雑で難しい。

これらの限界を自覚しつつも，第12章，第13章，第14章では小学校23校と中学校19校，校種ごとに共通する「高い成果を上げている学校」の取り組みの特徴をできる限り見出そうと試みた。

なお，そこで見出した取り組みについて，同じ取り組みを行っているにもかかわらず「成果が上がっていない」学校があれば，「成果を上げる取り組み」とは必ずしも同定できない。本来，「成果が上がっていない学校」の状況を調査せねば，「成果を上げた取り組み」と断定することはできないという限界があることも踏まえつつ分析していることを指摘しておく。

繰り返しになるが，調査対象校の多くは「特別な学校」ではなく，「当たり前のことをやっているだけ」の「普通の学校」であると自認している。「成果の上がっていない学校」ではその「普通さ」「当たり前」が実現できない実態，

あるいは学校の努力や教育委員会の支援だけでは「普通」にならない困難や背景を抱えている可能性が想定される。いずれはそうした学校にも調査対象を広げることが期待されるが，現時点では第15章の「成果が上がりつつある学校」に，その契機を見出してゆく。

註

1)　各年度の報告書において，訪問調査の全体的な分析章と個別の学校の訪問レポートをまとめた章は次の通りである。①『平成25年度全国学力調査（きめ細かい調査）の結果を活用した学力に影響を与える要因分析に関する調査研究』「第7章　高い成果を上げている学校　事例研究」pp. 155-162，「第10章　高い成果を上げている学校，教育委員会の訪問レポート」224-249頁。②『平成26年度学力調査を活用した専門的な課題分析に関する調査研究（効果的な指導方法に資する調査研究)』「第9章　高い成果を上げている学校　事例研究（2）」pp. 421-436，「第10章　高い成果を上げている学校，教育委員会の訪問レポート」pp. 437-489。③『平成28年度保護者に対する調査の結果と学力等との関係の専門的な分析に関する調査研究』「第16章　高い成果を上げている学校　事例研究」pp. 151-169，「第18章　高い成果を上げている学校・教育委員会の訪問レポート」pp. 177-220。④『平成29年度保護者に対する調査の結果を活用した効果的な学校等の取組に関する調査研究』「第8章　高い成果を上げている学校　事例研究」pp. 88-115，「第11章　高い成果を上げている学校・教育委員会の訪問レポート」pp. 138-226。いずれも文科省のweb上で読むことができる。

参考文献

有本昌弘，2007，『スクール・ベースト・アプローチによるカリキュラム評価の研究』学文社.

苅谷剛彦・志水宏吉・清水睦美・諸田裕子，2002，『調査報告「学力低下」の実態』岩波書店.

耳塚寛明編著，2013，『学力格差に挑む』金子書房.

中留武昭編著，2005，『カリキュラムマネジメントの定着過程』教育開発研究所

志水宏吉編，2009，『「力のある学校」の探究』大阪大学出版会.

志水宏吉，2014，『「つながり格差」が学力格差を生む』亜紀書房.

志水宏吉監修，若槻健・知念渉編，2019，『シリーズ・学力格差3 学校編　学力格差に向き合う学校』明石書店.

第12章

高い成果を上げている小学校の取り組み
――訪問調査からわかること・1

石井　恭子・田村　恵美

1. はじめに

　本章では，2013年度から2018年度まで4回の訪問調査23小学校の事例報告をもとに，「高い成果を上げている学校の特徴」に共通して見られる取り組みを記述していく。

　まず初めに，これまでの4年間で示されたキーワードを以下7点にまとめておく。①言語に関する指導や学習規律の徹底，授業改善の推進，基礎基本の定着の重視，補充学習，少人数指導・少人数学級，②一人も見逃さない個別指導，特別支援の視点を入れた学校づくり，多様性を認め生かす，人的支援，多様な支援員の配置，③充実した家庭学習指導と家庭学習習慣の定着，家庭への啓発，④管理職のリーダーシップによる同僚性の構築，実践的な教員研修の重視，若手とベテランが学び合う組織的な取り組み，⑤小中連携の重視，異学年交流の重視，小中一貫教育による一貫した学習の構え，子どもの長期的な育ちを支える視点，⑥学力調査の積極的な分析・活用によるモニタリング，⑦地域や保護者との良好な関係を基盤とした積極的な地域との連携。

　4年間で訪問した小学校23校のうち17校（2013年度訪問のG市Ⅶ小，2018年度訪問のⅠ市A小，Ⅱ市C小とD小，Ⅶ市J小とK小以外。なお学校名のイニシャルは第11章の表11-1から11-6を参照のこと）は，学校SESが平均を下回っていた。平均を上回っている6校のうち5校は2018年度調査で抽出された「校内格差を克服している」学校であり，これらには学校SESによらず共通の特

徴が見られている。さらにこの共通の特徴は 2017 年度以前の学校でも同様に見られた。そこで本章では，訪問した 23 校全てに共通する取り組みを主に記述する。

　ただ，訪問者（事例レポートの執筆者）が同一人物ではないため，以下に記述した具体的な事例に挙げていない学校でも同様の取り組みが行われていた可能性があることを付け加えておく。

2. 高い成果を上げている小学校に共通する特徴

(1) 安定した生活習慣を基盤とした落ち着いた学校

　4 年間で訪問した 23 校全ての学校で，校長から語られる学校経営や児童の様子から共通の特徴が見出された。それは「特別なことはしていない」「あたりまえのこと」と述べつつも，そのあたりまえが確実に定着していたことである。また，校長の多くが子どもたちを「落ちついている」「明るく素直」と褒めており，丁寧に清掃された校内を案内する中で，礼儀正しく挨拶をする児童や親しげに声をかけてくる児童と言葉をかわしている様子からも，子どもたちと良い関係を結んでいることが感じられた。

　調査訪問校の多くは，古くからの住民が多く，教育熱心で安定した地域と家庭に支えられている。しかし，少子高齢化や産業構造の変化による影響を受け，合併や統合をした町や学校も多い。また，どの学校にも経済的に厳しい家庭やひとり親家庭，生活保護世帯が一定数おり，家庭環境のばらつきは大きかった。協力的な地域の中にあっても，子どもたちの学習と生活全般については地域や家庭に任せるのではなく学校が引き受けるという校長の方針から，まず学校づくりの重点的な取り組みの共通点について述べていく。

　校長から語られたのは，学力向上を直接目指す取り組みではなく，学力を支える基盤としての「豊かな心」や「生活習慣」への着目と，それを丁寧に指導し定着させることであった。「低学年期から素直に努力し，丁寧に生活し学習することが学力向上の基礎となる」（L 町Ⅵ小）や「豊かな心の育成は学力の向上につながる。土台がしっかりすれば学力はあとでついてくる」（M 市Ⅶ小）といった校長の語りからも，まずは子どもたちの心を大切にして安定した学校を作ることが重視されている。

どの学校でも真っ先に挙げられたのは，あいさつの指導である。さらに，言葉遣いや靴を揃えるなど基本的な生活習慣の定着と，うそをつかない，約束を守るといった基本的な姿勢の指導が丁寧にそして着実に行なわれていた。生活指導は厳しい規律ではなく，「安全・あいさつ・ありがとう」（Ⅰ市Ａ小）や「あいさつ・あたたかなことば・あきらめない」（Ⅶ市Ｋ小），「早寝早起き朝ごはん元気もりもり外あそび」（Ⅱ市Ｄ小）など，子どもたちにわかりやすく具体的な合言葉で示されている。できたら褒められる機会が増え，自尊感情を高めることにつながる。自尊感情や自己肯定感・自己有用感を高めることを大切にしている学校は多く，全国調査等の結果で確認したり，保護者に伝えたりしながら推進している学校も複数あった。

　また，一人も見逃さずどの子にとっても温かい居場所としての学校づくりをあげる校長も多かった。家庭的に厳しい児童に手厚く，必要に応じて福祉に繋ぐ仕組みが作られており，同時に校内でもその日の学校生活を心地よく過ごすための支援が行われていた。例えば，服装や持ち物が整わない場合に学校備品を貸し出す（Ⅲ市Ｅ小），学校で補助的な栄養を取らせる（Ｓ市Ⅱ小）などは，家庭的に恵まれない子どもが学校生活への意欲を失わないための配慮である。

　一人ひとりの生活習慣の定着と同時に，どの子も安心して学べる環境をつくるための指導は徹底されている。例えば，Ｘ市立Ⅸ小学校のリーダー教師は「今日も学校に来て良かったな，と思う雰囲気を作ることを大事に」しており，「自由に発言して良いけれど，人を傷つける発言は絶対駄目」と厳しく指導するという。また人権教育を推進しているＯ市立Ⅸ小学校では「わからないことをからかう児童に対しては教師は本気で怒る」指導によって，わからないと平気で言える学習環境が生まれたという。子どもが本当に追い詰められた状態でも相談できるような体制として教職員玄関前に相談ポストを置いたり，すべての保護者と学校が信頼関係を築く仕組みとして学級通信に振り返りカードをつけて記入を依頼したりすること，子どもや保護者を一人も見逃さないための取り組みである。こうしたきめ細やかな関わりによって，すべての子にとって，居場所のある学校が実現している。不登校児童がいない，または非常に少ないことも，どの子にも居場所があることの現れと見られる。

　また，非常に広い学区を持ちながら徒歩通学の徹底（Ｌ町Ⅵ小，Ⅶ市Ｋ小）や虫歯治療（Ｙ町Ⅹ小）など，特色ある健康教育も見られた。「多くの課題が

あっても，あれもこれも取り組もうとするのではなく，一つのことについて全教師が同じ方向を向いてやりきることができると，子どもも学校も変わっていく」（S市Ⅱ小）のことばは，多くの課題を抱えながら学力向上に取り組もうとする学校にとって興味深い。

　結果として，一人も見落とすことなく教師に大事にされ，ほめられることで，自己肯定感の高い子どもたちが育っており，落ち着いた学校が作られているといえよう。

(2) 基礎基本の定着と言語活動の重視

　どの学校でも，発展的な学習よりも，全ての子どもに基礎・基本の定着を徹底するという方針が貫かれていた。授業は基礎を丁寧に指導することに重点がおかれ，学習課題が明確に示され問題解決の流れがわかりやすく，どの子も参加しやすい授業が目指されていた。さらに，始業前や昼休み，帰宅前などに10分から15分程度学習する時間を設定して反復練習や読書などが行われていた。特に個別指導が必要な児童や希望する児童を保護者の同意のもと放課後に少し残したり，夏季休業期間中に3日から5日程度の補習を行ったりしている。

　多くの学校で，言語活動，特に話すことや書くことなど表現力を重点項目にあげており，書くことについては，低学年から丁寧なノート指導が行われ，児童による主体的な「学び合い」「話し合い」が，国語だけでなく全教科の授業に取り入れられていた。参観した授業でも，よく人の話を聞き，ペアや小グループで自然に顔を寄せ合って話し合う児童の姿，そして丁寧な文字で見やすく整理されたノートが見られた。話し合いを成り立たせる前提として，聞くことはすでに定着しており「自校の児童は人の話をよく聞く」という話も多く聞かれた。

　言語活動や学び合いは，それ自体が目的ではなく，学び合いを通して「主体的に学ぶ」（X市Ⅸ小）や「考えを深める」（P市Ⅺ小）こと，また「問題解決する能力」（L町Ⅵ小）や「主体的に粘り強く学び続ける子」（Ⅰ市A小）を育てることが重点目標とされている。自分の考えを表現し，話し合って考えを深めることから，さらに学習成果を活用したり，生活につなげたりしていくような学習が構想されていた。校内には学習のまとめなど児童の書いた作品がたくさん貼られており，低学年から書く機会が多いことで，書くことに抵抗感がな

いという学校も多い。

　授業中に書く活動を多く取り入れることは，一人ひとりが自分の考えを持って表現する機会としてどの学校でも重視されていたが，厳しい家庭の児童に対する授業内の配慮でもあるとする以下の2校の語りは興味深い。Y町立X小学校の研修主任は「厳しい家庭環境の子どもは自分の思いや願いを聞いてもらう経験が圧倒的に不足している」とみて，「学校では教師が時間をかけて授業の中でも子どもの思いや願い，考えを丁寧に表現することに寄り添いたい」と述べる。また，Ⅲ市立E小学校では，書く活動や全員が表現する活動を，習い事や学習塾に行ける子や力のある子だけが活躍しないための配慮でもあると捉えている。多くの学校に共通した特徴として不登校児童の少なさが挙げられるが，どの子も参加する授業を目指していることと無関係ではないだろう。

　低学年時から丁寧に「聞き方，話し方」「ノートの書き方」などの指導が行われており，教室の壁に貼っている学校もあった。しかし，2013年度には多かった学習規律の掲示は，2018年度の訪問校ではほとんど見られず，校内で統一はせずに学級に任されていた。2018年度は「校内格差を克服している」学校を抽出していることから，「教員の力量や個性も大切にして無理に揃えない」（Ⅲ市E小，Ⅶ市J小）といった学校風土が多かったことや5年間でユニバーサルデザインが普及し，教室掲示物を少なくしていることなどが理由として考えられるが，それだけに断定することはできない。

　言語コミュニケーションや話し合いは教科外の活動でも意識的に行われており，集会で全校児童に向けて発表したり，縦割りで話し合いをしたりする活動もよく行われていた。また全ての学校で，異学年交流や地域の大人との関わりが多かったが，年齢の離れた人と話し合ったり手紙を書いたりすることは豊かな言語力に結びついているという。交流する小学校の決まった相手と6年間継続して文通するⅦ市立K小学校では，相手意識を持って言葉を選んだり丁寧に文字を書いたりすることが学びの土台として重要であると述べる。

　読書についても，全ての学校で力を入れており，図書館や学級文庫を充実し，朝や昼に読書の時間を位置付けるなど，低学年からよく本を読む習慣をつけ，本好きの子が育っている。また，読み聞かせは，保護者や地域人材のボランティアを活用することも多いが，教師も積極的に取り組んでいる。全教師が担任外の学級で読み聞かせ（Y市X小，Ⅱ市C小）をしたり，異学年での音読発表

会（K区V小）をするなど全校あげての取り組みも見られた。

　言語活動では，話し方の型を形式的に指導するのではなく，相手意識を持たせたり，学習したことを活用する場や必要感のある課題を示すことで，子どもの話したいという意思や主体性を育てることが大事にされている。子どもが発言を行う際の話型の指導を試みようとしたものの，導入は辞めたという学校も複数あった（S市Ⅱ小，X市Ⅸ小，Y市X小）。型ではなく日常生活全般で言語の質を高めるという傾向がみられたというのは，言語の教育に関して興味深い。

　一方で，生活能力と関連して言語力が著しく落ちている児童もいるとの声も聞かれた。授業の中で言葉を補ったり，語彙ノートを作るなど意識的に豊かな言葉を身につける学習を行なっている学校もあった。

(3) 少人数指導と人的支援配置

　多くの自治体で，1，2年生を30名，3年生以上で35名など，国の基準より少ない学級定員を定めて教員加配をしていた。また，特別支援，生活支援，低学年支援員等の加配や支援員の配置も行われ，学校が柔軟に活用していた。日本語支援については，教育委員会主導で，学校や地域のニーズに応じた支援が行われていた。

　少人数指導は，中・高学年算数で最も多く取り入れられている。ただ，その方法は非常に多様で，学校規模や教員構成など様々な要因によっても違い，年度によっても変化している。インタビュー調査で示された当時の状況では，全学年でTT（C市Ⅲ小，Ⅲ市E小），2年以上TT（L町Ⅵ小），3，4年でTT，5，6年は習熟度別クラス編成（以下習熟度別）（G市Ⅶ小），3年生以上習熟度別（K区V小），4，5年で習熟度別（Ⅶ市K小），5，6年で習熟度別（Y町X小）などであったが，単元や内容に応じて流動的に行われていた。習熟度別を取り入れる場合は，どの学校でも児童の希望を聞いてクラス分けをしており，下位のクラスの人数をごく少数にしていた。

　習熟度別の学習は「実物を使ったりすることで苦手や嫌いが減る」（Ⅶ市K小），「できない，分からないと学級では言えない子どもが発言でき，学習に意欲的に取り組むことにつながる」（Y町X小）との効果も聞かれたが，「安心感を得てしまい，向上する気持ちが減少する」（N市Ⅷ小）と心配する考えもあった。理解度が多様な子ども同士の学び合いを重視していたのは，「5年生学

年児童全員を10名程度の能力均等編成」（D市Ⅵ小），「あえて少人数クラスを作らずTT」（M市Ⅶ小）などである。「理解のレベルの違う子どもたちでの集団の中での練り上げこそが，すべての子どもに効果がある」とするⅡ市Ｃ小校長は，学級担任の授業や学級経営の力量形成こそ重要と述べる。いずれにしても，加配や支援員によって，児童一人ひとりに教師の目が行き届くことと同時に子ども同士の関わりも深まっており，その効果はどの学校も認めていた。Ａ市Ⅰ小では「少人数加配によって中学年で3学級を4グループに分けて学習した結果，4年生時から急激に算数の学力が上がった」と認識している。

学習指導や生活の支援員の配置は特に低学年で多く，学習と生活全般について担任を補助することで丁寧な指導が可能となっている。例えば，Ⅶ市立Ｋ小学校では1年生5学級に2名の学習支援員，Ⅺ市立Ｍ小学校では10学級に9名の生活支援員が配置され，学習用具の扱い方など基礎的なことを丁寧に見ている。どちらも，支援員の効果は非常に大きいと述べており，学習と生活が渾然一体となっている低学年ならではの手厚い取り組みと言えよう。

また，特別支援に関わる加配や支援員はどの学校でも非常に手厚く，通常学級において，特別な支援を必要とする児童のケアが多く行われていた。個別指導の必要な児童を取り出して指導している学校も多く，学習・生活面やソーシャルスキルなども含めた個別の支援によって自信を得，安心して学級で過ごせる効果があるという。一方で「取り出しはせず，学級の中で支援する」と述べる学校（Ⅱ市Ｄ小）もあったが，どちらのケースも「複数教員で児童を見ていくこと」と「学級の他の児童が特別支援を理解し，受容できるようになる効果」を重視している。

(4) 家庭学習習慣の定着と家庭への啓蒙

学校が子どもの学力向上に責任を持つことは大前提であるが，その上で，低学年から家庭学習の習慣をつけ，その大切さを家庭にも伝えることは，どの学校でも欠かせない重点事項とされていた。内容は音読と国語・算数などの授業の復習が中心で，毎日提出させ，担任が当然のこととしてすべて目を通し，一人ひとりにコメントを書いて返却している。これは，児童の基礎学力の実態を把握するのみならず，子どもにとっての励みや学習への意欲につながっている。さらに，担任の手が回らない時には管理職がみている学校もあり，教師の負担

軽減，子どもを複数の目で見る良さなども語られていた。

　家庭学習の習慣は，保護者の協力も求められる。家庭で机に向かう重要性や学年×10分といった時間の目安などを，『家庭学習の手引き』（名称は地域によって異なる）として学年や学校，あるいは自治体で作成・配布していた。

　また，ほぼ全ての学校で，宿題に加えて自分で課題を見つけて取り組む自主学習（自主勉強など地域や学校によって呼び方は多様である）を行なっていた。自主学習のノートは毎日提出し，こちらも担任がコメントして返却している。また，教室や廊下に手本となる自主学習ノートを展示して児童や保護者が見合う機会を作っていた。自主学習では，自分の弱点を復習したり，興味や関心を持ったことを発展的に学習して思考力や意欲をさらに高めたり，学力差に応じた学習が可能である。自己学習能力を育てることが大きな目的であるが，個別に丁寧な指導をする機会とも捉えられている。児童の学力の実態に応じて，下の学年の学習をしたり（M市Ⅶ小，Ⅲ市E小），高学年でも必要であれば九九のプリントを使う（L町Ⅵ小）などの配慮も行われていた。一律・一斉よりも，一人ひとりの子どもに応じた指導を重視しているのである。

　自主学習の取り組みは，全校で大きな目標を共有して低学年から丁寧に指導し6年間で育てていく学校，低学年は宿題のみで中高学年から徐々に取り入れる学校，学年や学級担任の裁量に任せている学校など様々である。長年自主学習を継続し，伝統的に自主学習の習慣が根付いている学校や地域が多く，保護者や教師も小学生のときに経験しているところもあった。一方で，自己学習能力の育成を目指し，最近始めた学校もある。

　さらに，家庭学習の履歴を残して自己管理するノートやファイルを用いて児童自身が自分の学習を自覚し管理できるようにしている学校も多かった。また，自学自習等で自由に使えるプリントを教師が用意しておき，子どもが自由に持ち帰って復習や家庭学習で使えるようにしている学校もいくつか見られたが，これも子どもの能力差に対応すると同時に，自分から学ぶ主体性を育てようとする取り組みである。

　こうした手厚い指導によって多くの児童生徒が自主的な家庭学習に取り組む中で，自主学習以前に宿題にもなかなか取り組めない子が存在する。これらの中には基礎学力の定着も弱く家庭の協力も得にくい子どもも多い。担任教師を中心に放課後や昼休みなどに個別に呼んで手厚くきめ細やかに関わり，同時に，

家庭と連携したり，福祉などの支援につなげたりしている。

(5) 管理職のリーダーシップと同僚性の構築

　訪問した学校のどの校長も，学校運営に明確なビジョンを持ち，学校運営をリードしていた。しかし，高圧的に自分の方針を押しつけるのではなく，教職員のチームワークを高め全校で子どもを育てていくことを重視している。どの学校でも，年齢を問わず，若い教師とベテランが仲良く教え学び合っていると述べていたが，教師の同僚性を高めるために意識的に学び合う組織が作られていた。例えば，若い教師とベテランで学年を組む（Y町X小，Ⅱ市D小）ことはよく行われるが，単学級や若手ばかりの学校では不可能である。Ⅶ市立J小学校では，各学年2名のうち1名は昨年度と同じ学年に残し，若く経験の少ない教師とともに学級づくりや授業づくりを充実して学び合う学年人事をしている。また，職員朝会を減らし研修会を毎週行う（S市Ⅱ小，Ⅰ市A小），全教職員に日報を配布する（Ⅶ市J小，Ⅶ市K小）等によって，授業づくりや教材研究の時間を確保している。こうした組織的な取り組みによって「若手が聞きやすい」「若手とベテランが学び合う」同僚性を高めることができていると言う。

　校長は，毎日学級を見て歩いて授業や児童の様子を把握し，担任の手が行き届かない場合に，即座に学年主任や管理職に応援を頼めるようにしていた。と同時に，校長自身も学級担任に寄り添った関わりをしている場合も多い。例えば，Ⅰ市立A小学校では，体育の授業で着替えに手間取る児童がいても，職員室にSOSの電話連絡をすれば，校長や教頭，養護教諭など誰かが行くようにしており，校長は「学級担任だけが抱え込まず組織で対応する時代だからこそ，相談しなければいけない」と述べる。またL町立Ⅵ小学校の校長は，「自信がつく宿題調べ」週間を設け，宿題をしてこなかった児童を自ら呼び出し，昼休みに校長室で個別指導しているほか，出張や欠勤があるときには自習のクラスを作らないために自ら補欠に入っているという。

　特別支援教育を全校体制で取り組むシステムも多くみられた。特別支援学級担任や特別支援コーディネーター等専門性の高い教師が学校の中核となることで，通常学級にいる特別支援の必要な子どもの指導について，気になることはすぐに相談し，必要に応じて特別支援専門の教師とサポート体制を作るなど担任が抱え込まない組織が作られていた。発達障害や学習の遅れ，不登校など問

題が大きくなる前に学校全体で支え，必要に応じて専門機関につなぐことも可能となる。特別支援の授業公開や教員研修を位置付けている学校もみられた。

　特別支援学級が通常学級と少し距離があり交流はしてもお客様扱いであったり，取り出し指導をすると「あの子は教室にいない」などと言って差別やいじめにつながったりする学校も現実には存在するとある指導主事は語ってくれた。一人ひとりを尊重し合う視点が学校全体に広がれば温かな学校風土が作られる。その根底には教員同士，特に校長や管理職との信頼関係，支え合う同僚性がある。31学級を抱えるⅨ市立M小学校の校長は，「我が道をいく教員が一人もいない」と述べていたが，「いない」のではなく「作らない」組織的な取り組みと考えるべきであろう。

(6) 授業研究の充実と若手教師の力量形成

　学力向上においてもっとも大事なのは授業であり，個々の教師の授業力を伸ばすには授業研究が欠かせないとの話も多く聞くことができた。教師の本分は授業であり，どの子も参加しどの子もわかる授業が成立するためには安定した学級経営が基盤となることから，教科担任は特に取り入れず，原則として学級担任がほぼすべての教科を担当していた。

　校内研究では，授業を通して学び合うことが最も重視されており，全ての学校で，年間一人一回は授業を公開して授業を見合って活発に意見交換しあう文化が定着している。授業後の研究会は，小グループで話し合い，参加者全員が発言したり付箋にコメントを書いてまとめたりするワークショップ型のものが多く，語り合う雰囲気があることで若手もベテランも学び合えるとのことであった。全校での授業研究会と並行して日常的に教師同士がお互いの授業を見せ合う場も多く，学年単位や課題別グループなどの小さな組織で行われている。若い教師の力量形成はどの学校も大きな課題であり，気軽に相談に行ける雰囲気作りはとても重要とのことであったが，さらに校長やベテラン教師が学習会を開催したり（Ⅱ市C小，Ⅶ市K小），ベテランが授業を公開したりして（S市Ⅱ小，Ⅸ市M小），若手が学ぶ機会を意図的に作っている学校も見られた。

　校内研究は多くの場合研究紀要として文書に残していたが，研究主任が研修便りを出したり（N市Ⅷ小），校長が授業中の子どもの写真を撮り，瞬間ごとに意味付けた資料を作成配布したり（S市Ⅱ小），全教師が実践記録を書いた

り（W市Ⅶ小）など，教師の授業力向上を目指す様々な取り組みがあった。

　質の高い授業を実現するために，学校や自治体で「XX スタンダード」を作って授業スタイルを統一しているところもある。ほぼ全教師が若手という学校では「市内統一のルールがあるので，先生方は指導しやすい」との声も聞かれたが，教師の個性を大切にし，無理な徹底はしない学校の方が多かった。スタンダードや学習規律の徹底は，若手教師や授業力の弱い教師，落ち着かない学級のためには有効だが，目指す方向は教師一人ひとりの個性や裁量を生かし，子どもと担任で学級を作っていくことであると考えられる。

(7) 研究・研修を通した授業改善

　訪問した学校すべてが，指定を受けているかどうかにかかわらず，明確な研究課題を持って研究を熱心に行っており，そのほとんどが授業改善やコミュニケーションといった実践的な研究であった。研究主題の多くは，（2）でも挙げたように，「関わり合い」「学び合い」「問題解決」の授業を通して「自ら課題を持つ」「深く考える」「主体的に学ぶ」児童を育てることである。

　伝統的に研究校である学校は，理科や社会科，国語など教科研究が多く，研究するのが当たり前というある意味の同僚性が築かれている。また，数年前に受けた研究指定を契機に研究を継続・発展しているという学校も多く，例えば英語の指定校が言語活動やコミュニケーションの研究に引き継がれている。指定のテーマは言語教育や小中一貫学力向上，小中連携研究地域連携，国語研究，ユニバーサルデザイン，アクティブラーニング，主体的に学ぶ子ども，道徳など多様であったが，根本的にはすべてが授業改善を重点としている。どの学校も，指定を受けたことによって教師が学び合い，授業力が高まって授業改善がすすみ，子どもの学力も高まっていったと述べている。さらに同僚性も高まり教師のモチベーションも上がり多くの教師が「研究指定を受けてよかった」と感じている。

　研究指定を受ける経緯は様々であり，教育委員会が指定した課題について，学校から手をあげたり，共通の課題で数年かけて全校に回るよう順番に指定されたりする場合も多い。研究指定を受けると予算や環境整備のほか，中核となる教師が異動してきたり，教員加配されることもあり学校が活気づく。少し課題を持つ学校に予算や手厚い人的措置を行うという意味で研究指定する場合も

あることが幾つかの自治体で聞かれた。どの学校も教育委員会のサポートを受けながら全教職員で研究に取り組むことによって成果をあげている。

さらに，校内で学び合うだけでなく，県外の「学校」や「授業」を見にいくことはどの学校でも奨励されており，出張に伴う補充や予算，自習を作らないなどの配慮によって，若い教師が授業力を高めるための支援が行われていた。

(8) 小中連携教育の推進，異学年交流の重視

小中連携は，全ての学校で積極的に推進していた。生活規律や学習規律などそれぞれの学校で取り組んでいたことを共有したり，「○○っ子の約束」として統一して教室に掲示したりしている学校も見られた。中学校に進学する児童の安心や落ち着きと共に，学習態度・学力面でも高い成果を上げることに寄与している。中学校の習慣を取り入れて高学年で授業前の黙想を始めたⅦ市立K小学校では，ちょっとしたことだが戸惑いがなくなる効果があったという。

小中連携は，教育委員会でも推進しており，中学校区で研究指定をしたり，学びのスタンダード（K区，Ⅱ市）を作成したりしている。また，連携研究の成果として9年間の学びの姿（C市Ⅲ小），書く力9年間カリキュラム（D市Ⅳ小）なども作成されていた。施設一体型小中連携校であるⅢ市立E小学校では，職員室を共有しているため教師同士の交流は日常的に行われており，問題行動も未然に防いでいるほか，教師たちも9年間の育ちを意識する契機となり，子どもの将来の成長を見通すことにつながっているという。さらに，7年生（中学1年生）の数学で6年生担任を含む小学校教師がTTに入ったり，総合的な学習の中で環境教育やキャリア教育を6，7年生の合同で行ったりして，教師の相互乗り入れが進んでいた。

小中合同研究会は，23校全てで位置づけられており，小中学校教師が一緒に授業参観する機会を作っていた。回数は年に2，3回程度が多いが，年間10回という学校（Ⅱ市C小）もあった。児童生徒の姿をみて授業改善の方向を共有するだけでなく，中学校教師が小学校の細やかな指導を学ぶ効果も聞かれた。

子ども同士の交流はイベント的なものではなく，継続的日常的にカリキュラムの中に位置づけられていた。中学校の運動会応援練習を小学生が見学したり（Ⅶ市J小），合唱コンクール優勝学級が小学校で演奏したり（Ⅶ市K小）といった，無理のない緩やかな連携もあった。異学年交流の意味は大きく，下級生

は上級生への憧れや将来への見通しを持つことにつながり，上級生は下級生との関わりによって意欲や自己有用感が高まり，学習意欲や学力にもつながるという。活動後のお礼や励ましの手紙も活発に交わされていた。小学校の中での異学年交流も活発に行われており，同様の効果が報告されている。

　保幼小，保幼小中連携も始まっている。管理職レベルの情報交換や子どもの交流などが中心であることが多い中，中学校区での言語活動やコミュニケーションについて長期的な子どもの育ちを検討したり（S市II小），連携カリキュラムを作成したり（IX市M小）するなど進んでいるところもあった。

(9) 学力・学習状況調査の分析・活用

　全国学力・学習状況調査については，教育委員会の主導によって分析や授業改善に生かすさまざまな施策が行われていた。例えば，各学校に学力向上の計画を作成・提出させたり，教育委員会から指導事例集や補充学習の資料を配布したりしている。6年生の全国調査以前に，県や市で学力調査をしている地域もあったが，点数を上げるために特別な練習などをしている学校はなかった。

　各学校でも各調査結果を分析していたが，学校全体の平均に着目して対策を講じるのではなく，一人ひとりの子どもの学習状況に着目したり，前の年の学習の定着の様子を把握して授業改善に生かしていた。特に，全国学力調査については，6年生の調査結果は小学校6年間の積み重ねの結果と捉え，低学年を含む教師全員で問題を解くなどして課題を共有していた。

　また，分析や対策の時代は終わったとして，学力観を広くとらえキャリア教育や生涯学習に舵を切っている学校も幾つか見られた。ある指導主事は「分析などに時間をかけなくとも，授業を見れば，学力も授業力もすぐにわかる」と述べている。さらに，未来の市民として小・中学生が地域社会で活躍できる素地こそを学力ととらえる校長やリーダー教師も多く見られた。

　一方で，質問紙調査の結果についての注目はどこの学校でも高く，学校評価や学校教育目標等に取り入れていた。特に「楽しく学校に通っている」「先生たちはよく話を聞いてくれる」など学校への満足度や，「自分にはいいところがある」といった自尊感情などについての着目が多い。

　また，生活習慣と学力との関連についても注目されており，特に「学校であったことを家で話す」や「家庭学習の習慣」など，家庭生活において心がけて

ほしいことを資料にして家庭に届けている自治体や学校も多かった。

(10) 地域や保護者との良好な関係から積極的な地域との連携へ

調査対象校のすべてで、地域や保護者が非常に協力的であり、多くの校長が学校は地域に支えられていると述べている。「地域の子どもは地域で育てる」という子どもへの思いを持つ地域住民に支えられた学校が多く、すべての学校が積極的に地域に開き、伝統文化、校外学習、読み聞かせ、ミシンや栽培など実技教科等での学習ボランティア、補充学習やクラブ活動など、教育への参加の機会が豊富に作られていた。こうした体験活動を通じて、子どもたちの地域に対する愛着が高まるだけでなく、多様な大人と関わることで社会性やコミュニケーション力が高まると報告されている。

高齢化が進んでいたり、新興住宅地や家賃の比較的安い住宅ができたりして、新しく住民となった若い保護者も増えているところも多く、ともすればつながりが希薄になりつつある地域もあるが、学校が核となって、子供たちや保護者と地域の高齢者が関わる機会を意図的に作り、信頼関係が作られていた。校舎内に高齢者の生きがい交流センター（G市Ⅶ小）や、ボランティアの部屋（N市Ⅷ小）があり日常的に空間を共有している学校もあった。

登下校の見守りは全ての学校で地域人材を中心に組織的に行われていた。校門横に地域見守りの基地としてパトロールボックスが設置されていたり（Ⅱ市D小）、学校まで毎日一緒に歩いて登校したり（Ⅸ市M小）、ちょっとした登校時刻の変化や友達関係の変化に気づいて学校に知らせてくれたり（Ⅶ市J小）、さまざまな取り組みによって、不登校も未然に防いでいると感じる校長も多い。また、地域の人の姿から保護者が学び、子どもの入学を契機に地域に溶け込む機会となることもあるという。三世代同居も多い中、核家族やひとり親を孤立させないよう、地域の取りまとめの人を中心に家庭や子どもを受け入れ巻き込む努力も行われていた。こうした地域の人々の温かい関わりに対して、お礼の会や手紙など感謝の思いを伝える機会を学校が意図的に作っている。

校庭の樹木などが地域のシンボルであったり、お祭りなどの行事が学校で行われたりするところも多い。子どもたちとの関わりによって、地域の高齢者が元気になるといった成果も報告されている。さらに、小学生が地域での役割を担う取り組みもあった。W市立Ⅶ小学校では、6年生が防災訓練のスタッフと

して働き，地域の防災会議にも参加している。L町立Ⅵ小学校では，警察と連携した委員会を組織し，あいさつや万引き防止運動をしている。こうした取り組みは，キャリア教育でもあり，地域の活性化を担う未来の市民の姿でもある。

　ほとんどの学校が，学校運営協議会やコミュニティスクールといった制度ができる前から良好な関係を持ってきたが，これまでの連携を基盤に学校運営協議会や○○型コミュニティスクールなどの組織として発展している。また，近隣にある大学や高等学校と連携して学習を見てもらうなど，学校の立地条件に応じて柔軟に学校外人材を活用していた。

3. 学校の事例

　本節で取り上げるⅧ市立L小学校は，2018年調査「校内格差を克服している学校」9校の中で最も学校SESが低く，かつ，4年間に調査をおこなった23校の中でも低い学校のひとつである。同校の特徴は，本章2で挙げた共通の特徴とやや異なる面もあるが，一つの特色ある学校の事例として取り上げた。

(1) 学校のプロフィール

　Ⅷ市立L小学校は1974年に創立された，児童数373名，17学級（特別支援5学級を含む）の中規模校である。地元出身の保護者が多いことから，学校の方針や活動は保護者に受け入れられている。また，保護者の勤務先は，民間の中小企業が多く，共働き世帯が多い。

　本市では，市をあげて読書活動に取り組んでいることから，校舎内には通常の閲覧や貸し出し用の第一図書館，調べ学習や会議が可能な第二図書館，読み聞かせスペースと郷土学習の資料が置かれた第三図書館という3つの図書館を持つ。

　学級編成は各学年2学級である。特別支援学級は5学級であり，市内で最も多い。卒業後は，ほぼすべての児童が，3つの学区に分割されて公立中学校に進学する。私立中学校への進学は5名ほどである。進学塾や補習塾は学校の付近になく，進学塾等に通う際には，保護者の送り迎えが必要な環境である。保護者は，子どもに少なくとも高校までは進学してほしいと考えているが，一生懸命に子どもの夢を応援していこうとする様子がうかがえるという。

教職員は，校長1名，教頭1名，主幹教諭1名，教諭23名，養護教諭1名，事務1名，非常勤講師3名，校務員1名，給食事務1名，図書館司書1名，ALT 1名の35名である。特別支援学級の設置時から携わっているベテラン教師が1名おり，通常の学級と特別支援学級の間では児童・教師ともに交流が多く，垣根がない校内体制になっている。

　今年度着任した校長は，教師同士の同僚性が高いと感じており，その基盤を構築しているのは教頭と主幹教諭であると考えている。職員室は，1-2年，3-4年，5-6年で机を向かい合わせにして4人机の形をとることで，教師同士がよくコミュニケーションをとっている。管理職を除き，唯一の50代の教師（6年の学年主任）も，若手の教師の会話に入り，気が付いたことを伝え，日々のコミュニケーションの中で同僚性を高めている。調査をおこなった年度以前には，20代と30代の担任しかいなかった状況もあり，経験不足から指導が行き届きづらい場面もあったという。また，かつては男性教職員が少なかったが，現在は男女比が改善されてきた。

　教師間だけでなく，教師と事務職員の関係性も良い。50代後半のベテラン事務主幹が，教師が困っている時にすぐに対応し，教師の負担を減らすことにつながっている。また，このベテラン事務主幹が社会人として，若手教師を指導したり，相談相手になったりもしている。

　県の予算で教科充実加配（算数の少人数指導に再任用教員を2名，曜日によって勤務日を分けて1人分の予算で配置）と通級指導加配（ことばの教室担当）1名，初任者の拠点校指導教員（再任用教員）1名が加配されている。さらに市の予算で非常勤の特別支援学級補助が1名配属されている。

　校長は，赴任当初，同校の児童は素直な子が多い印象を受けたという。全校集会や式典の中で，しっかりと話が聞け，高学年がよい姿を示している。調査の対象となった学年は，一時は生徒指導に課題がみられたが，4年から6年にかけて，着実に学力を伸ばしたとのことであった。校長が児童の学力で一番大事だと考えているのは意欲であり，「やる気，本気，根気」というキーワードを全校朝会や行事ごとに児童に浸透していくように指導している。

(2) 特色ある取り組みと重点課題

①傾聴作文

　学校独自の傾聴作文という取り組みを前任の校長が始め，今年で４年目になる。学力向上の一環で，聴く力の育成を目的に始められたもので，道徳の価値項目と関連させ，道徳教育や読書につなげた取り組みである。傾聴作文は年間７回実施しており，児童の書く力が大きく向上し，教師もそれを実感していることから，今年度着任した校長もこの取り組みを継続している。

　傾聴作文の方法は，校内放送で校長が２〜３分間話し，児童はその話を静かに考えながら聞き，それをもとにして作文を書くというものである。傾聴する際の視点として，どのような話だったか，自分がその話を聞いてどのように思ったかの２点を作文に書かせている。学年によって，課題の要求は変えており，中学年以上は作文用紙１枚に出来るだけ書くこと，低学年は半分は書くこととしている。傾聴の際にはメモは取らせない方が，児童は作文をよく書けるそうである。低学年には，校内放送が終わった後に，担任が「校長先生がこのような話をしていたよね」と補助する。児童が書いた作文は，校長がかならずすべて読み，一人ひとりの児童に対してコメントを返している。さらに，クラスごとに４人から５人の作文を選び，校長賞として表彰を行っている。校長はこの傾聴作文を，全校児童の思いが聞けるチャンスと捉え，校長自身が児童から聞きたいこと，かつ道徳的価値につながるようなものを話題として選んでいるという。放送の最後には，校長は児童に向けて「こういうことを教えてください」というコメントをしているそうだ。校内放送で校長が児童に向けて話した内容が書かれた校長の原稿と児童の傾聴作文は廊下に貼り出し，誰でも目にすることができるようにしている。

②研究指定

　2016年度，道徳が教科化される直前の時期に文部科学省から道徳教育推進研究の指定を受け，道徳の授業形態をすべて課題解決型の学習とし，それを契機に，問題解決型，体験型といった授業形態（Ｌ学習）を取り入れ始めた。

　また，市の「学力向上推進研究」の委嘱を受けており，算数科でユニバーサルデザインを研究した。これは学習指導要領改訂を踏まえ「主体的・対話的で深い学び」の実現に向けた授業改善を推進するためのものである。

③若手教師の育成

同校には若い教師がきわめて多い。30代前半の若手教師が同校ではベテランという状況であり，若手の授業力向上が大きな課題である。県では，5年経過後に市外異動をする経験人事があるが，同校では経験人事は3人のみで，ほとんどの教師が1校目として赴任している。若手の教師は勉強熱心で真面目な先生が多く，声を掛け合って努力しているが，他校の取り組みを知らないため，授業のアイディアがあまり出てこないことが多い。これまでは，市内でも指導力が高いと認められているベテラン教師が11年ほど在籍しており，若手教師によい授業実践を見せて算数の授業づくりを教えL学習を同校の教師に広める校内体制があった。しかし，このベテラン教師も退職したため，同校では，若手に良い授業を見てもらうために，意識的に校外の研修に行く場を増やしている。

④校内研究

同校では，年間に一人1回はかならず研究授業を行う「一人一授業」を実施している。教科は基本的に算数で，学年で2学級3展開の習熟度別の学習形態をとっていることから，授業研究会では同時に3人が授業を公開する。これは今年で4年目の取り組みである。また，基本的には，全教師がその研究授業を参観している。

文部科学省からの道徳教育推進研究の指定を受けた際には道徳の授業を公開した。県の教育委員会は退職校長や大学教員が講師として道徳の授業を行い，経験豊かな教師の優れた授業方法を学び，指導力向上を図るという事業を実施している。この講師派遣事業をとおして，教師の道徳教育の指導力向上を図っている。

⑤算数科の朝自習

朝の時間を使って，自主学習を行っている。基本的にはドリルの反復学習である。児童自身で自分に合った教材を選ぶ時もあれば，学級一律で100マス計算を，時間を測定しながらやることもある。この自主学習の取り組みについては，授業支援部が中心的な役割を担っている。

⑥家庭学習

家庭学習，読書，お手伝い，あいさつの4つを「毎日しっかりやっていこう」という趣旨で，「パーフェクトチャレンジ」に取り組んでいる。教師が児

童にチャレンジカードを渡して，児童の取り組み状況を把握している。これは前任の校長が取り入れたもので，他校での良い取り組みを自校に合わせて修正し，開始したものである。現在のところ，パーフェクトチャレンジの達成度は7割程度とのことであった。

家庭学習における共通の取り組みとしては，自主学習，決まったパターンの宿題と個人的な宿題の3種類がある。それ以外にも，学級独自で宿題チェック表や宿題ノート，カードを作成している場合がある。

家庭学習のチェック表は，最初は保護者の協力があったが，今年度はその協力が後退してしまった。学校からこれらの取り組みについて発信し続けることが必要だと学校は考えてはいるが，保護者の負担を軽減するためにも，やり方を再検討しているところである。家庭学習については，教師が力を入れなければ，なかなか成果が上がらないため，その重要性を教師らは痛感したという。

家庭学習の取り組みの中で，家庭学習強化週間をつくり，その時期に目標を達成した児童がいた場合には，担任から校長に報告し，校長賞を出している。

⑦補習教室

年間20回，金曜日に放課後補習教室を実施している。担任が児童を指定して参加させ，補習をおこなう。各クラス5-6名，多い場合で10名程度の児童が参加している。教師OBと地域の方がボランティアとして2名参加している。

夏休みにも補習教室を実施しており，昨年度は3日間だったが，今年度は日数を増やして5日間開催している。参加は希望制で，教師がプリントを用意し，地域の中学生がボランティアとして参加している。

(3) 全国学力・学習状況調査を含めた各種学力調査の実施と活用状況

全国学力・学習状況調査は教頭と主幹教諭が主導して，全教職員で夏休みに問題を解き，傾向や結果の分析を行っている。同調査の問題は，「6年生になったときにこういう力が付いていてほしい」とのメッセージだと教職員は受け取っており，そのメッセージを確認するためにも問題を全員で解いているという。その上で「この6年生の問題ができるようにするために，3年生では，こういうところをやっておかないといけない。2年生では（以下，省略）」といったように，各学年の授業改善に生かされている。

県独自の学力・学習状況調査も小学4年生から中学3年生までを対象とし，

全国学力・学習状況調査とほぼ同時期に実施されている。

(4) 教育委員会による学校の評価

　全国学力・学習状況調査を含めた各種学力調査については，市教育委員会では結果を多角的に分析し，校長会を通じて各学校に伝達している。また，「学力向上研究委嘱」や，調査の結果に基づいて委嘱する「算数数学課題解決研究」といった学力向上に対する研究委嘱をしている。各学校で課題は異なるため，この研究指定を受けることにより学校内外での話し合いが活性化し，子どもにどのような力を付けさせたいかを決め，市内や校内で研究を深め，学力向上を図っている。研修会や研究授業の後でも，指導内容を忘れないうちに模擬授業を自発的に行うなど，熱心に研究・研修が各学校でおこなわれていると，市教育委員会は認識している。

　今回取り挙げた学校が受けている「算数数学課題解決研究」の研究指定は，市教育委員会が全国学力・学習調査，県の学力・学習状況調査等の分析結果から学校を選出し，学力向上，授業改善を期するというものである。その他の委嘱研究については，市内で順番に学校を指定している。市教育委員会の認識では，多くの学校が各校の課題に応じて研究指定を受けており，課題を着実に解決していくなかで，共通理解が深まり，学校がまとまってゆくという。

　市では学力向上の基盤として，授業規律「授業の心得」の徹底を打ち出した。2017年度には，「Ⅷ市授業の心得　指導事例ハンドブック」を作成し，授業準備，環境整備，あいさつの徹底，授業中の態度などの指導ポイントを写真付きで細かく掲載している。さらに，この内容は学校公開等において保護者にも共有している。このように，目指す子ども像について，子ども，保護者，教師の間で共通理解が得られている。

　各学校の校内研修については，学校から提出された校内研修計画に基づき，市の教科等指導協力員や市教育委員会指導主事が出向くほか，各学校で独自に校内研修の特別講師を呼んで研修することもあるという。

第 13 章

高い成果を上げている中学校の取り組み
——訪問調査からわかること・2

冨士原　紀絵

1. はじめに

　第 12 章 2 でなされた 10 点にわたる分析の多くが小学校のみならず中学校に
も共通している。そこで本章では，10 点のキーワードを踏まえつつも，中学
校に特徴的な学校の実態や取り組みに注目してゆく。たとえば，小中連携教育
の推進，言語活動の重視，少人数指導，学力・学習状況調査の活用等，本章で
は取り立てて論じない。

　4 カ年で抽出された中学校の訪問調査校の特徴として，学校 SES の幅の広
さが挙げられる。中でも 2013 年度調査では学校 SES 高位に位置する学校を訪
問している（第 11 章：表 11-2：E 市立 V 中学校。以下，学校名のイニシャルは第
11 章の表 11-1 から表 11-6 を参照のこと）。小学校と中学校を合わせた 4 カ年す
べての訪問調査校の中で，学校 SES が最高位に位置する学校は唯一である。
2018 年度調査では比較的中位の中学校も複数校含まれている。本書の性格上，
学校 SES が低い学校にこそ注目すべきだが，本章ではこうした学校 SES が比
較的中位から高位の中学校における取り組みについても，他の学校 SES の中
学校との取り組みなどの相違を意識しながら検討に含めてゆく。

　さらに，中学校は一般的に小学校と較べて学区が広くなることから，校内に
さまざまな SES の子どもを抱える事情がある。そこで 3 で取り上げる紹介事
例校は，校内格差を克服しているとして選ばれた 2018 年度調査校の中から取
り上げる（Ⅳ市立 F 中学校）。前章や本章 2 に述べる，訪問調査校に共通の特徴

が見えやすい学校ということもある。

さて，調査者によって情報の入手にばらつきがあるため調査対象校すべてに共通しているとは断言できないものの，都市規模にかかわらず学校 SES 平均前後以下の学校では概ね，就学援助を一定数の割合の生徒が受けており，生活保護を受給している家庭や母子家庭・父子家庭の生徒が一定数存在していること，校区内に雇用促進住宅といった大規模公営団地を含んでいる学校が複数あり，児童相談所や警察と連携をとるほどの問題を抱えた家庭があることを学校側が認識している点で共通している。学校 SES が低いにもかかわらず，こうした状況がみられない中学校は地方の小規模校（学年単学級～2学級）の場合が多い。

また，学校 SES にかかわらず多くの学校で不登校の生徒は一定数存在している。この点を学校の大きな課題と考えている管理職もいる。十数年前に生徒の深刻な問題行動による事件を経験していた学校もある。19校のうち約半数の9校が，いわゆる「荒れ」を過去に経験している。その経験は1980年代から2000年代と時期は異なり，現在はすべての学校が落ち着いている。重要なのは，学校関係者がその事実と，そうした状態から立ち直った要因を分析し，記憶として継承し続けていることである。そして，後述するが，学校 SES が傑出して高い E 市 V 中学校も，高いがゆえの別種の課題を抱えている。

こうした点で，調査対象校は長年にわたり問題や課題もなく，順調に学校経営が成り立ってきたわけではない。むしろ，日本の多くの中学校の抱えている問題や背景と共通する点が多いであろうことを，前もって指摘しておきたい。

2. 高い成果を上げている中学校に共通する特徴

(1) 教科外指導——特別活動や生徒指導の充実

中学校での教師へのインタビューで頻繁に語られたのは，学校の生徒の集団生活の安定が学力形成の土台となる，という見解である。たとえば「子どもたちが落ち着いて学習に取り組んでいるっていうのがあって。私たちもそういうところに，やはりゆとりが生まれるというか。子どもを授業に向き合わせることに力を使うんではなくて，やっぱり伸ばすっていうこと」（傍点筆者，Ⅶ市立 I 中学校）に傾注できるという語りが象徴的である。

たとえば，全ての訪問調査校で実施されていた朝読書の目的として，読書行

為に直結する効果よりも，その後に展開される授業の静謐な環境・雰囲気をつくるための，むしろ生活指導的な目的で導入されていると多くの学校で語られていた。中学校においてはこうした教科外の活動の充実が大きな鍵となっているということを示す一端である。

調査校の多くが，学力形成の土台となる安定した生徒集団づくりや個別生徒指導と関連づけた教科外領域の指導に力を入れていた。個別生徒指導としては，「生活ノート」といった連絡帳に毎日担任が必ず丁寧にコメントを入れることを行っている。毎日生徒のノートにコメントを返すことは教師には負担となるが，これを行うことで後に労力を割かれるような重大な事件を未然に防ぐことにつながると語る学校もあった（B市立Ⅱ中学校）。

生徒の集団生活を安定させる取り組みの上で，とくに共通して語られたのは特別活動の充実であり，生徒の自治活動の活性化を目的とした生徒会活動と生徒を主体とする行事の取り組みの重点化である。

Ⅵ市立H中学校の生徒会主任は，同校では行事といった「本来教師が主導して落とさなければならないところを，すべて子どもの方が主体でやってくれるシステム」がすでに成り立っており，教師はその母体となる生徒会活動をリードする生徒への意識付けを高めるフォローを充実させていると語っている。生徒リーダーの育成により，生徒の自主性と主体性を伸ばすことを目的とした取り組みは，他校でもなされている（Q市立Ⅶ中学校）。

学校の教育目標や重点目標を生徒会に自覚させ，それを元にした学校のさまざまな活動を生徒が企画するという学校も多い。生徒主体のいじめ防止の取り組みや道徳強調月間の設定（A市立Ⅰ中学校，Q市立Ⅶ中学校），基本的な生活習慣の育成に向けた取り組み（X市立Ⅷ中学校），「アート・イン・スクール」の学校方針を受け，つねに「失敗しても大丈夫」というスタンスで生徒を主体としてさまざまな自己表現活動の企画運営の機会を設ける（Q市立Ⅶ中学校）といった特色ある全校的な取り組みがなされていた。

こうした生徒会を中心とした自治的な活動により子どもの安定した集団生活を生み出し，そして物事に主体的に取り組む態度を培う，それが主体的に学ぶ授業の土台になるという語りは共通であった。

行事の価値について，Ⅶ市立Ⅰ中学校では「子どもを主体的にする場面はやはり集団活動」と語り，Ⅴ市立Ⅵ中学校では「行事で子どもを育てる」という

方針の下で数々の異学年縦割り集団による活動を展開している。行事を重視している複数の中学校では縦割り活動を組んでおり，これにより取り組みが単年度に留まらず，3年間の教育課程の運営サイクルの中核に位置づけられている。X市立N中学校では生徒が「本当に行事ごとに成長していった。だから，行事では，本当に褒め育ちです」と語っている。

　さらに，生徒の行事への参加の重視を語る場合，校内行事の意味のみならず，地域の行事に積極的に参加するという学校も6校含まれている。

　地域の行事への参加が盛んな学校では，長年の地域と学校の深い関わり合いの中で計画的に生徒の参加が組み込まれた学校もあり（Ⅵ市立H中学校），U市立Ⅳ中学校では近くで祭りがあるときには子どもに参加してもらうために，早めに学校から帰している。学校側が生徒の「生きる気力」を充実させたいと願い参加を促す指導を積極的に行う（T立市Ⅲ中学校）という学校もある一方で，あくまで個々の生徒のボランティア的・自発的行為であるとする学校（Ⅶ市立Ⅰ中学校）もある。いずれの学校も地域行事への参加の意義として，自主性が育ち自己有用感が高まる点を認めている。さらに，地域の人や知らない人と関わることで「聞く力，話す力，書く力も知らず知らずのうちに身につけている」（Ⅰ市立Ⅱ中学校）という評価もあった。

　学校行事と地域行事への参加のいずれにおいても，行事への参加で生徒の自己有用感を高めることを目的とすると，X市立N中学校のように，教師は行事のたびに生徒の頑張りを「よく褒める」ことになる。地域の行事への貢献においても地域の人々から生徒が「褒められる」ことになり，地域の人々からの愛情や期待によって，やはり自己有用感が高まるという（Ⅰ市立Ⅱ中学校）。それにより，行事が生徒の生きがいややりがいとなり日々の生活を支えてゆくことに，その意義が見出されている。

　ところで，現在の訪問調査校の生徒の集団生活が安定し落ち着いているのは，もともと生徒たちの生活が安定しており教科外活動がそれを増幅させているのか，それとも教科外活動を充実させたことにより生徒たちの生活が安定したのか。

　この点で，そもそも地域での生活や家庭生活が生徒の心の安定の土台となっていると語るのは学校SESの高い学校や地方の小規模校の語りに特徴的である。学校SESが平均より高い中学校は，学区の地域自体が教育熱心な土地柄，

地域の中では歴史と伝統のある名門校とみなされている学校（進学高校志望者
が多い等），校区の地域自体が子育てに適した新興住宅街として開発されている，
といった地域や家庭の教育力に期待を寄せることができる地域に存在していた。
生徒の学校生活の安定は地域や家庭に大きく依存していることを学校側も理解
しており，その上で，学力向上も含め，さまざまな活動を充実させている。

　学校 SES が低位の学校の場合，昔ながらの地域コミュニティが生きている
地方の小規模校では，やはり地域や家庭が生徒の生活や集団の安定につながっ
ているという。しかし，地域コミュニティが拡大した中・大規模校の場合には，
教科外活動を通して意識的に集団生活の安定を生み出しているという傾向がみ
られた。

(2) 地域と結びついたキャリア教育の展開

　特別活動の取り組みに位置づく職業体験活動は，19 校いずれの学校でも重
点的に取り組んでいる中で，「キャリア教育」というタームで，これを重視し
ていると明言した学校は 7 校あった。特別活動と総合的な学習の時間と合わせ
てキャリアの探究として展開している学校も多い（E 市立 V 中学校等）。

　大都市にある K 区立 V 中学校では「進学指導ではなく進路指導に力」を入
れていると語る。大都市では進路指導と言いつつ，実態としては高校の進学指
導になっている中学校も多いという。この中学校では 1 年生と 2 年生で体系的
なキャリア教育を導入し，3 年生になってから進学指導を実施している。平成
25 年度調査時の 3 年生は，他年度の生徒と比較し「進路を考える学習への意
欲」が高かったという。

　キャリア教育重視の目的はさまざまである。「コミュニケーション能力の育
成，将来設計の模索，自立・自己選択の促進，判断力・問題解決能力の育成」
を掲げる学校（P 市立 X 中学校），「人間関係形成能力，社会形成能力」，「課題
対応能力」育成を掲げる（J 市立Ⅳ中学校）学校等がある。

　X 市立Ⅷ中学校の存在する X 市教育委員会は「ふるさとキャリア教育」を
教育理念に掲げ，就学前から大学までの教育期間を視野に，体系的なキャリア
教育の施策に力を入れている。中学校段階では地域学習とキャリア・生き方学
習の充実をはかり，地域学習と地域交流・貢献をキーワードに，総合的な学習
の時間や特別活動，道徳の時間を関連づけ，学年の縦割り活動を積極的に取り

入れている。教育委員会は「「X型学力」の向上～「Xふるさとキャリア教育」を通して，社会を生き抜く学力を～」を掲げ，キャリア教育との関係で，「学力」を「自立の気概と能力を備え，ふるさとの未来を切り拓く総合的な人間力」と位置づけ，「子どもが自ら進むべき進路を見出した時に，その実現のために身につけておくべき最大の力が「学力」」であり，その「学力」をすべての子どもに保障することを目指している。

X市ほど教育委員会単位で組織だって地域を基盤としたキャリア教育を推進していなくとも，地域と深くかかわってキャリア教育を推進する学校は他にも見られた。職業体験活動で生徒が地域の人々と関わることにより，地域や保護者の学校に対する認識が変わったという学校もある（A市立I中学校）。こうした学校では活動がスムーズに進み，地域の人々に生徒の良さを認めてもらうために，活動の事前指導や事後指導にきめ細やかな指導を行っている。職場体験学習として3日間の体験活動を3年間にわたって行っているP市立X中学校では学年毎に活動の質が高まる工夫をしている。

地域と連携したキャリア教育という点で，コミュニティ・スクールは訪問調査校中5校あり，これらの学校では地域との互恵的な関係のもと，学校側では地域に貢献する子どもを育てることを目的としつつ，地域の側では生徒の参画による地域の活性化を期待している（I市立II中学校）。

II市立B中学校は教育課程全体をキャリア教育ととらえ，総合的な学習の時間をその中核に位置づけている。総合的な学習の時間の校内テーマを学年に応じて第一段階「ゆめづくり」，第二段階「夢創」として発展的に展開させ，地域素材を多く取り入れている。中学校3年生は最終の第三段階として生徒が各自の「夢を語る」取り組みを行う。教科学習と連動することを重視し，それが「総合力としての学力」として実を結んでいるという。同様に，教科と総合的な学習の時間を中心としつつ，とくに教科の授業でキャリア教育を意識しているというコミュニティ・スクールは他にもあった（U市立IV中学校）。

コミュニティ・スクールではないものの，キャリア教育を校内研究テーマとしているJ市立IV中学校では教育課程の範囲内でのキャリア教育を充実させるとともに，教育課程外の活動もキャリア教育の一環に位置づけている。2年生の11月には青少年育成会，青少年相談員，保護司会，更生保護女性会，民生委員，児童委員協議会，PTA，保護者が共催で実施する対話集会へ参加，2

月にはJ市民の会と市教育委員会主催の「立志のつどい」への参加を通して，段階的にキャリア教育を高める工夫をしている。

　以上の学校に共通な見解は，「キャリア教育」を教育課程全体を通して構想・展開し，地域の人々と密着して実施することが，生徒が具体的な将来像，あるいは「夢」や「志」を形成することに寄与していると見なしていることである。

(3) 授業づくりの重点──生徒一人ひとりの底上げ

　ユニバーサルデザイン（UD）を意識したどの生徒にもわかりやすい授業づくりを校内の共有実践としている学校が3校存在していた（E市立V中学校，P市立X中学校，Ⅵ市立H中学校）。3校のうち2校は学校SESは中〜高位で19校の中では比較的高めであり，地域性や家庭の教育力の高さに起因して生徒の学校生活が安定していると語っている学校である。

　これらの学校で積極的にUDを導入している原因はさまざま考えられるが，生徒の学校生活が安定し，学力もある程度安定的に高いことで，より高次の授業づくりに意識が向いているのかもしれない。あるいは，テスト等で安定的に高い学力を発揮する生徒が多いことで，特別な支援を有する生徒の存在がより浮き彫りになってしまうという状況も考えられる。

　予習よりも復習，発展よりも基礎・基本の確実な習得と定着を重視していると語り，ドリル学習等を積極的に導入している学校は学校SESが平均前後から低位の学校に多い。次項で詳述するが，実際には調査対象の19校すべてが学校SESの高低にかかわらず，朝の始業前，休み時間や放課後といった細かい時間を用いてこれらを実施し，さらに家庭学習の方法や内容に対してきめ細かい指導を行っている。これらを徹底しているA市立I中学校の教師集団は「最低の到達ラインにすべての生徒を」という意識が高いという。

　また，「一人たりとも置き去りにしない授業」を公言するX市の存在する県教委では，全国学力調査の活用の上で，それまでの各校毎に平均点を算出して分析し，校内で対策を立てることに精力を注ぐことは「生徒一人ひとり」にとって意味がないとして，数年前から各校の平均点による分析結果と対策の報告の提出の義務化をやめている。

　平成25年度と26年度の調査では，校内の共通実践化に力を入れたり，スタ

ンダード（とくに「話すこと」，「聞くこと」，「書くこと」の学習規律）を作り掲示して教師と生徒がともに意識化する取り組みが数多く見られたが，平成30年度の調査では，これら学習規律の重視は前提とした上で，それを徹底させる強制的な側面よりも，教師の個性や教科の特性を活かすことを重視していた。つまり，校内全体での学習規律の徹底には，もはや力を入れていないということである。「細かくやり過ぎると上手く行かない」という声は平成30年度に訪問した5校すべての学校から聞かれた。これは逆に，小中連携の一貫としての学習規律やスタンダードの共有の中で，小学校で規律が徹底してきたことに起因する可能性もある。また，平成29年度と30年度ではSESに関係なく，授業で「話すこと」，「聞くこと」，「書くこと」以上に「話し合い」活動が重視されており，教師の一斉教授的な指導法のために設けられた規律やスタンダードと「話し合い」という学習活動がそぐわなくなっていることも考えられる。

　生徒に学力を付けるための最前線としての授業時間を保障するという点で，担当教師不在の際の自習時間を無くすという取り組みも3校でみられた。小規模校のI市立II中学校（全校8学級），H市立I中学校（全校11学級）では毎週全学級の時間割を作成している。中規模校のR町立I中学校（全校14学級）も毎週フレキシブルな時間割を作成している。同校の目的は自習時間の減少とともに，校外学習の時間を設定しやすくなること，授業進度が合わせられること，フレキシブルであることが前提であるため教師が研修に出やすくなることにあり，業務が多忙になる特定の時期に勤務時間内で職務を遂行する時間を作り出すことが可能になるという利点も語られた。校外の研修は，ひいては教師の授業改善にもつながるため，いずれの訪問調査校も積極的に促していた。その際，ネックになる自習時間を生まないための工夫が，生徒から見れば授業時間の保障となるとともに，教師の仕事の負担減にもつながっていた。

　なお，多くの中学校で少人数指導を取り入れていたが，19校中4校は導入しておらず，1校は不明である。少人数を導入している14校で圧倒的に多いのは数学と英語の授業での活用である。学年や教科によってTTにしたり習熟度別編成にしたりと，学校毎にさまざまなバリエーションがあった。いずれも生徒の学力を保障する取り組みとして導入されているが，TTを導入している学校の中には，ベテランをT1，初任者をT2として，初任者の力量を形成する場として導入していることに積極的な意義を見出している学校もあった（IV

市立 H 中学校，Ⅶ市立 I 中学校）。

(4) 補充（補習）学習と家庭学習の充実

　復習と基礎・基本を重視するという学校が多い中で，補充（補習）学習と家庭学習は力を入れざるをえない状況にあった。

　昼休みは 4 校，放課後は 11 校で授業時間内に学習内容が定着していない生徒を指名制によって，あるいは生徒の希望制で恒常的な補充（補習）学習を実施していた。朝自習で出来なかったプリントを昼休みや放課後に終えさせるという学校もあった。定期テスト前に部活を休止するという学校では，その時間帯を学習相談の時間として設けている学校も 4 校あった。恒常的な補充（補習）学習の多くは単元のドリルであり，できるようになるまで教師が立ち会いのもと徹底してやらせる（部活に参加させない等）という学校がほとんどであった。目的は「下位層の底上げ」である。昼休みの細切れの時間でさえも，教師がつきっきりで生徒の面倒を見ている状況がある。

　夏期休業期間中の補習学習を教師が実施している学校は 8 校あり，指名制で参加させる補充学習と，期間を決めて学校を開き希望する生徒を受け入れて実施する場合があり，期間も 3 日間から 10 日間程度までと学校毎に設定の幅は広い。

　上記の取り組みのすべてを含んでいるⅥ市立 H 中は学校週 5 日制が導入された 1992 年当時から中間テストを廃止し，その代わりに単元末テストを実施している。目標に到達していない生徒は授業後の 20 分間，教師が教室に集めて到達するまで繰り返し指導を行う。補充学習として年 90 回，帰りの会を 10 分延長して 5 教科の基本的なドリル問題を 5 分で解き，5 分で自分で答え合わせをし，間違った問題を自学ノートに書き写すという取り組みも実施している。加えて，期末テスト前には放課後 30 分で，国数英で課題を抱えている生徒 5 〜 10 名に対して教師が 2 〜 3 名ついて基礎基本の指導を行う。夏期休業中には 5 〜 10 日の間で 2 時間，特定の生徒に声がけした上で，生徒全員に開かれた形でサマースクールを実施。学校としては「一人たりとも積み残しをしない」ために，学習の遅れた生徒への手厚いフォローとボトムアップを目的としている。

　家庭学習指導には 15 校が力を入れていた。家庭学習は小中連携事業の一環

として小学校からの取り組みを継承行っている学校が多かったが，中学校入学時には学校が作成した「家庭学習の手引き」をもとに徹底して目的や方法を指導している。ただし，必ずしも全校的で組織的な取り組みではない学校もある。

15校のうち，課すのは明確に宿題のみ，という学校は1校で，他のすべての学校が宿題を含む「自学ノート」に取り組ませている。「生活ノート」の類いは調査校全校で書かせていたことは（1）で指摘した通りである。家庭学習の課される内容のもっとも多い場合は，宿題と自学ノートと生活ノートの3セットになり，7校がこれを課していた。

いずれも「やらせっぱなし」はなく，課したものにはすべて必ず教師が目を通し，実際に見るとかなり丁寧にコメントをいれている。宿題をやってこなかったことがわかった場合，放課後や昼休みに残して教師の見守りの中でやらせるという学校は5校あった。

自学ノートについては，教師が選んだ優秀な自学ノートを掲示するという学校も3校あり，この場合には教師が工夫されている点に丁寧なコメントを付けている。生徒自身が工夫した点を付箋に書き込みあい，それに対して学習委員が付箋でコメントを寄せるというという学校もあった（X市立Ⅷ中学校）。

提出物には必ず目を通してコメントを入れ，場合によっては宿題や自学ノートをやるまで付き添うという教師の負担は大きい。しかし，いずれの学校でも，その意義と重要性から負担感は無いという。補充学習や家庭学習の取り組みは「学校が生徒の学習に責任をもつ」（I市立Ⅱ中学校）という教師の献身さによって，成立している。とりわけ，塾が無い地域では，学校が子どもの学習の全責任を担わねばならぬと語られた。

(5) 教科を越境する校内研究・校内研修と教師組織

校内研究と校内研修（授業研究を含む）の組織のあり方は訪問校の地域によってさまざまであったが，いずれの学校も研究や研修の方針や方法は明確に定められていた。

訪問当時，校内研究のテーマを決めている学校は12校あった。紙幅の都合上，個別のテーマを取り上げないが，重複するキーワードとして「自ら学ぶ」，「学び合い」，「言語活動」，「表現する」，「授業づくり」がある。

注目したいのは，12校いずれのテーマも特定の教科を掲げたテーマではな

い点である。校内研究テーマの有無にかかわらず，全校が意図的に教科を越境するための，授業研究を中心とする校内研修のシステムを構築していた。

授業参観や授業研究会の頻度は毎月から年に数回とさまざまであるが，「学校内部の研修こそが一番の研修機会」と語り教科を問わない「見せ合い授業」という校内研修の充実をはかるA市立I中学校をはじめとし，「一人一研究授業」（T市立Ⅲ中学校），「互見授業」（U市立Ⅳ中学校），年2回の「授業を見合う週間」の設定（X市立Ⅷ中学校）等，校内全教師が教科に関係なく授業研究を実施する体制が組まれていた。I市立Ⅱ中学校の場合，年3回の校内研究会（大研），教師全員が年に一度授業を公開する校内研究会（小研），他教科で年齢も違う二人一組で授業を見合って学び合うメンター・メンティ研修として，全教師が互いに授業を見合うシステムを重層的に構築していた。

教科の枠を超えて授業を参観するに際し，授業を漫然と参観しないために教科の専門性を超えて授業をみる視点や観点を校内で定めたり，「参観シート」（X市立Ⅷ中学校）というフォーマットを共有している学校もある。これらは授業参観後の協議会やワークショップ等に活かされている。

授業研究の事前検討に，個人ではなく教科を超えたチームで取り組むことに力を入れている学校も複数あった。他教科の教師とともに授業を構想することで，自身の「発想を超える」（V市立Ⅵ中学校）視点が得られるという。B市立Ⅱ中学校では，校内研修では指導案を事前に検討し合うことを重視し，授業後の協議会よりも時間をかけている。授業前の協議を通して授業意図や生徒の実態を共通理解し授業観察の視点が焦点化され，効率的な事後検討に結びつくことで「教科の枠を越えた」授業研究の実現にも一役買っているという。

I市教委は「教科を越えて授業を見合っている学校は成果がでている」と語るように，教科の専門性が高い中学校であるからこそ，意図的に教科を超えた研究・研修体制づくりをしていることが効果を上げていることが推察される。

一方，年度によっては特定の教科の研究を行うとする学校もあり，教科会や教科部会と言った名称の教科単位の何らかのまとまりは，いずれの学校も有している。教科の専門性を尊重していないわけではない。教科の研究で全国の教育雑誌に掲載される教師がいる学校もあった。

実際のところ，教科を越境する校内研究テーマの設定や授業研究のシステムは他教科の視点を自教科の学習指導に活かすという目的のほか，教師集団とし

ての全校的なまとまりを高めること，さらに，中学校では一人の生徒を教科毎に複数の教師が指導することになるため，そこで得た情報を共有することを目的としていると語られている（Ⅳ市立F中学校，Ⅵ市立H中学校，Ⅶ市立I中学校等）。教科準備室は存在するものの，ほとんどの調査校で教師は日常的にそこにはいないとも語られた。

　（1）で述べたように，生徒の日々の生活や特別活動の指導に重点をおくとなると，教師集団のまとまりは教科よりも学年，そして学年を重ねた教職員全員でまとまった力が求められることになる。1人教科の教師がいる中・小規模学校はそうせざるをえない状況もある。その際，多くの学校での教師の団結・まとまりは，教科を越境した関係性の中で，具体的な生徒をめぐってなされる会話を通して，あるいは「他愛もない」日常的な会話を通してつながっている，ということが多くの学校から聞かれた。

(6) 外部人材の積極的な活用

　コミュニティ・スクールでは外部人材が積極的に活かされていたが，それ以外の学校でも教育委員会等のサポートによる外部人材の多様な活用がみられた。公的な制度としての不登校や特別支援の生徒の対応を目的としたスクールサポーター制度による派遣員，日本語指導員，ICT支援員のみならず，訪問調査校では各教育委員会の手当による学校図書館の支援員の充実も特徴的であった。

　スクールカウンセラー（SC）の活用は全校で語られている中で，スクールソーシャルワーカー（SSW）の積極的な活用が2018年度には5校から語られた。SC（週1回）とSSW（月1回）を「フル活用」しているというⅡ市B中学校では，SSWには大きな問題だけでなく日頃の「教師の抱えている子どもの困りごと」にも相談に乗ってもらっているという。X市立N中学校のSSW（週1回）は同校の元校長である。調査対象校に勤務していたことで，生徒の状況も保護者の状況も踏まえて教職員にアドバイスをし，生徒の支援活動を行っている。

　学校外部と学校がつながり，問題ある生徒への支援を得るための恒常的な組織を持っている学校もある。J市立Ⅳ中学校では年に3回，学社連携生徒指導運営協議会を開催し，青少年相談員，民生委員，保護司，警察署員，小・中学校校長や教頭などの管理職が地域と協働して生徒指導に取り組んでいる。問題ある子どもと家庭の支援をどうするか定期的に情報交換し対応を検討している。

T市立Ⅲ中学校では地域児童生徒健全育成会というⅢ中学校区の3つの小学校と幼稚園保育所の校園長と生徒指導担当教師，PTA，教育行政，警察など60名以上で構成される組織の中で，年4，5回集まり，地域ぐるみで子育ての課題を共有している。この組織がとくに地域と縁のない若い保護者を支えている。Ⅵ市立H中学校では子どもや家庭の抱える深刻な問題に対処する市独自の行政上のネットワークシステム（市の子育て支援課（就学前）と教育総務課（就学後）が学校と連携しケース会議を開き情報を共有し合い対処する）の中にある。大都市のK区立Ｖ中学校の存在するK区は福祉と教育を一元化した組織的な取り組みを大規模に展開している。

学校の通常のさまざまな場での支援のほか，とくに問題ある生徒や保護者への対応についてはさまざまな専門的な知見に学びながら，そして地域と連携しながら包括的に対応しているという実態があった。

(7) 校長の学校改善に向けた明確なビジョン

4カ年にわたるインタビューの印象として，中学校の校長の語りには，学校の進むべき方向性に対する強い意志を示されていると感じることが多かった。

教育委員会に当該中学校がなぜ成果を上げているのかという理由を尋ねた際に，もっとも多く聞かれたのが「校長の存在」という言葉であり，現在力量の高い校長がいる，あるいは力のある校長が配置された時から学校が変わった，という見方をしていた。課題を抱えた学校に力のある校長を意図的に配置したという明確な見解は教育委員会から聞くことはなかったものの，以前困難を抱えていたという学校に対し，「力がある」と教育委員会から評価されている校長が配置されているという可能性もあるだろう。

校長が認識している学校の課題はさまざまである。先ずは荒れている学校を立て直し生徒の学校の集団生活を安定させるという課題に取り組んだ後で，恒常的に安定した環境の中で何に取り組むか，というビジョンを有する校長が複数存在した。すでに生徒の学校生活が安定している学校の場合には，より高次の学力を付けるためにはどうするかという点から自身のビジョンを語る校長が多い。

学校SESが傑出して高い，大都市圏に存在し，子どもの通塾率は90％以上，学区の小学校の50％が私立中学校に進学しているE市立Ｖ中学校の場合，校

長は「私立に負けない公立学校をつくる」ことを目標とし，その実現に向けて，すべての子どもが学校で十分な学力を付けることができるための授業改善の取り組みを推進している。(3) で上述したユニバーサルデザインの視点を取り入れた，どの生徒にもわかりやすい授業づくりを校内の研究テーマにすえたのは，特別な配慮を要する生徒も含めた地域のすべての生徒に向けて公立中学校が存在していることの意義を校長が自覚していることによるものと解釈できる。学力調査の結果の良好さは塾の効果が大きいと語ってはいるものの，学校でも十分に高い学力を付けることができるということを証明することで，学区の小学生を呼び込み，すべての子どもに確かな学力を保障する公立学校の役割を果たそうと強く意識していると見られる。

つまり，SES の高低にかかわらず，今回の訪問調査校の校長は自らの学校の課題を見極め，それに向けて明確な改革のビジョンを有し，その実現化に向けて具体的な取り組みに尽力しているという状況があった。

3. 学校の事例

本節で取り上げる 2018 年度調査校のⅣ市立 F 中学校の学校 SES は，同年度訪問調査校の中でもっとも低く，第 11 章の学校抽出の基準として挙げられている結果の汎用性という点を踏まえれば中規模校の範疇にある。

(1) 学校のプロフィール

中学校は最寄り駅から車で 10 数分の丘陵地に位置し，山々を望み，元々は田園からなる自然環境豊かな土地にある。一方で国道の幹線も近く 1970 年代から急激に開発が進み，電車も車も交通の便が良いことから，現在は幹線沿いに郊外型の土地開発がなされており新興住宅街も広がっている。校区には再開発が進む以前の昔からの住人と流入してきた住人が混じり合っている。生徒数は減少傾向にあるが落ち着いている。校区に大規模な市営団地が 2 つある。サラリーマン家庭がほとんどである。地域の公立高等学校を中心に進学する。大学進学までを希望する家庭も多いが，地域全体が教育熱心な土地柄というわけではない。通塾率もさほど高くなく，市中心部の進学塾まで通う者は少ない。

校区が広く，地域柄さまざまな家庭があることから生徒の家庭状況の差が大

きく，就学援助率は15%，生活に困難を抱えた家庭も一定数存在する。不登校（傾向）の生徒も多い方だという。しかし，全国学力・学習状況調査の結果では朝食を取り家庭で学校の話をする生徒は多いという結果であり，PTA活動も活発で，基本的には多くの保護者そして地域の人々が生徒と学校を支えている。生徒が地域の行事にも積極的に参加しており，地域の方でも生徒を活かす機会を設定している。

創設は1947年で市内では伝統ある中学校の一つである。数年前には学校で大きな問題を抱えたこともあり，現在も非行傾向の生徒も一定数存在するものの，現在，学校全体としては生徒の関係は良好で，校内全体が安定して落ち着き，素朴でのんびりとした雰囲気となっている。

校長によれば，生徒が安定して落ち着いているので，むしろ，もう少し挑戦心を養いたいということであった。また，着任当時から「気配り・気遣い・気働き」ができる生徒を育てたいとの方針から，教師にも「手を添え，心を添える教育」を目指すように働きかけてきたという。よい人間関係を結ぶことを重視した取り組みが学力向上の下支えになっているのではないかとのことである。

教師の年齢構成は若手が少なく20代後半が1名。30代から50代で占められている。2018年度は国の少人数指導加配1名が理科のTTを行っている。市が施策として35人学級を進めているため，市から少人数学級加配が2名配置されている。また，同じく市から特別支援教育支援員が1名配置されている。

2018年度の全校生徒数は370名。各学年4学級，特別支援学級2学級である。生徒の学級替えは行われるものの，教師は1年生から3年生まで持ち上がることが多い。これは生徒が安定した人間関係の中で学校生活を送ることができるとともに，学級担任は替わったとしても教師集団が学年を持ち上がることで，学年団として生徒や保護者の情報を共有するメリットがあることによる。保護者にとっても教師に話をしやすいというメリットもある。

学年毎に「学年職員室」があり，教材置き場や生徒の配布物の回収返却は学年単位で行っている。教師の関係性は良好で，学年や教科に関係なく，業務の負担で困っている状況にあればできる人が進んで補助をするという。教師の団結が生徒の関係性にもいい影響を及ぼすことが期待されている。

なお，習熟度別授業は導入していない。これは教師数といった課題だけでなく，効果にも疑問があるという。しかし，少人数の授業は重要であり，TTの

方が使いやすいという。

　学校で起きた問題には基本的に教師が対応する。学校外で起きた問題には保護者の協力も得てゆくというスタンスではあるが，ケースによっては週一回1時間勤務するSSWも積極的に活用している。SSWは学年団の会合に参加し，課題のある生徒についての支援について指示し，見立てを行うほか，通常の授業も参観し当該生徒の様子を見ている。また，SSWが地域の学習支援活動も担っていることから，地域の中でのその生徒の様子も知っており，意識的に声かけや励ましを行い学校と地域全体で生徒を見守っている。週1回5時間のSCも積極的に活用している。

(2) 特色ある取り組みや重点課題

① 学校の重点目標と連動した校務分掌・校内組織

　2018年度の学校の重点目標は「共に支え合い，挑戦する生徒　かかわり合いを大切に」であり，これを支える「誠実」(生活・徳育面……思いやり)「逞しい」(学習面……自ら進んで)「響き合う」(協働……チームで) という3側面を柱としている。この3側面に沿って，教師の校務分掌として生活指導部(生活部)，学習指導部(学習部)，特別活動部(特活部)が機能している。生活部，学習部，特活部にはそれぞれ主任がおり3部長といわれる。これを統括するのが生徒指導主事であり，週1回生徒指導主事を交えて3部長会議が開かれている。

　生活部では道徳教育の取り組みを率先し，生活指導の取り組みを行う。学習面での取り組みは学習部が企画提案を行い，今年度は朝の会の前に朝読書と視写，そしてノーメディアデーに取り組んでいる。特活部はいわゆる特別活動領域の取り組みの中軸であり，とくに生徒会活動の充実に取り組んでいる。

　生徒指導主事によれば，同校では主事の着任前年までに教師が決めた「校内の決まりごと」が驚くほど多かったという。彼が着任してから，これを生徒のニーズも踏まえつつ，徐々に緩やかに減らしたそうである。現在は，生徒に自分たちで善し悪しを考えさせ，判断をさせる指導に切り替えている。その際，お互いの言うことを「よく聴く」という小中一貫の校内研究のテーマを踏まえるようにしている。この取り組みの変化による成果が出てきているという。

　また，生徒は体育祭や合唱祭といった行事が非常に好きであることから，行事を「生徒が成長する場面」と捉えて教師は充実感や達成感を共有し，自己有

用感を獲得する重要な機会として熱心に取り組んでいる。

②　小中連携をベースとした校内研究テーマ設定と校内研修

　研修主任が校内研究を担う。研究のテーマは「仲間との響き合いを大切にする授業」。授業の中に対話をする場面を作ることに取り組んでいる。教師が想定する授業で響き合っている生徒の姿を可視化するため，職員室前に全教科で教師が生徒に具体的に求める「響き合う」ための学習・授業方法を掲示してある。特徴的なのは，このテーマが小中連携として展開されている点である。

　中学校区には小学校が1つ存在し，その小学校から進学してきた子供が9割以上を占め，一小学校一中学校の体制となっている。現在，市教委が全市的に小中一貫事業を進めているが，F中学校は2007年に市教委から研究委託を受け小学校との小中連携が始まっている。校務分掌もそろえ，当初は教科間での連携が主だったものの，現在では生活や学習面での全般的な子どもの実態について共通理解を図り，1年に1回は双方の授業を見たり，夏期休業期間中に研修を合同で行ったり，家庭学習の呼びかけを一緒にしたりするなどしてきた。

　小学校で「聴く」ことを意識した授業に取り組んでいることを踏まえ，小学校で聴く態度を身につけた児童を想定して，中学校ではそこからレベルアップした「響き合い」をテーマに設定した。来年度は9年間で小中一貫して目指す子ども像を共有するという意味で，重点目標も小学校とお互いに足並みを揃える予定である。なお，後述する「ノーメディアデー」も小中で共通実践として一緒に取り組んでいる。

　小学校のテーマを踏まえて考えた研究テーマではあるが，テーマ設定には毎年教師に「新年度対策アンケート」を実施し，それらも参考にして研修部で検討している。研修部は研修主任，管理職や学年副主任等の7名で構成され，年5回程度，定期的に会合をもっている。

　校内研修の一貫としての授業研究は年に代表者1名が校内研究のテーマに沿った提案授業を1学期に1回行う。校内研究のテーマや指導案の共通理解を図ることが目的であり，全員が参加し，授業後に協議を行う。提案授業時に取っている教師のアンケートには提案授業をどのように見たのか，大変細かく丁寧に書かれている。他，2年に1回の指導主事による「計画訪問」が実施される。さらに，11月と12月は1人1実践として教師全員が指導案を作成し授業を公

開し，お互い空いている時間に参観し合う機会を設定している。参観した教師が感想のコメントを書いて渡す。加えて，生徒側に，研究テーマに沿った授業が展開されていたかを尋ねる目的の4項目のアンケートを年2回実施し，各教科ごとに「成果と課題」をまとめている。校内研究テーマを意識し，「関わり合う」観点を踏まえたアンケート項目の内容は「関わっているのはどんな場面か」「関わっているか」「関わったことで，できた，分かった，なるほどという思いになるか」「授業のどんな場面で関わりたいと思うか」である。校内研究と研修のすべての計画と実施結果を研究集録として冊子にまとめている。今後は研究記録をデジタル化する予定である。

　これら教職員と生徒の思いや実態も踏まえた一連の校内研究と研修の取り組みを通して，授業改善を目的とするPDCAサイクルを着実に実施している。

③　ノーメディアデー

　学習部の提案によるもので，家庭学習の習慣の定着に課題があることで導入された。目的は学習時間の自己管理の力をつけることである。月1回学校で決めた日に，学校から提案した5つの取り組みの選択肢（A「食事中と学習中はノーメディア」B「メディアは一日1時間まで」C「メディアは一日30分まで」D「帰宅後から寝るまでノーメディア」E「朝から寝るまでノーメディア」）の中から各家庭で選び実施し，報告（「振り返り」）を行う。兄弟がいる生徒もいることから小学校と同一日に実施している。いきなりまったく触れないといった厳しい取り組み（D）を求めると，保護者ですらも守るのが難しいため，社会のメディア環境の現実を踏まえてゆるやかな取り組みも含めているのが特徴である。学年が上がるにつれ，生徒は進んで厳しい取り組みを選択するそうである。実際には，家庭学習の時間の確保よりも家庭での親子の会話の時間になっているという学校としては想定外の結果がみられるものの，それもよしと理解している。

④　朝学習・学びタイム

　学習は発展的な学習よりも基礎・基本に力を入れている。基礎学習補充の目的での15分の朝学習は視写と朝読書，ドリル学習等を学年と学期に応じて適宜組み合わせて実施している。1年生と2年生は4月から7月にかけて「大勢の中のあなたへ」というテーマで，教師が生徒に訴えかけたい内容の文章を集

めた文献を視写させている。視写の目的や方法も，生徒に向けて学習部から詳しく提案されている。8月から9月の体育祭までは朝読書，10月の合唱祭以降3月は1年生はプリントやドリル学習，2年生は学年裁量のテキスト学習，3年生は通年学年裁量のテキスト学習である。朝読書も視写もドリル学習も，今ではめずらしい取り組みではないが，F中学校では学年に応じて内容にメリハリをつけ，また全校一斉的にではなく，学年の裁量を重んじている点が特徴的である。

⑤ 学習の目的や結果を学年・学校全体へフィードバックする掲示の工夫

教科単位で，廊下に生徒の優れた学習成果のノートやワークシートを張り出している。他の学級で出たよい意見を知り学び合うという取り組みである。生徒への学習成果のフィードバックを個人や学級単位のみならず，学年や学校に向けて為していることになる。既述の通り，職員室前，廊下に「「響き合い」の姿いっぱい！」として，特別支援教育も含めた全教科で，教師が生徒に具体的に求める「響き合う」ための学習・授業方法が一覧となって掲示されている。家庭学習の模範的なノートが廊下に掲示されており，ノートへの教師の書き込みとともに，どの点が良いのかを教師が大きな吹き出しで具体的に説明も加えている。

ほか，校内の共通実践として，教師による1時間毎の「授業評価」表が教室黒板脇の前面に掲示されている。学習部の提案による項目に従い，教師が授業後に生徒と一緒に授業態度等を振り返りA〜C段階で評価し，それをカードにして学級の教科委員の生徒が掲示する。教科委員は生徒会活動の一部であり，生徒たちが評価を元に，自分たちで授業を振り返り，授業を作り上げてゆこうとする取り組みの一環である。B評価の場合，生徒はがっかりし，C評価の場合には「今日は何があったんだ？」と生徒自身が大変な事態だと受け止めるそうである。

⑥ 日常的な「声かけ」による見守り

学力の付きにくい生徒に対して，学校として組織的な対応ではなく，個別に日常的に意識的に声かけを行ったり，放課後に教師の日直当番が声かけを行い面倒を見るといった形で対応をしている。部活動の顧問が学習の面倒を見ると

きもある。学年で，あるいは部活の教師も巻き込み，複数の教師の目で生徒の状況を丁寧に見て把握し，日頃から積極的に「声かけ」をすることで自己肯定感を高めたいという。

　教師へのインタビューでは「子どもにいいところをどんどん声かけしてやる気にさせる，自己肯定感を増していくって，そういうことによって学校全体が良くなっていくっていう構想を持っているんですけども，本当に先生方が丁寧に子どもたちのことを見てくれているので，そういう現れになっていると思います」と語っていた。

(3) 全国学力・学習状況調査を含めた各種学力調査の実施と活用状況

　中学校区内の小学校の全国学力・学習状況調査の小6のデータを取り寄せて分析を行い，入学後の中学校での授業での工夫や改善点を検討している。中学校のデータも小学校に渡している。これは現在の校長が4年前に着任してから導入しているが，現校長が前任校の教頭時代から行っていた。たとえば，小学校の時に国語の興味関心や学習意欲が高く，算数の学習の意欲が低かったため，中学校では数学の授業で工夫をしてみたところ，中3では数学と国語で逆転したという。

　県の実施する学力診断調査（1年生と2年生が1月，3年生が9月と12月）は生徒にも返却し，生徒は自らの力を知り，教師は日頃の実践を振り返ることに活用している。県の調査は日常的な指導の成果を知る上で，そして総合的な学力を知る上では全国学力・学習状況調査の結果を重視している。

(4) 教育委員会による学校の評価

　F中学校の好成績の要因の一つは長く続いている「聴くこと」と「話すこと」を重視した取り組みを軸とした小中連携・一貫教育の成果，部活動に生徒が熱中し頑張ることにより放課後の過ごし方が充実し，生活に好ましい影響を与えていること，基本的に地域の信頼が厚くPTAを始めとした父母等の支えのある学校であること等が考えられるという。

　市の全体の学力の傾向として，全国学力・学習状況調査において，過去10年間，小学校は全国平均の正答率を上下しているのに対し，中学校は全国平均正答率を一度も下回ったことがない点に注目している。小学校での取り組みに

より，子どもが着実に底力をつけ，小学校時点での成績には反映されないものの，中位くらいの子どもたちが中学校で大きく伸びているという解釈もできる。F中学校もそうした伸びを反映しているのではないか，ということである。

　なお，市の教師は全体的に昔から教育委員会主導ではない自主的な研修に大変熱心で，たとえば小学校の国語では各校で教師たちが自発的に「練り合い」の授業等を多く取り入れていたそうである。しかし，2013年度の全国学力・学習状況調査の結果から，市教委は学習指導要領で求められている力と，それまでの指導のあり方に「ずれ」が生じていることを問題視し，学習指導要領を踏まえた授業改善を徹底的に指導したという。その一方で，これまで重点的に取り組んでいた小学校での「練り合い」授業が中学校に進学してからの好成績に繋がっていると前向きにとらえるようにもなった。外部から指導を受ける大学の研究者等もその発想を支持しているという。

　小学校，中学校のいずれにおいても全国学力調査の平均正答率を上げることを目的として，市として何らかの特別な事前対策は行っていない。F中学校の成果も，あくまで小学校での積み上げを尊重した中学校での着実な授業改善により生徒に様々な力をつける取り組みを行ってきた成果であると評価している。

第 14 章

高い成果をもたらす要因は何か
—— J. ハッティの学習への効果研究との照合

原田　信之

　本章では，ジョン・ハッティ（Hattie, J.）の「学習への効果研究」が提示した学力に影響を与える要因の分析結果と照合し，お茶の水女子大学が実施した事例研究や訪問レポートで抽出された「高い成果を上げている学校」の取り組みを検討する[1]。英語で発表された世界の実証的研究に基づいて，学力に影響を与える要因に関して包括的エビデンスを提供したことで知られる，ハッティの「学習への効果研究」の詳細については，その邦訳書や著書等先行研究に委ねるとして[2]，ここではその分析結果のみを用いることとする。

1. 「学習への効果研究」の分析枠

　学習への効果研究の類型に用いられた分析枠は，学習者，家庭，学校，教師，カリキュラム（指導計画），指導方法（授業）の５つである。学力に及ぼすそれぞれの効果の大きさは，①学習者要因の影響（d=0.39），②家庭要因の影響（d=0.31），③学校要因の影響（d=0.23），④教師要因の影響（d=0.47），⑤カリキュラム要因の影響（d=0.45），⑥授業要因の影響（d=0.43）である（ハッティ邦訳版 2017, p. 15）。括弧内の数値は，900 強のメタ分析（約２億 4500 万人の学習者を対象にした約６万の実証的研究の成果）を要因ごとに統合した効果量の平均値を d=0.40 とし，これを基準値として示したものであり，「教育条件および指導方法の工夫改善の成否は d=0.40 との比較で判断すべき」（ハッティ邦訳版 2018, p. 50）としている。この場合，「何が効果的か」ではなく「何が最も効果的か」を問題にしている。つまり，d=0 以上の要因は 150 の要因のうち 145 あり，こ

れは何かを実施さえすればわずかでも学力に効果が現れるということであり，基準値が設けられているのもそのためである。教育的な働きかけや条件整備は，そのほとんどがゼロ以上の効果を示すという知見を提供しているのである。曲がりなりにもよくしようとして投入される指導方法や条件整備等は，ほとんどの場合，ゼロ未満の数値が意味するような悪影響を及ぼすまでにはいたらない。だからこそ，それらがどれほどの効果があり，なぜ効果的なのかを説明できることが重要となる。

　平均でみる限りは，教師が学力の形成に及ぼす影響が最も大きく，カリキュラム（指導計画），指導方法（授業要因）もこの基準値を上回っている。これはあくまでも平均であって，各個別要因にはもちろん大きなばらつきが存在する。

2. 学習への効果研究における社会経済的背景

　ハッティの学習への効果研究では，社会経済的背景（SES）は，子どもの学力にどのくらいの影響をもたらすと分析しているのだろうか。分析対象は499の一次研究に基づく4つのメタ分析研究であり，調査対象者は17万6915人である。ハッティは4つのメタ分析研究のうちでは最も新しく，58の一次研究のメタ分析を行ったシーリン（Sirin, S.R.）の研究を取り上げ[3]，地域格差に言及する（ハッティ邦訳 2018, pp. 98-99）。そのメタ分析の結果によると，子どもの学力とその親の学歴との関連の効果の大きさはd=0.58，親の職業d=0.56，親の収入d=0.58であり，これらの要因はほぼ均一に子どもたちの学力にかなり大きな影響を与えていることを明らかにした。教科別には大きな差異は見られなかったが，農村部の学校ではd=0.34，都市近郊の学校ではd=0.56，都市部の学校ではd=0.48であり，農村部の学校の方がSESの影響を相対的に受けにくいとする結果が得られている（同，p. 99）。

　大切なのは，「学校の社会経済的地位」と「学習者の社会経済的地位」とを区別する視点である。学校という集団単位のSESが学力に与える効果はd=0.73である一方，学習者個人単位のSESの効果の方はd=0.55であり，両者とも学力への影響は大きいものの，学校単位の影響の方が極めて高い水準にあることが分かる（同，p. 100）。

　お茶の水女子大学の調査研究が「学校の社会経済的背景」に着眼し，成果を

上げている学校を抽出したことは，ハッティの分析結果からも的を射ていると
いえるだろう。この調査研究が明らかにしようとした学校の組織的な取り組み
は，ハッティがいうところの「指導と学習の見通しの立ちやすさ」に換言する
ことができる。それは，「学校内の文化や制度によって促進されもすれば阻害
されもするものであり，（略）この見通しの立ちやすさを最大限にまで高めら
れるかどうかは，学校内の文化や制度にかかっている」（同）という。

　このことを「事例研究」（2018 年度）では，2017 年度までに明らかにした高
い成果を上げている小学校の取り組みとして，以下の 6 点を指摘している[4]。
それは，①家庭学習習慣の定着と家庭への啓発，一人も見逃さない個別指導，
②若手とベテランが学び合う同僚性と学校の組織的な取組，③小中一貫教育に
よる一貫した学習の構え，④言語活動や学習規律などを重視した授業改善の推
進，⑤地域や保護者との良好な関係を基盤とした積極的な地域との連携，⑥学
力調査の分析・活用による児童生徒一人ひとりの学力形成の公表であり，これ
らのことは 2018 年度調査でも継続・発展して取り組まれていたと結論づけて
いる（2018 年度報告書，p. 95）。

3.「学習への効果研究」が示す効果的な要因との照合

　事例研究や訪問レポートに抽出された「高い成果を上げている学校」の取り
組みについて，以下では学習への効果研究で明らかにされた各要因（ハッテ
ィ・ランキング）と照合する。

(1) 教師の協同（働）文化（見せ合い，学び合う文化）の醸成
——同僚性の構築

　事例研究では，高い成果を上げている学校の取り組みとして，小学校では
「チーム学校の仕組みづくり」（2018 年度報告書，p. 98），中学校では「教科越境
的な教師集団のまとまり」（同，p. 109）がそれぞれの訪問レポートから抽出さ
れている。これは，「校内で日常的に学びあう場と風土は不可欠である」こと
から，「可能な限りベテランと若手で学年を組ませ，日常的に授業を見合う，
困った時はすぐに学年会で助け合うといった……同僚性がはかられていた」
（同，p. 98），「教科も学年も越えた全教職員のまとまりが日常的に自然に形成さ

れている」（同，p. 109）などの取り組みである。教師相互に見せ合い，学び合い，高め合う協同文化の醸成が「同僚性の構築」（「世代を超えた同僚性の構築や授業を通した力量形成」）に有効に作用することを示唆している。2018年度に調査したすべての小学校における「一人一授業公開」（同，p. 98），授業研究における小グループでの話し合いやワークショップ型の手法の導入（同，p. 99），中学校は「教科を越境する意識を持たせる」（同，p. 109）授業の研修や研究等が，事例研究では高い成果を上げている学校の取り組みとして着目している。

　学習への効果研究では，「教員研修」（47位，d=0.51）が学力に与える効果は確認されている。「同一学校種の教師が集まる研修よりも校種合同研修」の方が，そして「理論的なものより実践的な研修の方が効果が高い」ことも確認されている（ハッティ邦訳版 2018，141-142頁）。現職教育が学習者の学力に与える影響については，「学力に対する全体的な効果量はd=0.66であり，教科別には理科（d=0.94），作文（d=0.88），数学（d=0.50），読解（d=0.34）の順に高かった」（同，p. 142）という。たとえば，「授業について教師どうしが話し合うこと……は必要であるが，それだけでは十分では」なく，「問題をはらむ言説を疑問視したり対立する考え方のどちらが効果的なのかを検証したり，あるいは学習者の学習状況を示す成果物を俎上に載せながら議論したりすること」の必要性や，「教師にはびこる学習にまつわる固定観念や言説（……）を疑問視できるような現職教育が行われたり，ある内容をいっそう効果的に教えるにはどうすればよいかとあらゆる手を尽くされることが，学習者の学習を効果的たらしめる」ことなど，現職教育が学力向上に効果を発揮するのに有効な取り組みのポイントが7つ示されている（同，pp. 142-143）。事例研究において抽出された「日常の授業を基盤とした研究と研修」や小中連携の校種を超えた授業相互参観などの取り組みは，学習への効果研究からもある程度は裏づけられそうである。おそらくその取り組みの中身にはかなりの相違があるにちがいないが，成果を上げている学校の取り組みの外形としては効果要因として挙げて構わないだろう。

(2) 学習者の協同（働）文化（話し合い，学び合う文化）の醸成

　過年度の事例研究では，「授業全般に『話すこと』，『話し合い伝え合うこと』について，……（大多数の学校で）明確に重視されていた」として，「ペアや小

グループでの『話し合い』や『学び合い』『教え合い』は……意図的に導入されている」（2014年度報告書, p. 142, 丸括弧内は筆者による補記）と報告されていた。この取り組みは2018年度の事例研究でも継続されており,「生徒の間に『学び合い』が成立するためには様々な考えや能力を持った生徒が集う学習空間であること」を前提として,「『対話的な学び合い』を学習方法の基調としている」（2018年度報告書, p. 105）としている。事実, 過年度の「訪問レポート」をレビューしても, ペアやグループという活動形態に限定されず, 学級全体でも話し合いを強調する報告が散見された。これらからは, 教科を超えた言語活動として, 教科等の学習の場に限定されず, 学級会等学校における教育活動の随所で話し合い（対話的活動）が行われていることが示唆される。だからこそ,「授業のルールや学び方のルールを決めて教室に掲示していた」り,「『発表のきまり』『話し方』『聞き方』といったルールが明示化されて」（2014年度報告書, p. 142）いたりするなど,「学習規律の徹底」が輻輳的に効いてくることが考えられる。「児童生徒による主体的な『学び合い』『話し合い』を重視した授業をあげた学校も多い」が,「学び合いや話し合いの力を育てるための取り組みは様々で」（2017年度報告書, p. 133）あるという。

　これまでの事例研究（訪問レポートを含む）に共通していることは, ○○し合うという「合う」を要にした協同的な学習活動の日常化である。調査対象の学校で取り組まれていることは,「話し合う」「学び合う」「教え合う」「かかわり合う」「助け合う」「言葉かけをし合う」「伝え合う」「学びを交流しあう」等々の「○○し合う」ことを促し, それをすることが児童生徒内に当たり前に現れてくる協同文化の醸成である。最新の事例研究では,「主体的・対話的で深い学び」というアクティブ・ラーニングの学びの図式のうち,「『対話的』という部分に力点を置いた教育活動の推進」として効果的な取り組みが指摘されている（2018年度報告書, p. 105）。このことは各学校の研究主題においても,「関わり合いや学び合いを重視している学校」が多く,「ペアや小グループでの話し合いは日常的に行われており, 全体では発言しにくい子も参加できる。小さなホワイトボードなど学び合いのためのツールも多く活用されていた」（同, p. 97）と報告されている。

　学習への効果研究では, 子供同士が教え合う「相互教授」[5]は11位（d=0.74）につけており, 学力に極めて効果の高い指導方法であるとされている。この相

互教授法では，児童生徒が自分で学んだことや考えたことを自己認知（モニタリング）できるように支援するところがポイントとなる。さらに効果が高いのは，「学級での議論」（7位，d=0.82）であり，協同学習と個別学習の効果量を比べた研究では，圧倒的に協同学習の方に軍配が上がる（「協同学習 vs 個別学習」，d=0.59）。学び合い・教え合い（協同の学び）で見逃してはならないのは「ピア・チュータリング」[6]（34位，d=0.55）の働きであり，その学び合いの「結果はチューターされた人と同様にチューターにも大きく表れた」（ハッティ邦訳版2017，p. 114）という。「学習への仲間の影響は大きく（d=0.52），仲間の否定的な影響が軽減されると効果は更に高まる。手助けやチュータリング，友情，フィードバック，学級や学校を生徒が毎日来たい場所にすることによって，仲間による学習効果は高まる」（同，p. 113，訳の一部修正）。過年度の事例研究でも，学級や学校が「落ち着いている」ことや「学習することがあたりまえ」の条件となっているとした上で，「居心地の良い学校」「居場所のある学校」というような，子供同士の関わり，子供が安心して学べる学級，といった学級経営が行われていることが効果的な取り組みの特徴として指摘されていた（2017年度報告書，p. 133）。この指摘は，同様のことが学習への効果研究でも確認できるところである。

　最新の事例研究でも，「能力差を生かした対話的な学び合いが成立するためには，学級集団の子供たちの人間関係が良好であり，教師と子供相互の信頼関係が成立している必要があ」り，「生徒の主体性を認め，子供たちのよりよい関係性を育てる取組に力を入れている」（2018年度報告書，p. 106）ことを抽出している。

(3) 習熟度別指導から能力差を生かした対話的な学び合いへのトレンドの変化

　過年度の調査研究と2018年度に実施された最新の調査研究とでは，習熟度別指導（授業）に大きなトレンドの変化を読みとることができる。

　過年度の調査対象校では習熟度別指導を導入している学校が少なくなかったが，2018年度の事例研究では，「能力差を生かした対話的な学び合いという指導法が習熟度別指導に勝っている」（p. 106）と評価し，トレンドの変化を裏づけている。習熟度別指導については，その効果に疑問を呈したり，取り入れな

いことを表明したりする学校が複数存在していた[7]。その理由としては、「重点的に取り組んできた『グループ学び』のよさがあり、子供たちが教え合うということで、どの子供も授業に参加しないということが無くなるためである」（2018年度報告書、p. 153）、「理解のレベルの違う子供たちでの集団の中での練り上げこそが、すべての子供に効果があると考えている」（同、p. 156）等が示されている。

ハッティの学習への効果研究では、学力への効果と公平性に関する効果に大別した場合、低学力の学習集団の多くは意欲が低く、学習をより遠ざけるようになるなど、公平性の観点から「能力別学習集団編制の効果は深刻かつ弊害が大きい」（ハッティ邦訳版 2018, p. 122）として、消極的な立場をとっている。ただし、学習への効果研究が指摘している点として、実証的なエビデンスでは、習熟別グループ編成のもたらす効果はゼロに近いが、質的なエビデンスでは、「仮に低学力クラスでの授業が刺激的で、挑戦的で、そして十分に教育を受けた教師によって行われるものであったとしたら、……学力が高まるはずであることは明らか」（同、p. 124）だという。「授業の質や教師と学習者、また学習者どうしの関わり方の状況が重要な問題」（同、pp. 124-125）であり、この関わり方の質をどのように高めていくのか、学校としての組織的な取り組みの質的な解明を期待している。

(4) 自己肯定感（セルフエスティーム）というマインド・ファクターの抽出

2018年度の事例研究と訪問レポートでは、高い成果を上げている学校において、自己肯定感や自己有用感を高める取り組みが新たな知見として抽出されている。

一般に、自己肯定感とは、自分を認め、自己を肯定的に捉える感情であり、自尊感情とも言われる。自己有用感とは、自己の存在が人に役立ち貢献していると思えるときに覚える感情である。

小学校の事例研究では、高い成果を上げている学校の取り組みとして、特別支援のケア的な視点をうまく取り入れた学校づくりを第一の要因に挙げ、「自己肯定感や自信を持つ、夢を持つといった心の安定を図ることが……ゆくゆくは学習意欲にも繋がる」（2018年度報告書、pp. 95-96）としてケア的な働きかけの意義が強調されている。中学校では調査した「すべての学校で縦割り活動が

組まれている」とし，地域の行事への「参加の意義として，自主性が育ち自己有用感が高まる点を認めている」（同，p. 107）という。

　自己肯定感を向上させる鍵となる取り組みでは，「先生方が丁寧に子供たちのことを見てくれている」その信頼を基盤にして現れるとし，「子供にいいところをどんどん声かけしてやる気にさせる」声かけ実践（同，p. 112），「子供が自信を持ち，安心して学級の中で生活・学習ができるようにするための」「生活面やソーシャルスキルなども含めた個別の支援」（同，p. 96），「教師の誰かが自分のことをよく見ているということが生徒の学校への信頼感」（同，p. 108）につながるといったマインド・ファクターへの働きかけが指摘されている。

　これらは学習への効果研究では，「自己概念（self-concept）」をキー・コンセプトとして，学力に比較的大きな影響を及ぼす（d=0.43）ことを示している（ハッティ邦訳版 2018，p. 88）。自己概念は多義的に用いられるが，自己認知の方はそれほどの効果はなく，学力への効果が大きいのは「自己効力感」であるという（同，p. 89）。自己効力感は，「物事がうまくいかなかったり，間違ってしまったりといった困難に直面したときに特に効果を発揮し，○○はできる，○○をしたいという信念をもつことで，さまざまな困難を克服する助けとなるものである」（同，邦訳一部改訳）。自己効力感が低い人は，難しい課題を自分への脅威とみなして避けたり，その困難さを言い訳でごまかしたりする傾向がみられるという。逆に，自己効力感の高い人は，難しい課題を挑戦と捉えたり，失敗を次の学習機会に生かそうとしたり，課題解決に努力を払おうとする傾向がみられるという（ハッティ邦訳版 2017，p. 57 参照）。

　ここで再び最新の事例研究に立ち返ると，「学習内容の繋がりと同時に小中連携の大きな成果として最も強調されたのは」，「小学生が中学生に憧れ，中学生が自己有用感を持つという情意的側面であ」り，「これが学習意欲につながり，ゆくゆくは学力にもつながるという見方である」（2018 年度報告書，p. 101）といったマインド・ファクターへの働きかけに帰するであろう。ただし，自己の認知に関する概念は，ハッティが指摘するようにかなり多義的であり，どのような働きかけが有用なのかに関し，更なる可視化が求められるところでもある。

(5) フィードバック（feedback）という取り組みの抽出

　フィードバックとは，一般に伝え返しともいわれ，生徒がどうであるのか（状態）と，生徒はどうあらねばならないのか（達成基準）との間のギャップを小さくする目的をもつものである（ハッティ邦訳版 2017, p. 173 参照）。つまり，互いの意識のズレの調整機能をもち，そのズレの調整機能を生かして成長へのめあてをえるのがフィードバックであり，フィードバックという言葉を使わなくても，それに相当する取り組みはフィードバックとみなすことができる。

　事例研究では，「授業毎に教師が生徒の授業態度を評定」した結果の教室への掲示，「授業のみならず，教科外の取組を教師が評定し」た結果の掲示，「『チャイム前着席は守れたのか，挨拶返事はどうだったか，忘れ物，態度』といった学習態度について，総合的に 1 〜 5 段階で教師が評定を行い，『オール 5』を目指すというもの」（2018 年度報告書, p. 112）など，主に中学校における取り組みとして集約されている。

　事例の具体としては，「学習目的や結果を学年・学校全体へのフィードバックする掲示の工夫」として，「廊下に子供の良い学習成果のノートやワークシートを張り出して」，「他の学級で出たよい意見を知り学び合うという取組」であり，「子供への学習成果のフィードバックを個人や学級単位のみならず，学年や学校に対して為していることになる。……家庭学習の模範的なノートが廊下に掲示されており，ノートへの教員の書き込みとともに，どの点が良いのかを教員が大きな吹き出しで具体的に説明も加えている」ことや（同, p. 175），「コメントを返して生徒とコミュニケーション」をとる（同, p. 229）などの取り組みが示されている。

　学習への効果研究では，フィードバックは 10 位（d=0.75）につけており，「成功を収めている指導や学習において最もよく見られる特徴の 1 つである」とされている（ハッティ邦訳版 2017, p. 173）。しかしフィードバックという効果因は変動性が高く，やり方次第で浮き沈みが大きいという。フィードバックを効果的なものにするには，教師が生徒に対して「生徒がどのようであるかと，生徒がどのようであらねばならないか……の状態を見えやすくすることができればできるほど……フィードバックによる成果を享受することができる」（同）。フィードバックは，たとえば「やるべきことだからしなさいと学習者に伝える」など管理的に行われることで，「自分自身の動機づけを高めようとしたり

自己調整をしたりすることが他律的なものとなる」と効果量は d=-0.78 となり（ハッティ邦訳版 2018, p. 172），百害あって一利なしの働きをするところに注意を要する。

　事例研究において，フィードバックの取り組みの意図は，「生徒に授業の主役は自分たちであるという意識，授業に主体的に取り組む意識と態度を強く持たせたいということにある。評定が低い場合には，その原因を生徒達自身で考え，帰りの会で反省し，改善を述べる」（2018 年度報告書，p. 112）として，生徒の主体的な活動とセットで学校の取り組みが分析されていることの意義は大きい。こうしたフィードバックについては，生徒に与える情報量や頻度はほとんど問題にならない。問題にするのは，「教師によって与えられるフィードバックの多くは，学級全体に向けられ，そのほとんどをどの生徒も受けとっていない」ことであり（ハッティ邦訳版 2017, p. 185），フィードバックを自分には関係のない他人事としてスルーしてしまう生徒たちの受け止め方である。

　フィードバックと学力の相関は確かに強い。「だからといってすぐさまフィードバックを多く与えたとしても学力の飛躍的な向上は期待できない。……教師とは何たるかについての考え方を変える必要がある」し，「学習者とのやりとりや配慮のしかたをこれまでと変えることが必要となる」からである（ハッティ邦訳版 2018, p. 29）。さらに，「フィードバックの量を増やす……以前に重要なのは，学級の雰囲気である。間違うことが受け入れられることが重要なのであり，そういった雰囲気があってはじめて学習の効果が高まるからである」（同，p. 30）。ハッティの学習への効果研究は，このように効果のある方法や効果量の提示にではなく，なぜその要因に効果があるのか，高い効果をもたらす前提は何かを可視化することに主眼が置かれている。

　事例研究では「信頼関係（信頼感）」や「学校風土」，指導の「丁寧さ」や集団としての「安定」という言葉がたびたび出てくるし，教育現場の人たちにはきっとこうした言葉の方が響いてくることだろう。これらの言葉はやや情緒的な印象を与えるかもしれないが，それに対しハッティが引用した以下の言明は示唆的である。教師が生徒に「期待をもつという行為は，教師の心の中だけにとどまるものではない。それは，組織や社会の仕組みにまで組み込まれるものなのである」（同，p. 147）。事実，「学習者への期待」の効果量は d=0.43，「共感」の効果量も d=0.68 というように高い水準にある。

4. 「学習への効果研究」から外れている要因をどのように捉えるか

　学習への効果研究でも，家庭の文化的環境や経済的な豊かさが学力に及ぼす好影響は，親の「社会経済的地位」（45 位，d=0.52）や「家庭環境」（44 位，d=0.52）などにより確かめられているが，本調査研究のように確かな格差背景を抱えながらも，それでいてもなおかつ高い成果を上げている学校をターゲットとして「学力に影響を与える要因」が抽出されているわけではない。それでも，学習への効果研究とお茶の水女子大学の調査研究で抽出された「高い成果を上げている学校」の取り組みとを照合すると，いくつかの共通性を確認することができた。

　訪問レポートにおいて度々言及されてきた，地域との連携や外部人材の活用とその活用によって可能となる取り組みは，学習への効果研究における 150 の要因に含まれていない。過年度の事例研究ではほとんど抽出されていないが，近年の教育改革によって普及が見込まれるカリキュラム・マネジメント（継続的な教育改善サイクル）も同様に含まれていない。誤解を避けるために言及すると，これらは学習への効果研究において，効果がないと結論づけられているのではなく，先行する実証的研究の層の薄さが原因で，メタ分析が対象とした効果要因から外れているだけのことである。

　英語圏中心（英語で公表された実証的研究の論文）の学習への効果研究では効果が低いとみなされた取り組みにおいても，日本の教育現場の知恵や経験により効果が高いものにアレンジされているものがあるとすれば，再検証されなければならないものも，各種の調査研究により見いだされることに期待がもたれる。

註

1)　本章では，文部科学省「学力調査を活用した専門的な課題分析に関する課題研究」を受けて実施したお茶の水女子大学の調査研究報告書からの出典表記は「○○年度報告書」と略記して本文に示す。

　　　2017 年度までの過年度の事例研究や訪問レポートと学習への効果研究とを照合した論文は「第 9 章　過年度の訪問調査結果の再分析」（お茶の水女子大学『平成 29 年度保護者に対する調査の結果を活用した効果的な学校等

の取組に関する調査研究』，平成 30 年度「学力調査を活用した専門的な課題分析に関する調査研究」報告書，平成 31 年 3 月 29 日：2018 年度報告書と略す）に掲載されている。本章は，過年度から継続する取り組みについてはその論文から一部をピックアップし，最新の 2018 年度調査報告書の事例研究と訪問レポートとの照合結果をまとめたものである。対象とする報告書のデータ（記録資料）は，「事例研究」と調査対象校の事例をまとめた「訪問レポート」である。「事例研究」は「訪問レポート」のメタレポートと位置づけることができる。2017 年度報告書には 3 カ年の調査研究のメタ「事例研究」の結果が掲載されているが，前掲論文は学習への効果研究に照らしてその再分析を中心に行ったものである。

2)　日本における「学習への効果研究」の主な先行研究には，以下のものがある。ハッティの著書の邦訳版『学習に何が最も効果的か：メタ分析による学習の可視化』（あいり出版，2017：ハッティ邦訳版 2017 と略す）と『教育の効果：メタ分析による学力に影響を与える要因の効果の可視化』（図書文化，2018：ハッティ邦訳版 2018 と略す），および『ドイツ教授学へのメタ分析研究の受容：ジョン・ハッティ「可視化された学習」のインパクト』（デザインエッグ社，2015）。ランキングと効果量は，より新しいデータを提供しているハッティ邦訳版 2017 を参照している。

3)　ここでハッティが取り上げたシーリンの研究は，以下の論文である。
Sirin, S. R. (2005): Socioeconomic status and academic achievement: A meta-analytic review of research. *Review of Educational Research*, 75(3), pp. 417-453.

4)　中学校では，①家庭学習の充実，②管理職のリーダーシップと同僚性の構築，実践的な教員研修，③小中連携教育，④言語に関する学習規律・授業規律の徹底，⑤学力調査の活用，⑥基礎基本の定着の重視と少人数指導，⑦休業期間を活用した補充学習という 7 点にまとめ，2018 年度調査とそれ以前の調査との推移を整理している。詳しくは 2018 年度報告書の p. 104 を参照せよ。

5)　相互教授は，初期段階では認知方略（やり方）をマスターさせるため，教師・学習者間での役割の入れ替わりを含んでいる。

6)　ビア・チュータリングがなぜ効果的なのかについて，「生徒は自らが教師（誰かの教師）となったときに多くを学ぶ。……私たちのほとんどは座って誰かから話されるよりもむしろ，何かを教えるように頼まれたときに驚異的な量を学ぶということの良さをわかっている。」と説明している（ハッティ邦訳版 2017, p. 114）。

7)　2018 年調査において都市部（に近い）の学校を抽出している。ハッティは，ラブレスの調査研究から「学力の低い学校，低所得者層の多い学校，そして都市部の学校では能力別学級編制は実施されておらず，郊外の学校，富裕層の多い地域の学校，学力の高い学校では能力別学級編制を実施し続け

ている」（ハッティ邦訳版 2018，p. 123）という結果を紹介している。この
ラブレスの調査研究は約 20 年前にアメリカの 2 州を対象としたものであり，
それが日本の現在に当てはまるかどうかは断定できないが，習熟度別指導
（授業）のトレンドの変化については，調査対象校の範囲でということで捉
えておきたい。

第 15 章

成果が上がりつつある学校

耳塚　寛明

1. 問題の設定

(1) 課題意識

　私たち研究チームは，2013・2014 年度文部科学省委託研究の事例研究におい
て，二段階の研究戦略をとった。第一段階では，「高い成果を上げている学
校」，すなわち SES から予測される学校の平均学力を相当程度上回る成果をあ
げている学校を統計的に抽出した。第二段階では，抽出された学校を訪問し，
事例的に，高い成果を生み出していると考えられる諸取り組みを明らかにしよ
うとした。統計的なアプローチと質的なアプローチを併用することによって，
高い成果を上げている学校の特徴を浮かび上がらせることを目指した。この戦
略は一定の成果を上げることができたように思われる。2016・2017 年度の調
査研究においてもこの戦略を踏襲し，高い成果を上げている学校に関する事例
研究を行っている。

　けれども，このアプローチではカバーされない学校群が残っている。第 11
章に示した図 11-1 ～ 11-8 において，回帰直線よりも相当程度下方に位置する
学校群である。この学校群は，SES から予測される学力を相当程度下回る平
均学力にしか到達できていない。これらの学校を抽出して観察することも同時
に必要なのではないか。これらの学校を低い成果しか上げていない状況にとど
めている要因は何か，どこに問題があるのか。SES から予測される学力を相
当程度下回る学校は，SES から予測される学力を相当程度上回る学校の，単

純な裏返しではない可能性もある。

第11章から明らかなように，SES から予測される学力を相当程度下回る学校はけっして少数ではない。これらの学校は，どうしたら現状から脱出できるかに苦慮しているだろう。おそらくは高い成果を上げている学校での取り組みを容易に導入することが困難な状況に置かれている。その意味ではより深刻な研究対象でもある。

こうした問題意識から，2017・2018 年度の調査研究では，高い成果を上げている学校の事例研究に加えて，次のふたつの条件を満たす学校を統計的に発見し，訪問調査を行って事例研究を試みることにした。第一の条件は，過去に SES から予測される学力を相当程度下回る学校であったこと，第二の条件はその状況から脱却して一定の成果を上げるところまで来ている学校である。2017 年度は試行的な研究として，条件に該当する中学校を 1 校事例対象とすることにした。

(2) 2017 年度　対象校の概要

事例研究の対象としたのは，C 県 B 市立 A 中学校である。C 県 B 市は地方の中ないし小規模の都市であり，A 中は B 市の中でも周縁部に位置する。保護者の平均 SES は，Lower middle に近い Upper middle である。全国的にみれば平均的な社会経済的状況の地域といってよい。

なお以下の記述においては，A 中を特定できないよう，次の二つの記述方法を意図的に採った箇所がある。①記述の曖昧化（あえて記述を曖昧なままにとどめる，時期を明確にしない等），②記述の表現の改変（文書を使った記述において，文書に書かれた記述をそのまま引用するのではなく，同趣旨の別の単語で表現する。インタビュー記録を引用する際に，方言を標準語に直して記述する等）。

インタビューの対象は，A 中の前校長 A，現校長 B，現教頭 C の 3 人である。インタビューは，2017 年初冬に，前校長 A については同校長の現任校において，また現校長 B と現教頭 C については A 中において，それぞれ 2 時間半程度行った。本章は，このインタビューに基づいた記述である。方法論的には，インタビューとドキュメント解析を用いたモノグラフであり，統計的リアリティを追求し知見の一般化を志向するのではなく，全体関連的にこの学校でのできごとのリアリティを描くことを目指した。

表 15-1　A 中学校の学力状況の変化と校長等の在任時期
(2013 〜 2017 年度)

年度	2013	2014	2015	2016	2017
残差 d（概数）	-10	-10	-5	±0	±0
校長 A 在任		○	○	○	
校長 B 在任					○
教頭 C 在任			○	○	○

　2013 年度から 2017 年度の間の A 中学校の学力の状況の変化，校長等の在任時期を，表 15-1 で確認しておこう。表中，残差 d は，A 中の SES から予測される学校平均学力と実際の学校平均学力のずれ（この場合は下方へのずれ）を表す。表に明らかなように，2013 年度・2014 年度の A 中の平均学力は，SES から予測される学力水準を大きく下回っていた（便宜的に低迷期と呼んでおく）。2015 年度には学力水準が向上の兆しを見せ，2016 年度，2017 年度には SES から予測される学力水準並みになっていることがわかる（2015 年度以降を改善期と呼んでおく）。A 校長が着任したのは低迷期の最後の年であり，A 校長在任の 2 年目から改善期がはじまっている。

2. 低迷期から改善期へ

(1) 2013 年度までの状況

　前校長 A が着任する以前の A 中の状況（低迷期）を概観しておこう（主として現校長 B と教頭 C による）。A 中は，市の校長会や多くの住民が認める「荒れた学校」であった。そのため，問題行動加配 1 が措置されていた。

　低迷期がいつ始まったのかについては，インタビューから明らかにすることはできなかったが，①地域や保護者と教師の信頼関係が欠如し，また②進学してくる生徒たちの出身小学校で学級崩壊が見られたことを，インタビュー対象者は共通して指摘した。前者の例としては，子どもが問題行動を起こして保護者を学校に呼んでも，連携して子どもを育てる関係性を築けないことがままあったという。それは，単に保護者が学校に不信感を抱いていただけではなく，教師の保護者への対応も明らかに適切性を欠いていた（教頭 C による）ことに

起因するという。

　生徒たちの学力の状況は，表15-1で確認したとおりSESから予測される平均学力を下回っていただけではなく，全国平均や県の平均をも下回る状況が続いていた。問題行動も多発した。そのため教師は生徒指導に時間や労力を割かねばならず，多くの教師が疲弊していた。教師集団の危機感はともすれば薄れてしまい，なんとかせねばと行動する教師と，自らの生活を守ることに腐心する教師とに分裂していた。後者の教師たちの関心のありようと状況への対処の仕方を，サバイバル・ストラテジーというピーター・ウッズによる社会学的概念で表現することができる。サバイバル・ストラテジーとは，危機に直面した組織や個人が自らの生き残りのために行使する戦略を指す。

(2) 外的支援

　低迷期から改善期にかけて，3つの外的支援が充実していく。

　第一に，平成ＸＸ年度に新校舎（全面改築）が落成し，全教室にエアコンが導入された。これが，学校が落ち着きを取り戻す上で，非常に大きなできごとだったと，3人の校長・教頭はいずれもそう答えた。「廊下を自転車で走り回っていた生徒たちが教室に戻った，寝ていたが。」この行政による環境整備を経て，「ようやく改革に取り組む段階になった」と前校長Ａは認識していた。

　第二に，低迷期から改善期にかけて，県や市による教師の加配が徐々に手厚くなっていく。2017年度は，県によるいわゆる問題行動加配1に加え，養護教師加配1，特別加配1，市による小中連携加配1，特別支援支援員1等，29年度現在では5をこえる加配が措置されるようになった（現校長Ｂ）。教師の加配によって直接的な効果があった。たとえば全国学力・学習状況調査の分析ができるようになった，数学で3クラス4展開の少人数指導が可能になった等である。しかし，前校長Ａは加配のそうした直接的な効果よりも，間接的な効用のほうがありがたかったと指摘する。教師集団に対して，加配を受けていることを理由に研究を行い成果をまとめて報告しなければならないことを納得してもらう契機になったというのである。加配という新しい状況の変化がなければ，従前の仕事に加えてわざわざ新たな仕事を負担してくれる教師が少なかった——そうした状況に教師集団があったことを推測することができる。加配への対応をある種の口実として，研究・研修面での新たな取り組みを進めていっ

たのである。

　第三に，学校支援地域本部（C県型コミュニティ・スクール），NPOによる学校支援活動（PTAが費用を負担）等からの支援があった。またスクール・ソーシャル・ワーカー（県），心の相談員（市），スクール・カウンセラー（県）の派遣もあった。

(3) A校長の着任

　2014年4月，前校長Aが着任する。教頭Cは，そこから「トップダウン型改革」が始まったと認識している。ただ，前校長A自身はトップダウンではなくリーダーシップによる改革であると認識し，また着任早々から改革プランが明確にあったわけではない。2014年は，「見て，驚いた，どうしたらよいかを考えた」年であったという。「はじめは見ていた」という。

　全国学力・学習状況調査の結果はコンスタントに，A問題はマイナス10（全国平均から），B問題はマイナス15。低学力に驚いた。にもかかわらず，教師集団には危機意識が感じられず，組織的に有効な手立てを打とうとしている様子が見られない。「こんなことでよいのか」と前校長Aは思った。

　前校長Aが，はじめに取り組んだのは，教師に対する「心得」（指針）の作成である。職員会議や個別面接において，また日常的な対話の中で，繰り返し訴えたという。A4一枚だけのコンパクトな「心得」には次の事項が簡潔に書かれている（一部省略）。

　　○教育は，教員と生徒との人格の触れ合いの中でなされる。教員の言葉が，
　　　子供の心を元気づけ，教員の笑顔が，子供の心に安心感を与える。子ども
　　　を思う教員の心が，子供をとらえる。
　　○生徒は，一人の人間，人格としては教職員と対等である。教育に当たる者
　　　として常に人権感覚を磨く。
　　○生徒からの信頼，保護者からの信頼が教育の基盤。
　　○褒めることを基本に，叱るべきときには，きちんと叱る。

　上記の記述の後に，囲みで「子供の心に響く『叱り方7箇条』」が続く。主な項目は，①叱られる根拠を明確にしておく，②確かな教育理念に基づいて叱

る（感情的に叱らない），③カウンセリング・マインドをもって叱る，④子供の
よい点を褒めてから叱る，⑤悪い行為を叱る（人格を否定しない），⑥子供の逃
げ場を認めながら叱る，⑦叱る以上に褒める，である。

　この最初に出された指針には，前校長Ａが，Ｃ中の状況をどう認識し，何に
危機感を持ち，どこから改革に着手しようとしたのかが，明確に現れている。
前校長Ａが最初に出した指針は，授業改善に関する指針ではない。叱り方の指
針である。学習指導以前に，「子どもは学校と教員に不信感を持っている，こ
れを払拭することが第一歩」だと考えたという。生徒には一人の人格として共
感的に接する，生徒の名前は呼び捨てにせず，「さん・君」を付けて呼ぶ。叱
る以上に褒める，けれども不正を見逃さず，悪いことは許さない，安易な妥協
をしないでしっかり叱る，悪い行為を叱るのであって人格は否定しない。これ
ら叱り方の指針が訴えているのは，生徒との信頼関係の回復こそが改革の第一
歩であり，基盤だという理念である。だから学習指導の改善以前に，繰り返し
心得（叱り方の指針）を訴えて理念の浸透を図った。

　前校長Ａのリーダーシップによる改革初期の段階で，とくに意識されてい
た点が二つある。第一に，すべての教師が改革に積極的であったわけではない。
サバイバル・ストラテジーによって学校の教育目的よりも自らの生活を維持す
ることに腐心する教師もいれば，改革の理念は共有していても積極的に取り組
むことが難しい状況に置かれた教師もいる。だから，まずは「動く教員から動
かす」「やってくれる教員といっしょに取り組む」ことにした。第二に，はじ
めた取り組みの成果を，できるだけ数字で示すように心がけたという。たとえ
ば，Ａ中では県の2015年度学力調査（第1回）で関数の単元の成績が県平均を
大きく下回っていたため，授業で重点的に扱うようにした。その結果第2回調
査では県平均を上回るようになった。この経緯を数字で教師集団に示したとこ
ろ，職員室で「ほぅ！」という声が上がったという。ささいなことであれ，取
り組んだことの成果を速やかに示していくことが，教師集団を動機づける上で
効果的であったと考えられる。

3. 改善期における主な改革

　学校に落ち着きが戻ったところで，いよいよ授業改善等の諸改革が着手され

る。とりわけ 2015 年度以降に授業改善等の取り組みが急ピッチで進められた。

(1) 授業改善

　2015 年度「学校づくりの基本構想（グランドデザイン）」によれば，本年度の重点目標として，①自分の考えを，状況に応じて書いたり話したりする力を付ける，②目標達成のために，最後まで粘り強く取り組む態度を育む，③進んで挨拶し，他の人と協力して物事に取り組めるようにする，の 3 点が掲げられ，重点目標を達成するための主な取り組みの冒頭に，「生徒が主体的に学ぶ姿を求める授業の実践」を挙げている。より具体的な取り組みとして，以下が記載されている。

- ・教科横断的な学び方を明確にした指導（特別支援教育の視点：ユニバーサルデザイン化）
- ・目の前の子供の実態に応じた授業づくり　数学・英語における少人数学習の実施
- ・自ら計画し，実行する家庭学習の支援

　これらの取り組みの成果目標が，「定期テストで，平均の半分の得点を下回る生徒を 15％にする」「学習状況調査で，『自分にはよいところがある』と答える生徒を 20％にする」等，具体的に設定されている。

　上記の取り組み中，授業のユニバーサルデザイン化は，特別支援教育の視点を活かし普通学級における授業改善を図ろうとする試みであり，地元大学と市教委の支援を受けた。職員研修のテーマにも設定され，「生徒の立場から学級全員のわかりやすさや安心感を大切にした授業づくり」「温かく受容的な人間関係が基盤」等が強調されている。

　少人数教育については，県からの加配があり，文書資料からさまざまな研究が行われたことがうかがえる。たとえば，少人数学習集団の編成方法，単元展開，評価問題の作成，TT と一斉指導を組み合わせた多様な習熟度別指導のパタン等の研究である。

　家庭学習支援の取り組みのひとつに，「○○（仮称）タイム」がある。これは，生徒が自分で家庭学習の計画を立てて学校で実行する時間を日課表に位置づけたものである。宿題中心の家庭学習から，予習・復習・自主学習の家庭学習への質的転換を図るところにねらいがあるとされる。

(2) 校内研修

A中学校における校内研修は，2014年度までは教科別の研修であった。前校長Aの任期2年目からは，校長が提案して教科の枠を超えて全教師を巻き込むことのできるテーマを設定してもらった。教科別の研修のみだと，教科の専門性の中に隠れて完結してしまい，成果が問われなかったり，成果の全教師での共有が進みにくいからだと，前校長Aは説明する。設定されたテーマの例は，先に述べた授業のユニバーサルデザイン化をはじめ，板書・ノート指導，授業の振り返り，グループ活動等である。

現教頭Cによれば，こうした校内研修の改革の成果として，学校独自の「リレー方式のユニバーサルデザイン化授業改善の実践」が生み出されるに至ったという。同一の学級において，国語，社会，英語の授業を行い，授業者と参観者が15分程度の振り返りミーティングを行う。まず国語の授業参観とミーティングには次の授業を予定している社会科の先生も参加し，ミーティングで話し合われた事柄を踏まえ社会科の授業づくりに活かす。英語科の先生は社会科の授業参観とミーティングに参加し，次の英語の授業に活かす等，リレー方式で授業づくりに取り組んでいるという。

(3) その他の取り組み

このほかにA中で導入された主要な取り組みには，小中連携（特別支援教育における授業のユニバーサルデザイン化の考え方を小中で共有，中学校教師が小学校で教壇に立つ，中学校入学前に小学校を通じて児童に宿題を出す等）がある。

私たち研究チームは，2013・2014年度の文科省委託研究において，事例研究の結果，「高い成果を上げている学校に共通に見られた取り組み」を示した。そのリストを現校長Bと教頭Cに示して確認したところ，2017年度までにほぼすべての取り組みを実施に移すことができるようになったという。

①家庭学習指導　○○タイムを通じて取り組み始めたところ。宿題はやるが自主学習に課題を残している。

②校内研修　先述のとおり。また県指導主事の学校訪問を活用している。

③ノート指導　2015年度から実施。

④全国学力調査の活用　結果が国から返却される前に，早期採点を実施し課題を分析。27年度から全職員でB問題を解いて誤答分析を実施。

⑤少人数指導　加配教師を活用して数学で実施。3クラス4展開。課題の大きな単元に関しては，もっと少人数にして指導。

⑥補習・補充指導　長期休業中に実施。

4．まとめ

「成果を上げつつある学校」の事例研究は2017年度が初めての経験であり，しかも一つの中学校を事例とし，3人の管理職教師を対象としたインタビューとドキュメント解析にもとづくものに過ぎない。その意味で本章は試行的分析にとどまる。管理職教師だけの眼を通した「事実の推移・解釈」には限界があるだろうし，また事例を増やすことによって知見の信頼性を高めていくことが不可欠であろう。とくに後者については，高い成果を上げることができていない背景要因には学校による多様性があることが明らかであり，事例の蓄積がまたれるところである。

にもかかわらず，本章を整理することを通じて感じたのは，A中の経験が役に立つ学校も多いのではないか，一つの事例ではあるが普遍性があるという印象だった。学校はたしかに一つ一つが異なるけれども，しかし同じ「学校」なのである。

最後に行き着いたのは，「学校として当たり前のことをできるような状況を作り出すこと」の大切さであった。学習指導以前の問題の重要性であった。家庭環境や地域的文脈における不利益に起因する学力格差をどう克服していくのか。学力を形作る学習指導が重要性を持っているのは当然だが，学ぶ・教える行為がコミュニケーションによって成立する以上，教師＝児童生徒間の，あるいは保護者との間の信頼関係が成り立っていなければ，そもそも学習指導は成立しない。前校長Aが，「叱り方」の指針を緒として改革に着手したのは，当然のことであった。

インタビューの中で，「詰まるところ，学校の荒れは，子どもと家庭に起因していたと思いますか」と問うてみた。即座に「教員が問題」という答えが，現校長Bと教頭Cから返ってきた。私は戸惑った。学校でのできごとに，子どもと家庭の状況が関係しているのは明白である。にもかかわらずなぜ「教員が問題」という答えなのだろう。「事実として，子どもと家庭よりも，教員が

問題」なのか，それとも「子どもと家庭にも問題があるけれども，変えることができるのが，あるいは変えなければならないのは，まずは教員」なのか。（筆者注：後日，この稿への校閲を現校長Bに依頼したところ，「教員が問題」の趣旨は，「学校への信頼が薄れている家庭や保護者・生徒に対して，個々の状況に応じて対応できる教師の指導力の向上が何より大切である」旨，返信があった。補っておきたい。）

　いずれにせよ，私は，「教員が問題」という瞬時になされた回答に，公立学校教師としての強い使命感を感じた。どんな生徒であれ入ってくる生徒を受け入れてなんとかするのが公立学校教師の使命にほかならない。だから家庭のせいにも小学校のせいにも絶対にしないのである。同時に，おそらくは教師ががんばればなんとかなるものだという信念を裏打ちする成功体験ももっているに違いない。ささやかな成功体験を改革途上で教師に得てもらう改革手法は，この意味で有効であろう。なお，教師を異動させて望ましい教師集団構成へと改革を図る手法は容易ではないし現実的ではないと，前校長Aは指摘していた。教育委員会や校長が期待する教師構成をすべての学校で実現することは困難である。指導力等の課題を抱えている教師も，いずれかの学校で持てる力を発揮できるようにしなければならない。教師の異動を契機として改革を図ろうとするよりも，「長短ある所属職員をよりよく生かすための個別のケアや校内研修，組織運営等のほうが大切だ」と前校長Aはいう。

　とはいえ，単に「先生がんばれ！」と激励すればよいわけではないし，教師の意識改革を強調しすぎると根性論や精神論に堕す危険性を孕む。重要なのは，教師をがんばる気持ちにさせる条件と，それを可能とするための資源調達の道筋を明らかにしていく作業であろう。今回の事例では，校舎等の環境改善に行政が財源を投下する施策や，教師の加配が，効果的であると認識されていた。そして，原因を見極め，優先順位を見定めて，教師集団を協働させる管理職教師のリーダーシップがなによりも重要であることを，忘れてはならない。

終 章

学力格差の克服に向けた10の提言

浜野 　隆

　本書におけるこれまでの分析から，SESと学力の間に強い関係があることは明らかである。第4章では，「家庭で3時間以上学習しているLowest SESの子ども」が，「まったく勉強していないHighest SES」の子どもよりも平均点が低いという厳しい現実を目の当たりにした。また，学力格差というものは，容易には変動しないものであることも認識すべきであろう。アメリカにおいても，NCLB（誰も置き去りにしない）をはじめさまざまな取り組みが実施されてきたが，白人とマイノリティとの学力格差は驚くほど安定していたといわれている（Muller 2018=2019）。

　日本の全国データにおいても，少なくとも2013年度から2017年度にかけては，SESと学力の関係に大きな変動は見られなかった（序章）。学力格差は根深い問題であり，多様なアプローチが求められる。学校における教育指導や家庭における取り組みのみならず，「行政による教育条件整備」，「NPO等による学習支援や居場所づくり」，「所得再分配や福祉，子育て支援などの社会政策」などが求められよう（耳塚 2019）。

　一方，SESと学力が強い関係を持つとはいえ，SESだけで学力が決まっているわけではないということも事実である。SESという「環境」で学力が決定づけられているわけではない。SESが低くても高い学力を達成している家庭や学校の存在を忘れてはならない。本書では，SESの影響は認識したうえで，学力格差の克服を図るための処方箋を得るべく，量的・質的研究を行ってきた。その結論を以下のように10項目の提言の形でまとめておきたい。提言の（1）から（3）が主に家庭に関することで，（4）以降が学校・地域・行政に関する

ものである。地域や行政は家庭や学校を取り巻くより広い文脈に位置づくもので、家庭や学校を支える役割を持つ。また、家庭と学校はそれぞれが別々に取り組みを行うのではなく、相互に連携して子どもの学びを支えることが重要であろう。

(1) 家庭において基本的生活習慣を整えるとともに、復習や宿題・自学をするなどの家庭学習習慣を確立する。学校はそのためのサポートを行う

学力格差克服にあたってまず重要なことは、家庭において子どもが基本的な生活習慣を確立し、学習習慣を身につけることである。本書の分析では、随所にそのことを示唆する結果がみられた。

たとえば、第4章では、学力はSESに強く影響されつつも、学習時間の多さが高い学力の獲得に対して独立した効果をもち、家庭で宿題をする児童生徒ほど高い学力を得ることができるとされた。また、厳しい状況のなかでも困難の乗り越えに一定程度成功している「レジリエントな児童生徒」の特徴として、学力獲得に結びつく活動（勉強や読書など）を優先する生活習慣、復習中心の学習スタイル、自由時間における映像メディアやパーソナルメディアへの過度な利用を統制する姿勢、などがあることも明らかにされている（第6章）。さらに、特に学力格差が顕著にみられる大都市において、経済面で困難を抱えつつも子どもが高学力を達成している家庭では、子どもの基本的な生活習慣の形成を促しつつ、子どもに文字文化に触れさせ、知的好奇心を与える取り組みが行われていることがわかった（第2章）。

家庭での学習習慣の形成が学力向上に結びつくことは言うまでもないが、それを家庭任せにせず、学校が積極的に支援することも重要である。「高い成果を上げている学校」は、充実した家庭学習指導を行っている。たとえば、家庭学習の大切さを家庭に伝える、家庭学習の手引きを配布する、家庭学習に取り組めない子には放課後や昼休みなどに細やかにかかわる、などが「成果が上がっている学校」の取り組みとしてあげられる（第12章）。

「高い成果を上げている学校」では、家庭学習について「教職員の間で課題の出し方について共通理解」を図るなど、学校全体として取り組みを行っている（お茶の水女子大学 2015）。そして、単に宿題や自主学習をやらせるだけでなく、毎日学校への提出を義務づけ、教師がそれをチェックし、コメントを書

き，子どもにフィードバックしている。このような指導が子どもにとって励みになり，意欲の向上や学習習慣の定着に結びついていく。

また，「高い成果を上げている学校」では，家庭での学習方法を，具体例をあげながら教えている。「何でもいいからノートにやってきなさい」といった課題の出し方ではなく，クラスメートはこんなふうに勉強している，という具体例を示しながら課題を出している。学級全体で共有した自主学習ノートを児童たちで回覧したり，展示したり，保護者にも見せたりしている，子どもたちの間で自学ノートの交換を行い，相互に評価させているなどの取り組みも見られる（お茶の水女子大学 2014）。

家庭学習においては親が子どもの勉強を見ることも一定の効果が期待できるが，第3章の分析からは，「家庭で親が子どもの勉強をみることを推進する際には，その具体的な手立てを Lowest SES の家庭に提示しない限り，教育格差を助長しかねない」とされている。具体的な手立てを提示する担い手として，学校は重要な役割を担っていると思われる。

(2) 家庭や学校の取り組みによって「非認知スキル」（自己肯定感や「やり抜く力」）を向上させる

厳しい状況のなかでも困難の乗り越えに一定程度成功している「レジリエントな児童生徒」の特徴として，「非認知スキルの高さ」がある。非認知的スキルとは，自制心や意欲，社会性など，認知スキル以外の力を指すが，SES が相対的に低い場合でも，もし「非認知スキル」を高めることができれば，学力を一定程度押し上げる可能性がある。家庭の社会経済的背景を統制したうえでも，「非認知スキル」に学力を上げる独自の効果があることが示唆されている（第6章）。

そして，この「非認知スキル」は，保護者が「ほめて自信を持たせる」，「努力や最後までやり抜くことの大切さを伝える」などの関わりをすることによって向上させることができる（第6章）。大都市において経済的な困難を抱えつつも子どもが高学力を達成している家庭においても，「子どものよいところをほめる等して自信を持たせるようにしている」など，子どもの自己肯定感を高めるような働きかけを親が行っている（第2章）。

非認知スキルは，学校の力で高めることも可能である。「高い成果を上げて

いる学校」では，子どもの自己肯定感や自己有用感を高めるような取り組みがされている。「子どもをほめる」「居場所を作ってあげる」「分からないことを分からないと言えるような安心した学習環境を作る」「一人も見落とすことなく子どもたちを大切にする」「児童生徒を行事に参加させ，頑張りをほめてあげる」「地域行事への参加を促し，地域の人々からの感謝や愛情，期待を感じさせる」などが子どもたちの自己肯定感・有用感を高めることになっているという（第12章，第13章）。また，第14章においても，学力向上の鍵として「自己肯定感（セルフエスティーム）というマインド・ファクター」の重要性が指摘され，自己肯定感を高める取り組みとして，「教師が丁寧に子どもたちのことを見る」「子どもにいいところをどんどん声かけしてやる気にさせる」などが示されている。

（3）家庭が地域や学校とつながるとともに，さまざまなリソースにアクセスできるよう支援する

　家庭での親の子どもへの関与といっても，さまざまな事情から時間的な制約がある場合もあろう。第3章のひとり親家庭の分析では，時間の制約があるひとり親でも学校や地域とのつながりが構築できるような工夫をすることが学力格差克服に重要であることが示唆された。また，子どもの地域に対する帰属意識・問題意識は，SESにかかわらず，子どもの学力にプラスの効果をもたらすことが示されている（第3章）。

　保護者の社会関係資本に関して分析された第5章においては，Lowest SESの家庭の方が，保護者の社会関係資本が子どもの学力を高める効果があることが明らかにされている。家庭が地域や学校とのつながりを豊かにすることにより，規範や信頼関係，情報が得られる。また，保護者が学校や地域とつながることが，学校レベルでの規範形成につながっていることも確認された（第5章）。保護者と学校のつながり，信頼関係が，学校全体としての落ち着いた風土を作っている。第7章では学校風土の学力への効果が確認されているが，そのような学校風土の形成において，社会関係資本は一つの鍵となると考えられる。

　地域によっては，家庭が地域とつながりを持ちにくい場合もあるかもしれない。特に大都市においてはそのようなケースも数多くあろう。大都市において学力格差を克服している家庭は，美術館や博物館，科学館，図書館等，地域の

リソースを積極的に活用していた（第2章）。大都市においては，そういった地域リソースに家庭がアクセスしやすい環境を整えることも重要であろう。

(4) 言語活動では「アウトプットさせる」「教科を超える」「学び合う」

　言うまでもなく，授業は学校における教育活動の中核であり，授業の改善は，教育効果向上において最重点課題であろう。統計的分析から得られた，「成果が上がっている学校」「校内格差を克服している学校」の指導方法の特徴を見ると，「言語活動」「話し合う」「発言」「発表ができるよう指導」「分かりやすく文章に書かせる」「振り返る」「書く習慣」など，「言語」で「表現させる」，すなわち，「アウトプットさせる」活動が多いことがわかる（第10章）。現在，ほとんどの学校において言語活動は重視されていると思われるが，それでも，統計分析によって，これらの項目で「成果が上がっている学校」とそうでない学校との間に取り組みに差がみられたことは注目すべきである。では，「成果が上がっている学校」の言語活動にはどのような特徴があるのだろうか。ここでは2点指摘しておきたい。

　第一は，言語活動が国語科だけでなく，「教科を超えて」行われていることである。道徳や総合的な学習の時間，特別活動，外国語などにおける話し合い，課題設定，表現などが効果的であることが示唆されている（第10章）。教科を超えることの重要性は，事例調査においても指摘されている。「教科外の活動」，「特別活動を中心とした教科外指導の充実」「教科を指定しない校内研究のテーマ設定」などが重要な項目としてあげられている（第12章，第13章）。

　第二は，「学びあい」を志向していることである。事例分析では，子どもたちの主体的な学びあい（協働学習）を志向した指導の有効性が示唆されている（第12章）。また，第14章でも，「学習者の協同（働）文化（話し合い，学び合う文化）の醸成」「習熟度別指導から能力差を生かした対話的な学び合いへ」など，協働的な学習文化の重要性が指摘されている。

　話し合い，協働的な学習をしていくために必要なことの一つは，発言しやすい集団づくりである。「間違ったことを発言しても笑われない」「わからないことをわからないと言いやすい」雰囲気が教室にあることが重要である。その意味で，学級集団づくりは極めて重要であり，学級集団での安心感が学校風土（第7章）と学力の礎となる（河村 2018）。とりわけ中学校においては，生徒集

団づくりや個別の生徒指導と関連づけた教科外指導（特別活動，行事など）を充実させることが効果的であろう（第13章）。

(5) 個に応じたきめ細かい指導を実質化し，基礎・基本をすべての子どもに保障する「インクルーシブな学校」をめざす

成果が上がっている学校では，「誰一人取り残さない」という姿勢を持っている。（宿題などを）やってこなかった子どもをそのままにしていない。やってこない理由や事情・背景も踏まえたうえで，学校での空き時間にやらせるなどの徹底ぶりがみられた。

「誰一人取り残さない」とは，障害のある子どもや日本語を母語としない子どもも取り残さないということである。「校内格差を克服している学校」では特別支援教育に理解があり，指導上の工夫が行われていた（第10章）。また，「成果が上がりつつある学校」（第15章）では，授業のユニバーサルデザイン化が生徒の学力にポジティブな影響を与えた事例が紹介されている。

障害を持った子どもや外国人児童生徒にとって「わかりやすい」授業は，誰にとってもわかりやすい，親切な配慮が行き届いた授業である。児童生徒の多様性に応じた指導は，障害を持たない子ども，日本人の児童生徒にとっても「わかりやすい」ものであり，学習の遅れがちな子どもの学力を下支えする効果があると考えられる（お茶の水女子大学 2019）。

上記の特別支援教育についての知見とも関連するが，学力で成果を上げている学校は，児童生徒一人ひとりの「個」に応じた指導を大切にしている。第8章では，教師が「子ども一人ひとりのよいところを認めること」「理解が不十分なことを分かるまで教えること」の重要性が示唆されている。

誰一人取り残さず，「分かるまで教える」には，個別指導や補充学習が効果的であろう。統計分析でも，「校内格差を克服している学校」では，長期休業日を利用した補充的な学習サポートも多く行われていることも明らかにされている（第10章）。

一口に「基礎・基本」といっても，各教科がカバーする範囲は広く，具体的にどの分野，どの観点で改善が必要なのか，学校レベルで把握していることが学力形成には肝要である。成果が上がっている学校では，学力のモニタリングにおいてさまざまな学力調査を学力向上のための基礎資料として有効に取り入

れていた。テストの結果を自校の課題を知るための一つの機会として理解しており，「基礎・基本」の指導に活かすことも重要であろう。

　「高い成果を上げている学校」では，ごく基本的なことをどの子どもにも保障する取り組みが徹底されている。「誰一人取り残さない」という方針を貫いている。「誰一人取り残さない」とは，できない子や遅れがちな子，不利を抱えた子を排除せず，包摂的（インクルーシブ）であるということである。「誰一人取り残さない姿勢」こそが「インクルーシブ」の本質であり，「高い成果を上げている学校」とはまさに「インクルーシブな学校」とも表現できよう。

(6) カリキュラム・マネジメントを充実させる

　統計分析（第10章）において注目されるのは，「成果が上がっている学校」，「校内格差を克服している学校」とも，「カリキュラム・マネジメント」が充実しているということである。具体的には，教育課程を編成し，実施し，評価して改善を図る一連のPDCAサイクルを確立することが，「成果が上がっている学校」「校内格差を克服している学校」に小中問わず共通してみられる特徴である。校種別にみると，小学校では「知識・技能の活用」や教科を超えた「横断的視点」が「成果が上がっている学校」の特徴である。それに対し，中学校では「言語活動」が「成果が上がっている学校」にも「校内格差を克服している学校」にもみられる特徴である。また，「校内格差を克服している学校」においては，小・中問わず，「教育内容と，教育活動に必要な人的・物的資源等を，地域等の外部の資源を含めて活用しながら効果的に組み合わせている」ことが特徴である。

　また，小中連携においても，教育効果の高い小学校では，「近隣等の中学校と，教育目標を共有する取り組みを行った」「近隣等の中学校と，教科の教育課程の接続や，教科に関する共通の目標設定など，教育課程に関する共通の取り組みを行った」など，カリキュラム面での連携が組まれている（第10章）ことも，付け加えておきたい。

(7) 実践的な教員研修や校内研究，実践共有に「学校全体として」取り組む

　教員研修・教職員の取り組みも重要である。これまでに論じてきた「言語活動」にしても，「基礎基本」にしても，それをいかに具体的な場面で効果的に

指導を展開できるかは教師の力量に依存する。教師が継続的に指導力を高める
ことができる場，すなわち研修の機会が適切に与えられることが重要である。

　統計分析では，「成果が上がっている学校」においては，教師が校外の教師
同士の授業研究の場に定期的・継続的に参加しており，その成果を教育活動に
積極的に反映させていることがわかった。また，それに加えて注目されるのは，
「教職員同士が協力し合って」「学校全体として取り組んでいる」「学力傾向や
課題について，全教職員の間で共有している」「全教職員の間で話し合ったり，
検討したりしている」など，教職員同士の協力関係・情報共有である。成果が
上がっている学校は，一部の教師の頑張りに依存するのではなく，「学校全体
としての取り組み」が機能していることがうかがえる。

　また，成果が上がっている学校においては，教師同士が授業を見せ合い，学
び合っている。「校内研究では，授業を通して学び合うことが最も重視されて
おり，全ての学校で，年間一人一回は授業を公開して授業を見合って活発に意
見交換しあう文化が定着している」（第12章）。第14章においても，「教師の
協同（働）文化（見せ合い，学び合う文化）の醸成」「同僚性の構築」は，成果
に結びつくファクターとして強調されている。

(8) 管理職は明確なビジョンにもとづきリーダーシップを発揮するとともに，教師の協働をサポートする

　成果が上がっている学校では，「管理職のリーダーシップと同僚性の構築」
や「校長による明確なビジョン」が存在する（第12章，第13章）。また，「成
果が上がりつつある学校」の分析（第15章）では，成果を上げるプロセスに
おいて，リーダーが「成果を上げるであろう取り組みや考え方を，組織全体に
まで浸透させることに腐心」することの重要性が強調されている。

　ここでいう「リーダーシップ」とは，独裁や高圧ではなく，むしろ，教職員
のチームワークを高めるための指導力を意味する。先にのべた「同僚性の構
築」もそうであるが，第7章で指摘された「学校風土」（熱意，落ち着き，礼儀
正しさ，学級集団の良好さ，「学習指導以前の問題」の不在など），第8章で提言さ
れた「現場の教師どうしが一人ひとりの生徒への理解を深めるための時間を，
組織レベルの仕組みとして生み出す工夫」なども，その実現に当たっては学校
管理職の指導力に負うところが大きい。管理職は明確なビジョンのもと，組織

としての学校づくりに注力することが重要であろう。

(9) 地域による学校支援を充実させるとともに，学校・子どもが地域に貢献する姿勢をもつ

学力格差に立ち向かうためには，学校と地域との連携も欠かせない。統計分析（第10章）によれば，「成果が上がっている学校」においては，「授業や課外活動で地域のことを調べたり，地域の人と関わったりする機会の設定を行った」「地域や社会をよくするために何をすべきかを考えさせる指導を行った」などの特徴がみられる。また，「校内格差を克服している学校」においては，地域の人材を外部講師として招聘する授業を行っている。さらに，「校内格差を克服している小学校」では，「ボランティア等による授業サポート（補助）」や「学校支援地域本部などの学校支援ボランティアの仕組み」などが特徴としてあげられる。

特に中学校では，地域と結びついたキャリア教育の展開（第13章）が有効である。さらに，学校区SESのより低い地域においては，地域住民が学校参加してくれる地域で学力平均が高くなっていた（第9章）。

学校と地域との関係では，「地域に学校が助けられる（外部講師や支援員）」だけでなく，「学校や子どもたちが地域に関心を持ち，地域のためを考える（子どもが地域のことを調べたり，地域の人と関わったりする，地域や社会をよくするために子どもが何をすべきかを考える）」ことも，成果が上がっている学校の特徴としてあげられる（第10章）。高い成果を上げている小学校の事例分析（第12章）においても，「安定した地域に根ざす世代を超えたコミュニティづくり」の重要性が指摘されている。

統計分析（第10章）でも見られたように，「校内格差を克服している学校」においては，小中問わず，「教育内容と，教育活動に必要な人的・物的資源等を，地域等の外部の資源を含めて活用しながら効果的に組み合わせている」という特徴がある。外部資源を積極的かつ有効に活用していくことが，校内格差の克服に重要な役割を果たすと考えられる。

本研究の事例分析においては，意図的に大都市の学校を多めに訪問した。大都市においてはSESと学力の相関が高く，SESが学力を規定する力が強いと考えられる。しかし，大都市にあっても「高い成果を上げている学校」におい

ては，学校と地域との結びつきが強いことが本研究では明らかになった。大都市における「高い成果を上げている学校」は，地域社会における結びつきが強固であり，地域の人々が学校を強く下支えしている（第13章）。この点は，大都市における教育施策や実践を考えていくうえで示唆的な結果であると言えよう。

（10）行政は地域の実情に応じて学校や家庭に対して適切なサポートを行う

本書では，家庭や学校の取り組みを分析したことから，家庭や学校に対する提言が多いかもしれない。このような提言は，ともすると，家庭の自己責任論を助長したり，保護者や教師を追い詰めたり，学校の多忙化に拍車をかけるなどの点から，しばしば批判を受ける。しかし，本書の目的は，家庭の自己責任を強調することにも，学校の責任を拡大することにもない。むしろ，学力格差という難題に対し，現実的にどのような対処が可能なのかを検討したつもりである。学校や家庭が重圧に押しつぶされないように，行政は，学校・家庭をサポートする必要がある。

本書では，学校における取り組みをいくつかあげてきたが，これらは行政によるサポートなしでは実施が困難である。教育行政は，効果的な取り組みが円滑に進むよう，条件整備をしていく必要がある。特に，教職員の配置，外部人材の活用，少人数指導，研修，研究開発指定，学力調査の分析等は行政の支援によるところが大きい。行政による充実した支援が，学校現場における工夫や実践を可能にしているという視点を忘れてはならない。また，家庭に関しても，貧困の状況が極めて厳しいケースがあれば，行政は，まず保護者を支え，子どもを守るためのアクションを起こさねばならない。本書では，家庭での基本的生活習慣の重要性を強調したが，生活習慣のしつけすら困難な家庭に対しては，教育行政と福祉行政が連携し，個々のケースに応じた取り組みを行う必要があろう。

全国学力・学習状況調査の目的のひとつは「義務教育の機会均等とその水準の維持向上の観点から，全国的な児童生徒の学力や学習状況を把握・分析し，教育施策の成果と課題を検証し，その改善を図る」ことにある。義務教育は国と地方の共同事業であり，全国学力・学習状況調査の分析結果にもとづき，適切な施策が講じられることが必要である。本研究においては教育委員会にも多

くの聞き取りを行い，成果を上げている事例について記述を行った。その詳細については，本書第12章，第13章での事例紹介に加え，お茶の水女子大学（2014, 2015, 2018, 2019）を参照されたい。

　学力格差克服のための政策は多岐にわたるが，とりわけ学力の下支えという点で重要なのは，少人数指導や教員加配，専門家や支援員の配置であろう。少人数指導の学力向上効果は，家庭の社会経済的背景が低い児童生徒が多く通う学校において特に大きいとされている（中西・耳塚 2019）。

　本書では，SESと学力の関係，学力格差を克服している家庭や学校の特徴を明らかにしてきた。本研究は，すでに教育施策に対して一定の成果をもたらしつつある。たとえば，貧困が原因で低学力に陥っていると思われる児童生徒が多い小中学校への教員加配，経済的な理由等で学習に困難をかかえる子どもへの学習支援への補助，子どもの貧困対策等，学力格差の緩和政策は進められつつある。また，諸審議会の資料や学習指導要領の保護者向け解説資料にも，本研究の知見が引用されている。今後は，さらなる調査研究によりデータを蓄積するとともに，さまざまな角度からの分析を行い，施策に寄与する頑健なエビデンスを提供していくことが課題である。

参考文献

河村茂雄，2018，『主体的な学びを促すインクルーシブ型学級集団づくり』図書文化社.

耳塚寛明，2019，「学力格差の社会学」『平等の教育社会学』勁草書房，pp. 173-194.

Muller, J. Z., 2018. *The Tyranny of Metrics*, Princeton University Press（＝2019，松本裕訳，『測りすぎ──なぜパフォーマンス評価は失敗するのか』みすず書房）.

中西啓喜・耳塚寛明，2019，「固定効果モデルによる学級規模が学力に与える効果推定：全国学力・学習状況調査における学校パネルデータを利用した実証分析」『教育社会学研究』第104集，pp. 215-236.

お茶の水女子大学，2014，『平成25年度全国学力・学習状況調査（きめ細かい調査）の結果を活用した学力に影響を与える要因分析に関する調査研究』.

お茶の水女子大学，2015, 2018, 2019，『学力調査を活用した専門的な課題分析に関する調査研究』.

おわりに

　全国学力・学習状況調査（以下，全国学力調査）には導入時から現在にいたるまで賛否の見解が発せられている。自身は以前，全国学力調査に対する賛否の「溝」が埋まらない理由を考えてみたことがある（「4 章　学力調査の意味するもの——学力調査は学習指導の改善に役立つのか」耳塚寛明・牧野カツコ編著『学力とトランジッションの危機』金子書房，2007，pp. 65-83）。その際，「調査」（survey test）がその本質を遂げるのであれば，学校教育を改善する重要な「情報」となりうる点で意味があるというスタンスで検討を行った。しかし，全国学力調査は現実には「水準」への過度の注目により，「調査」以上の意味を教師や子どもにもたらした（例えば，自身の知人の教師も掲載されている朝日新聞夕刊 2020年 3 月 9 日〜 13 日連載「現場へ！どうする小中の学力テスト」）。教育方法・カリキュラム研究の立場で，現場の教師から直接嘆きの声を受け止めてきたこともあり，教育施策として重要な「調査」の目的と学校現場へもたらすものとのギャップとをどうすれば埋めることができるのか，未だに考え続けている。

　そこで，本書の最後に，本研究の訪問調査を中心的に担った一個人として，本書のもととなっている保護者調査の意義について，そして本書がいかに読まれることを期待しているのかを述べておきたい。

　意義の一つは本書のもとになった研究が，まさに全国学力調査を活用した「調査」として成立していたという点である。保護者調査は全国学力調査を受けた数パーセントの抽出校に対してなされている。こうして得たデータが，統計処理により全国推計を可能にすることを本研究に参加して初めて知った。自身は統計学の全くの素人であり，十分にデータ処理の意義を理解しているかというと心許ない。しかし，悉皆調査ではなくとも確かな手法で同等の結果を得ることが可能であることからすれば，今後，教師や子どもを苦しめることなく学力調査を意義ある「調査」として成り立たせる方法を，あらためて検討することに資すると考えている。

　二つ目は，本研究が学力調査の様々な行政区レベルで注目されがちな「平均

点」（水準）の高低に注目するだけでは決して見えてこない学校の実態，とりわけ格差の克服に寄与する学校の実態を浮き彫りにした点にある。第11章でも紹介したが，訪問調査の依頼に際し，複数の教育委員会から「なぜ当該の学校に？」という疑問が寄せられた。この疑問は当該学校が管内では必ずしも平均点が高くはなく，注目される学校ではなかったことは想像に難くない。その一方で，実際に学校を訪れると，教職員から今回の訪問調査が大変光栄で「嬉しい」と言われることもしばしばであった。平均点の高さという点で普段注目されていなかった学校が今回の調査対象校となったことにより，自校のこれまでの実践に自信を得ることにつながっていたのである。訪問調査校に対して本研究の持つ意義の大きさを痛感した。

　第三に，これも第11章で触れたが，本研究における格差を克服している学校の取り組みとして明らかになったことが，決して一時的なものではなく，日本の学校が長年にわたり重視してきた地道な取り組みに支えられていたという実態である。調査において繰り返し聞いてきた「何も目新しことはやっていない」，「学校の教師全員が教師としてやるべきことをやっているだけ」（「当たり前」のことをやっている）という言葉がそれを象徴している。

　その一方で，学校が積極的に子どもや家庭を福祉や保護の専門家につなげる取り組み自体が学力の底上げに繋がっていると見なしている発言も少なからず聞いてきた。これは，たとえ学校や教師や学力格差の問題が家庭の格差に根ざしていると言うことを言明はしなくとも，問題の背景として確実に認識していることを意味する。現在，学校が学力形成という自らの主要な役割を福祉政策とともに担ってゆかねばならぬほど格差が深刻化していることの現れとも言える。

　新型コロナウイルス禍が格差を一層拡大させることが危惧される只中において，既に「当たり前」の実現すら困難な状態の学校が存在している上に，「当たり前」が出来ていた学校でも「当たり前」以上の一層きめ細やかな対応が求められている。とりわけ訪問調査校の教師の多くは「当たり前」以上の取り組みを為すために奔走しているであろうことが推察される。訪問調査は平時であったが，結果的には格差を克服している学校の教師の抱える日常的で継続的な負担の大きさを実証的に示すことになった。学校の取り組みが教師の善意に支えられ，過大な義務を自らに課している実態があることを明らかにした立場か

らすれば，こうした学校や教師を支える公的な仕組みを速やかに構築する必要があることは言を俟たない。

　学力格差は社会問題であるということ，かといって学力格差という課題に対して学校は無力ではない，ということが本研究に関わった研究者全員の基本的立場である。本研究の結果を見た学校関係者が希望を持ち，学校や教師が格差縮小において持つ可能性を知ること，それと同時に格差の解消に成果を上げている学校の教師らの信念と実践を支える体制や仕組み作りの重要性を本書は示唆している。

　次に，本書をどう読むか，である。

　本研究では統計分析で導かれた結果を裏付ける目的で訪問調査を実施することは求められなかった。統計分析と訪問調査は同時に進行しており，統計分析の結果を待って訪問調査を行ってはいない。統計分析の結果の正しさを立証するためだけに訪問調査を行うのであれば，自身はとても参加する気持ちにはなれなかっただろう。個々の学校の取り組みには固有の文脈があり，それを無視して統計分析の結果に学校の取り組みを照らし合わせるだけでは見落とされる事実が多々あることは明らかであり，訪問調査では個々の学校のおかれた文脈を尊重して聴き取りを行ってきた。よって，本書で示された統計分析の結果と訪問調査結果に齟齬がみられることもあるかもしれない。齟齬があるとすれば，その解釈は残された課題である。

　また，自身が訪問調査結果としてまとめた複数の取り組みの特徴について言えば，個人的にはそこで挙げた取り組みに懸念を抱くものも少なからず存在する。しかし，本書のみならず，もとになった報告書においても調査結果をまとめる際には自身の取り組みへの評価は控え，特徴的と見える取り組みを出来る限り忠実に示すことに努めた。インタビュー内容を限られた紙幅にまとめるために取捨している段階で，既に評価的視点から完全に逃れているとは言い難いという批判もあるかもしれない。しかし，報告書にまとめるに当たって，当該学校や教育委員会からのダブルチェックを受けており，客観性を担保している。本書で示された特徴に関心のある方は，少なくとも本書よりは具体的に個別の学校の特徴が描かれている報告書に遡って目を通していただきたい。学校関係者にとっては，報告書の個別学校のプロフィールから，自校と似た背景を持つ学校が発見できる可能性もある。

そして，本書が「処方箋」と掲げている以上，特に学校関係者は，本書に挙げられている取り組みをすれば必ず学力格差が改善される（＝治癒する），という期待を持って手にする場合が多いと推察されることについて触れておきたい。

　教育を医療の比喩で語ることは珍しいことではない。本書の書名案が提示された際，あまり深く考えずに同意した。本著での「処方箋」の意味として，自身としては，本書が日本全国のすべての学校の学力格差の解消に効く「万能薬」を処方したとは考えていない。個人的には，あくまで成果を上げている学校の取り組みの実態を分析した――「診断」を試みたものと考えている。

　ここで「処方箋」の比喩を，本著の中心を担った教育社会学研究者の先達で，戦後，生活綴方的教育方法を厳しく批判した教育社会学者の清水義弘の言を（あえて）借りてみたい。彼は「生活綴方的教育方法は，特効薬ではありえても，万能薬ではない。すべての病気に効く薬がないように，一つの教育方法だけで子どもが育てられるわけはない。」（『清水義弘著作選集 第1巻』第一法規出版社，1978，pp. 160-161）。自身は生活綴方的教育方法を高く評価する立場であるが，一方で「一つの教育方法だけで子どもが育てられるわけはない」という清水の言葉には同意する。学力格差は病原がたった一つの病ではない。全国全ての学力格差に悩む学校に効く「万能薬」など存在しない。重要なのは，学力格差問題に関係する諸領域の研究者らが常に問題から目を背けることなく，エビデンスに基づきながら，より効果ある処方箋を探究し続ける営為であろう。

　各章で示されている取り組みの特徴のいくつかは，確かに，ある学校にとっては「特効薬」になる可能性を有している。ただし，取り入れてみて効果があったとしても，実際には他の取り組みが複合的に効いたのかもしれない。さらには第11章で述べたとおり，本書に示された様々な取り組みをやってみたが学力格差が解決しない学校もあるかもしれない。その際には，本書で示された診断そのものの的確さを検討してほしい。新たな診断の手がかりを得，さらなる「処方箋」を探し出すためにも，本書への忌憚の無い批判を寄せてほしいと願っている。

　最後に，本著のもととなった調査に，年度末の大変多忙な中，本調査のもつ意義を理解し，全国の格差に悩む学校のために役に立つならばと快く応じてくださり，貴重な時間を割いて頂いたすべての訪問調査校と教育委員会に深く感謝の気持ちをお伝えしたい。研究チームのメンバーとして統計的助言をいただ

き，多大なるお力添えをいただいた横浜市立大学データサイエンス学部の土屋隆裕教授にも深く感謝申し上げる。また，調査に不可欠な煩雑な諸事務を担ってもらった加藤由里子さん，山﨑恵さんにもお礼を伝えたい。勁草書房と藤尾やしおさんには，構想の段階から出版に至るまでの長い期間，辛抱強くお付き合いいただいたことに，心よりお礼を申し上げる。

2021 年 4 月

冨士原 紀絵

索　引

執筆者紹介

耳塚　寛明（みみづか　ひろあき）［編者　はじめに・第4章・第15章］
現在：青山学院大学コミュニティ人間科学部　学部特任教授，お茶の水女子大学　名誉教授
最終学歴：東京大学大学院教育学研究科博士課程単位取得退学
主著：『平等の教育社会学——現代教育の診断と処方箋』（共編著，勁草書房，2019）
　　　『教育格差の社会学』（編，有斐閣，2014）
　　　『学力格差に挑む』（編，金子書房，2013）

浜野　隆（はまの　たかし）［編者　序章・第2章・第10章・第11章1，2・終章］
現在：お茶の水女子大学基幹研究院人間科学系　教授
最終学歴：名古屋大学大学院博士課程単位取得満期退学.
主著：『途上国世界の教育と開発』（共著，上智大学出版，2016）
　　　『世界の子育て格差——子どもの貧困は超えられるか』（共編，金子書房，2012）
　　　『発展途上国の保育と国際協力』（共著，東信堂，2012）

冨士原　紀絵（ふじわら　きえ）［編者　第11章3・第13章・おわりに］
現在：お茶の水女子大学基幹研究院人間科学系　教授
最終学歴：お茶の水女子大学大学院博士課程人間文化研究科単位取得満期退学
主著：『大正新教育の実践——交響する自由へ』（共著，東信堂，2021）
　　　『教育効果を可視化する学習科学』（共訳，北大路書房，2020）
　　　『コミュニケーション・デザインの学びをひらく——教科横断で育てる協働的課題解
　　　決の力』（共著，明石書店，2020）

山田　哲也（やまだ　てつや）［第1章・第6章］
現在：一橋大学大学院社会学研究科　教授
最終学歴：一橋大学大学院社会学研究科博士課程単位取得退学
主著：『学力を支える家族と子育て戦略——就学前後における大都市圏での追跡調査』（共著，
　　　明石書店，2019）
　　　『教育社会学のフロンティア2　変容する社会と教育のゆくえ』（共著，岩波書店，2018）
　　　『学力格差是正策の国際比較』（共編，岩波書店，2015）

垂見　裕子（たるみ　ゆうこ）［第3章・第5章］
現在：武蔵大学社会学部　教授
最終学歴：コロンビア大学人文科学系大学院博士課程修了．Ph.D.（比較教育学・教育社会学）
主著：『日本と世界の学力格差』（共著，明石書店，2019）
　　　『学力格差に挑む』（共著，金子書房，2013）

中西　啓喜（なかにし　ひろき）［第4章・第7章・第11章図表］
現在：桃山学院大学社会学部　准教授
最終学歴：青山学院大学大学院教育人間科学研究科博士後期課程修了．博士（教育学）
主著：『学力格差拡大の社会学的研究——小中学生への追跡的学力調査結果が示すもの』（東
　　　信堂，2017）

『半径5メートルからの教育社会学』（共著，大月書店，2017）
『現代高校生の学習と進路——高校の「常識」はどう変わってきたか？』（共著，学事
出版，2014）

岡部　悟志（おかべ　さとし）［第8章］
現在：ベネッセ教育総合研究所　主任研究員
最終学歴：東京工業大学大学院社会理工学研究科博士課程修了．博士（学術）
主著：『子どもの学びと成長を追う——2万組の親子パネル調査から』（共著，勁草書房，2020）
　　　『現代高校生の学習と進路——高校の「常識」はどう変わってきたか？』（共著，学事
出版，2014）

中島　ゆり（なかじま　ゆり）［第9章］
現在：長崎大学大学教育イノベーションセンター　准教授
最終学歴：ニューヨーク州立大学バッファロー校教育研究科博士課程修了．Ph. D.（Educational Culture, Policy, and Society）
主著：『平等の教育社会学——現代教育の診断と処方箋』（共著，勁草書房，2019）
　　　Japanese Education in a Global Age: Sociological Reflections and Future Directions
（共著，Springer，2018）
　　　『教育の危機——現代の教育問題をグローバルに問い直す』（共訳，東洋館出版社，
2017）

石井　恭子（いしい　きょうこ）［第12章1，2］
現在：玉川大学教育学部　教授
最終学歴：お茶の水女子大学大学院人間文化研究科博士前期課程修了
主著：『小学校指導法　理科』［改訂第2版］（共編著，玉川大学出版部，2021）
　　　『保育内容環境』（共著，みらい，2018）
　　　『小学校理科』（編著，玉川大学出版部，2016）

田村　恵美（たむら　めぐみ）［第12章3］
現在：東京家政大学家政学部　講師
最終学歴：お茶の水女子大学大学院博士課程人間文化研究科単位取得満期退学
主著：『ワークで学ぶ教育課程論』（共著，ナカニシヤ出版，2018）
　　　『教育原理』（共著，七猫社，2019）

原田　信之（はらだ　のぶゆき）［第14章］
現在：名古屋市立大学大学院人間文化研究科　教授
最終学歴：創価大学大学院文学研究科博士後期課程単位取得退学．博士（教育学）
主著：『教育効果を可視化する学習科学』（共訳，北大路書房，2020）
　　　『カリキュラム・マネジメントと授業の質保証——各国の事例の比較から』（編著，北
大路書房，2018）
　　　『ドイツの協同学習と汎用的能力の育成』（あいり出版，2016）

学力格差への処方箋

［分析］全国学力・学習状況調査

2021年5月20日　第1版第1刷発行
2022年7月20日　第1版第2刷発行

編著者　耳塚寛明
　　　　浜野　隆
　　　　冨士原紀絵

発行者　井村寿人

発行所　株式会社　勁草書房

112-0005 東京都文京区水道2-1-1　振替　00150-2-175253
（編集）電話 03-3815-5277／FAX 03-3814-6968
（営業）電話 03-3814-6861／FAX 03-3814-6854
本文組版 プログレス・三秀舎・松岳社

©MIMIZUKA Hiroaki, HAMANO Takashi, FUJIWARA Kie　2021

ISBN978-4-326-25151-3　　Printed in Japan

＊落丁本・乱丁本はお取替いたします。
　ご感想・お問い合わせは小社ホームページから
　お願いいたします。

https://www.keisoshobo.co.jp

＊表示価格は 2022 年 7 月現在。消費税は 10% が含まれております。